高等学校"十三五"教师教育系列规划教材

教育政策
与法律教程

(慕课版)

许映建 编著

南京大学出版社

图书在版编目(CIP)数据

教育政策与法律教程:慕课版/许映建编著. ——南京:南京大学出版社,2018.8(2023.1重印)
高等学校"十三五"教师教育系列规划教材
ISBN 978-7-305-20087-8

Ⅰ.①教… Ⅱ.①许… Ⅲ.①教育政策-中国-高等学校-教材②教育法-中国-高等学校-教材 Ⅳ.①G520②D922.16

中国版本图书馆 CIP 数据核字(2018)第 069259 号

出版发行	南京大学出版社
社　　址	南京市汉口路 22 号　　邮　编　210093
出 版 人	金鑫荣

书　　名	**教育政策与法律教程(慕课版)**
编　　著	许映建
责任编辑	钱梦菊　　　　　编辑热线　025-83592146
照　　排	南京南琳图文制作有限公司
印　　刷	常州市武进第三印刷有限公司
开　　本	787×1092　1/16　印张 16.25　字数 375 千
版　　次	2018 年 8 月第 1 版　2023 年 1 月第 8 次印刷
ISBN 978-7-305-20087-8	
定　　价	38.00 元

网　址:http://www.njupco.com
官方微博:http://weibo.com/njupco
微信服务号:NJUyuexue
销售咨询热线:(025) 83594756

* 版权所有,侵权必究
* 凡购买南大版图书,如有印装质量问题,请与所购图书销售部门联系调换

前　言

习近平总书记在视察北京师范大学时指出："一个人遇到好老师是人生的幸运,一个学校拥有好老师是学校的光荣,一个民族源源不断涌现出一批又一批好老师则是民族的希望。"近年来,为了全面提高教师队伍整体素质,国家加大了教师教育改革力度,将完善教师教育体系和深化教师教育改革提到了空前高度。早在1995年笔者在如东教师进修学校工作时,就开始担任中小学校长培训班的班主任,承担校长和教师的"教育政策法规"培训任务。2006年在南通大学担任师范本科课程及研究生课程"教育政策与法规""教育法学"的教学,认真研究了《教师教育课程标准(试行)》和《中小学和幼儿园教师资格考试标准(试行)》的政策要求,以及中小学教师面临的实际问题和世界教师教育的发展趋势,特别是笔者承担了江苏省教育科学精品培育重点资助课题:未成年学生人格权学校教育保障研究(B-a/2011/01/034),并研究了未成年学生的特殊性和教材使用主体的需求,从理念、体例、内容结构等诸多方面做出了基于慕课平台提升学生学习体验的设计,现做如下说明:

一、本教程编写的政策法规依据

1. 本教程内容的设计是建设法治中国的需要

2018年8月24日,习近平总书记主持召开中央全面依法治国委员会第一次会议并发表重要讲话,对中央全面依法治国委员会的工作进行了全面规划部署,强调了全面依法治国的重要意义和新理念新思想新战略,明确了中央全面依法治国委员会的顶层设计及工作要点等重大部署,为加快建设社会主义法治国家指明了方向和道路。法治兴则国家兴,法治中国的建设需要具有法治素养人的支撑,而法治素养的养成要从中小学和幼儿园抓起。只有在法治校园,通过具有法治素养的校长和教师,才能培养出具有法治素养的学生。本教程致力于中小学和幼儿园教师法治素养的提升。

2. 本教程是全面深化新时代教师队伍建设改革的要求

2018年1月《中共中央国务院关于全面深化新时代教师队伍建设改革的意见》提出:"坚持兴国必先强师,深刻认识教师队伍建设的重要意义和总体要求"。第1条指出加强教师队伍建设的战略意义:"教师承担着传播知识、传播思想、传播真理的历史使命,肩负着塑造灵魂、塑造生命、塑造人的时代重任,是教育发展的第一资源,是国家富强、民族振兴、人民幸福的重要基石。"第10条指出:"转变培训方式,推动信息技术与教师培训的有机融合,实行线上线下相结合的混合式研修。"《教师教育振兴行动计划(2018—2022年)》指出,为了实现教师教育振兴发展的目标任务,将主要措施明确为十大行动。为了落实师德养成教育全面推进行动、乡村教师素质提高行动、师范生生源质量改善行动、"互联网＋教师教育"创新行动，本教程编写跟进互联网＋现代教育技术的要求，对如何实现知识课堂向能力课堂转变；灌输课堂向研讨课堂转变；封闭课堂向开放课堂转变，进行了职前学生学习探究，职后教师培训一体化的网络课程教学与设计，编写一本书实际上是建设一个平台。我们力求实现将该平台，建成全国教育法律问题咨询交流的平台、教师职前职后学习交流的平台和教学研究者学术交流的平台，为全面深化新时代教师队伍建设改革肩负起我们的使命和责任。

3. 本教程是教师教育课程标准和教师专业标准的要求

本教程按照《关于大力推进教师教育课程改革的意见》《教师教育课程标准（试行）》和《关于印发〈幼儿园教师专业标准（试行）〉〈小学教师专业标准（试行）〉和〈中学教师专业标准（试行）〉》的精神要求编写。依据《教师教育课程标准（试行）》，本课程属于中学、小学、幼儿园教师教育课程"教育基础"学习领域。本教程是教师专业标准要求的基本素养，在教师教育类课程体系中，处于基础的地位，是专业必修课程。

4. 本教程是中小学、幼儿园教师资格国家级考试和教师应聘考试的必考内容

依据教育部教师资格考试《综合素质》（中学、小学、幼儿园）考试大纲，"考试目标"中"主要考查申请教师资格人员的下列知识、能力和素养：具有良好的法律意识和职业道德"；"教育法律法规"是"考试内容模块与要求"中的第二部分必考内容。

5. 本教程是中小学校长和教师继续教育的必修内容

根据《中小学教师继续教育规定》和教育部及各省市教师校长培训研修要求，本教程是中小学、幼儿园校长（园长）与教师培训的必修课程。

二、本教程的使用对象

1. 研究基础教育与学前教育的研究生和本专科师范生

本教程为教育管理类研究生必修课程、教育类研究生选修课程，是师范本科生、专科生教师教育（学前教育、初等教育、中等教育）专业基础课程（必修），本教程使用对象为全体师范生。

2. 在职中小学、幼儿园教师和校长（园长）

本教程编写是基于中小学、幼儿园教育教学实践，所以可以作为在职中小学、幼儿园教师继续教育教材，可以作为中小学校长、幼儿园园长资格培训教材。

3. 参加中小学、幼儿园教师资格考试和应聘考试人员

本教程是基于全国教师资格考试大纲编写，是全国中小学、幼儿园教师资格考试《综合素质》和教师招聘《教育理论》考试必考内容。参加中小学、幼儿园教师资格考试的师范生和非师范生，以及中小学、幼儿园招聘考试复习，可以使用本教程。

4. 参与江苏省教师培训网和中国大学慕课课程"师德与法规"学习的学员

本教程是江苏省高等学校在线开放课程、江苏省教师培训网络课程"师德与法规"，中

国大学慕课中心课程"教师职业道德与教育政策法规"配套教材。笔者主持的"师德与法规"课程,2018年8月已被江苏省教育厅批准为江苏省教师培训网络课程。笔者主持的"教师职业道德与教育政策法规"课程是"十三五"江苏省高等学校在线开放立项课程,通过"中国大学MOOC中心"平台,向全国开放共享。

本教程是2017年南通大学教师教育课程群建设成果"基于'卓越教师'培养的'三维六域'教师教育类课程群的开发与实施"(获江苏省教学成果奖(高等教育类)特等奖,2018年高等教育国家级教学成果奖二等奖)和"四方协同情能兼修前后贯通:卓越乡村教师定向培养的南通样本"(获2018年高等职业教育国家级教学成果奖一等奖,由南通高等师范专科学校、南通大学和南通市教育局、南通师范学校第二附属小学合作申报)以及江苏省教育科学精品培育重点资助课题"未成年学生人格权学校教育保障研究"这三项课题的标志性成果之一。

三、本教程的主要特色与创新

1. 本教程使用对象广泛

本教程定位为适合各地方师范院校研究生、本专科生、专升本、专接本教师教育专业必修课程学习教材。同时可供师范生和非师范生及社会要参加全国教师资格考试和教师应聘考试学员考试复习使用,也可供幼儿园、中小学在职教师校长继续教育使用。本教程主要立足本科地方师范院校,考虑到他们的实际教学情况,在深浅程度上有一个把握,尽量做到教师易用好教。

2. 本教程内容突出基础性和实践性

其一,教程内容力求基础性。本教程与基础教育实践改革相适应,吸收借鉴国内外教师教育尤其是教育学和教育法学的新成果,以科学的态度、创新的精神,进行职前职后一体化的课程教学与设计。以指导教师教,学生学组织编写,体现教材创新的特色。

其二,教程内容强调关注实践。本教程以中小学教师的实践角色需要为逻辑出发点选取内容,理论的阐述力图密切联系当前教改实践中的法律问题。在选择知识点方面,力求新、精、实。"新"是指入选内容能代表最新的研究成果,能引领该研究领域未来的发展方向;"精"是指入选内容皆为同类教材著作中的精品,我们力求为读者呈献最有价值的教育法学理论知识;"实"是指入选内容对我们确有借鉴价值,能对我国的教育法学研究和实践产生积极影响。

本教程一改以往教材编写强调教育法学科学理论体系和教育法规解读的做法,从教师与学生的工作、学习和学校生活逻辑出发,以现实事件和小故事为教育法学理论的载体,使之形成教育法学案例,让学生从中思考有关教育法学的问题,从而激发学生对于法律问题的兴趣和解决法律问题的欲望,帮助学生加深对教育法学理论以及各知识要点与难点的理解。

3. 本教程呈现方式多元立体,整体设计体现改革性

慕课课程与精品意识贯穿本教程编写出版的全过程。在本教程内容和呈现方式上笔者力求让师生有耳目一新之感,充分体现以学生为本的教育理念,在教材体系框架、内容、呈现方式等方面开拓创新,使教材从能用、好用上升到教师、学生喜欢用,争取使教材达到教师好教和学生爱学的效果。因此,本教程的每节均设置了知识结构、微课视频、演示文稿、教学导案、以案说法、案例链接、视频视点、随堂小练、法学论坛、法规链接、本节随堂测试,每章末尾设置了单元测试等。

  本教程各个章节是独立的,即各个章节的内容不需要其他章节介绍的内容作为前提。学校教师可以自主选择文本的章节顺序,安排学生阅读学习。本教程要求语言文字表述新颖可读,行文深入浅出,尽量减少行政思维和行政语言,减少空话,内容平实、生动、丰富,要非常利于学习和掌握。

  4. 本教程设计了丰富的资源来帮助学习者进行案例学习和研究性学习

  本教程为知识点提供了大量的"案例链接",所选案例在内容上覆盖教育法学的基本概念、基本知识、基本理论,有助于广大师生掌握重点、难点、疑点。为达到"以案学法"的目的,一般案例均包括案情简介、问题探讨、案例分析、案例启示几个部分,以利于对案例的分析和研究性学习。"案例链接"通过文本呈现或视频视点呈现,以案说法促使学生更多地了解主题,加深对教材内容的理解。

  本教程在每节之中提供了大量的"视频视点"。"视频视点"提供了每个案例的简短概要,要求学生在"法学论坛"思考并回答与案例和教材内容相关的问题。慕课平台中的"视频视点"栏目提供聚焦于教育问题的案例片段,激励学生探究各个章节所涉及的主题。

  5. 与本教程相配套,本教程为学生和教师们创建了两个在线学习环境

  依托微信服务号"南大悦学"创建"教育政策与法律教程"二维码学习网站和借助中国大学慕课中心在线课程"教师职业道德与教育政策法规"学习网站,以辅助本教程的使用。在创建网站时,我们的目标是增强和巩固课本介绍的内容。为此,网站的内容根据章节进行组织,以提供给教师和学生丰富的资源与服务。

四、本教程编写队伍

  本教程是笔者从事教师教育事业二十多年教学心得的累积。一位教师能否成为"让人民满意的教师",能否成为让学生尊敬和信赖的人,能否将自己毕生的精力献给培养人才的教育事业并从中获得自身的全面发展和精神的愉悦,都与自身师德素养和法治素养有着密切的关系,笔者怀着使命感和责任感编写本教程。

  本教程的完成得益于中国教育法学前辈的指导。华中师范大学教科院教授、博士生导师,中国教育政策与法律研究专业委员会常务理事,湖北省教育法律与政策研究会会长李晓燕教授对本教程结构进行具体指导。本教程编写及课程网站建设过程中,在教学设计和具体教学内容选择上,得到中国教育学会教育政策与法律专业委员会理事长劳凯声教授,北京师范大学余雅凤教授,西南大学陈恩伦教授的指导,笔者深受启发。

  本教程也是诸位学者通力合作的结果。大连理工大学公共管理与法学学院教授,博士生导师王续琨教授具体指导笔者进行本教程编写,并就教育法学在中国的历程与发展进行了研究分析与思考。本教程应用的法学讲坛视频"法治思维",由南通大学马克思主义学院副院长、法学博士吴延溢教授主讲;关于教师的职业道德规范部分的微课视频"教书育人",由南通大学教务处处长丁锦宏教授主讲,丁教授无论对笔者的专业和人生的成长,还是本教程的编写思路、具体框架结构,都进行了具体指导;微课视频"为人师表",由盐城师范学院教育科学学院院长陈玉祥教授主讲;微课视频"爱国守法""爱岗敬业""关爱学生""终身学习",由南通大学教育科学学院吉兆麟教授主讲。

本教程更是南通大学教育学研究生和本科生积极参与的结果(附件:教材编写实录)。笔者始终认为课程学习的过程也是课程开发的过程,教师的课程教学过程应是与学生共同开发课程资源的过程,共同完成课程目标。我们可在课程资源的师生共同开发过程中,提升我们作为教师的法治素养,为新时代中国中小学、幼儿园法治化过程,贡献我们的智慧!我们更应在课程资源共同开发过程中,为师生在公正、公平、自由、平等、安全的法治环境中获得健康幸福的成长,肩负起教师的责任!因此,全书由笔者将二十多年来积累的课程资源形成原稿,再请有兴趣参与教程编写的学生根据原稿,收集案例和随堂小练,在笔者指导下编写第二稿,最后由笔者统改定稿。时间仓促,还有部分内容力求在第二版中更新。

在此特别感谢我的班主任江苏省社科院院长夏锦文教授,我的法学学士论文指导老师公丕祥教授,江苏第二师范学院、江苏省教育科学研究院王铁军教授,西南大学原副校长我的导师何向东教授,南京师范大学教育科学学院程晓樵教授、张新平教授,我的同学南京师范大学法学院庞正教授,淮阴师范学院法学院院长季秀平教授,以及南通大学教育科学学院院长邓宏宝教授、陈炜书记、许铁梅教授、徐宏波副书记、季学军副书记、沈永江教授、姜永杰副院长、严奕峰博士、王珏教授、陆平博士等南通大学教育科学学院各位同仁的支持和帮助,尤其在笔者的专业成长中,丁锦宏教授、王灿明教授、施翔副院长、张建平教授、顾健辉教授、吴延溢教授、韩裕庆教授、邓小泉教授、莫闲教授给予笔者很大的指导。

南京大学出版社的领导和编辑对本书的完成起到了重要的指导作用,南京大学出版社蔡文彬主任,钱梦菊编辑对本书的出版付出了辛勤的劳动。

值此付梓之际,对于上述专家、学者和同仁的精诚指导和帮助,一并谨致谢忱!

本教程及网络资源建设是建立在当今中国教育学、教育管理学和法学、教育法学等研究基础上的。本教程在编写过程中参考和引用了同类的其他教材和相关的学术文献和课程资源,在此特致谢意。在撰写的过程中参考、借鉴和引用了诸多学者的研究成果和大量的文献资料,我们在页下尽量做了标注。但因学生参与编写,有的资源和文字出处没有明确标注,如果相关作者发现有不当之处,可直接与笔者联系,予以调整。尽管我们做了努力,但由于自身的才疏学浅,本教程仍然会存在这样或那样的问题,希望得到读者、专家的批评指正!愿为中国教育法治事业竭尽微薄之力!谨以此书献给中小学、幼儿园职前职后从事教育教学工作的老师们!

许映建

2018 年 8 月 18 日于南通

教程使用说明

本教程实践现代课程资源建设理念,按文本教材、二维码网络资源、MOOC平台课程思路构建立体化教材,在编写大纲指导下,进行整体设计,使各种数字资源与纸质教材做到相辅相成,以文本、视频、题库等多种形式立体化地呈现在读者面前。

本教程依托"南大悦学"微信服务号提供二维码资源与服务。在每一节均设置了"学习指南"二维码,微信扫一扫即可:观看"微课视频",查阅配套"演示文稿""教学导案""法规链接";通过"案例链接""视频视点"进行案例学习;加入"法学论坛"参与互动讨论;在线进行"随堂测试"和单元测试等,方便学生掌握和理解知识,使原本枯燥、抽象的教学内容变得生动、形象。

此外,本教程提供配套MOOC课程,通过在线学习平台,系统进行线上学习,增进学生对课程主题和当下教育法学问题的理解,这也弥补了课程课时给教学时空带来的缺憾。

MOOC课程下载步骤:

第一步:微信扫描右侧二维码;

第二步:客户端下载安装 中国大学 MOOC APP;

第三步:打开中国大学 MOOC APP 搜索:许映建或教师职业道德与教育政策法规;

第四步:登录账号随时随地学习课程。

中国大学慕课中心网址 http://www.icourses.cn/imooc

目 录 CONTENTS

法规更新说明
教育法学在中国的历程与发展思考
教师资格考试历年考点与真题

第一章 教师的基本法治素养 / 1
  第一节 教育法的基本原理 / 2
  第二节 教育法律关系 / 22
  第三节 法律责任 / 30
  第四节 法律救济 / 42

第二章 教师职业生活中的法规边界 / 57
  第一节 教师的法律地位 / 58
  第二节 教师的权利与保护 / 67
  第三节 教师的义务与法律风险 / 83
  第四节 教师的违法与犯罪 / 95

第三章 学生教育中的法规边界 / 115
  第一节 学生的权利 / 116
  第二节 学生的义务 / 137
  第三节 未成年学生权利的学校保护 / 148

第四章 我国主要的教育法律解读 / 171
  第一节 《中华人民共和国教育法》/ 172
  第二节 《中华人民共和国义务教育法》/ 182
  第三节 《中华人民共和国教师法》/ 197

第五章 关于学生的法规解读 / 211
  第一节 《中华人民共和国未成年人保护法》/ 212
  第二节 《中华人民共和国预防未成年人犯罪法》/ 228
  第三节 《学生伤害事故处理办法》/ 237

附录 相关法规 / 249
附件 教材编写实录 / 250

第一章
教师的基本法治素养

教育是以促进人的身心发展为直接目标的社会活动。① 价值引导是教育的应然意蕴,而价值引导体现社会的意志,体现着教育者的主观意趣,这种主观意趣内含着教育者的价值选择和价值预设。② 新时代社会,以"法治"代替"人治"成为历史发展的必然趋势。由此,法治素养理应成为人的核心素养。新时代的教育,要求我们每一位教师必须具备法治素养,才能完成法治价值引导的教育责任。本章阐述的是教师要懂得的教育法、法律关系、法律责任、法律救济等基本的法律常识,这是教师应具备的基本法治素养。

---

① 丁锦宏.教育学基础[M].北京:高等教育出版社,2009:29.
② 丁锦宏.学校教育发展[M].北京:高等教育出版社,2015:45.

第一节 教育法的基本原理

法律是由国家制定或认可,体现统治阶级意志的,以规定人们的权利和义务为调整机制,并由国家强制力保证实施的社会规范的总称。教育法是我国法律体系不可缺少的一个组成部分。本节主要阐述了教育法的概念、教育法的渊源、教育法的类型、教育法的体系结构、教育法律与教育政策的关系等。

学习指南

1. 观看本节"微课视频",查阅本节"演示文稿""教学导案"和"法规链接"等。
2. 通过本节"案例链接""视频视点"进行案例学习和研究。
3. 欢迎你踊跃参与本节"法学论坛",围绕主题畅所欲言。
4. 学完本节内容,请点击本节"随堂测试",测一测学习效果。
5. 基于本节的"核心概念",希望你丰富本节"参考文献",加入研究项目,进行研究性学习。
6. 学习的过程,应是师生共同进行课程资源开发的过程,欢迎加入"课程建设"项目,为本课程资源更优更好,贡献你的智慧。

微信扫一扫

知识结构

教育法的基本原理
- 教育法的概念
- 教育法的渊源
- 教育法的类型
- 教育法的体系结构
- 教育法律与教育政策
- 教育法律与教育道德
- 教育法治与教育法制

以案说法

【案情简介】 一名四年级小学生状告学校和体育教师

原告:张某(某小学学生)及其监护人。

被告：某小学。

案由：体育老师用长凳让学生跨栏跑，学生大腿骨折。

诉讼请求：要求被告赔偿体育课受伤的一切费用。

这是小学生告小学的案例。多年前一位农村的小学体育老师，在四年级体育活动组织跨栏的活动课中，因为条件所限，用板凳作为跨栏。有一位同学，跨栏跑时腿摔断了。该生爸爸，到校长处请校长报销医药费，校长拒绝了。于是，一纸诉状，就把学校告到法院。

最后，法院依据四年级《体育教学大纲》中体育课必须使用国家标准的体育器材等规定，判学校败诉。

【问题探讨】 教师没有按照"课程标准"上课，会有什么样的法律风险？

【案例分析】 四年级《体育教学大纲》明确规定：体育课必须使用国家标准的体育器材。这位老师用板凳来做跨栏，明显是不符合国家标准的。我们现在学校依据的是课程标准，那么《体育教学大纲》，它是否具有法律效力呢？这就涉及对"教育法"内涵的理解问题。课程标准（教学大纲）虽然不是法律，但是在我们国家教育法律体系里面，它是其中一个层次的内容。它的法律效力不如相关法律，但是当法院在审理案件的时候如果没有其他法律的相关要求，这个课程标准就是重要的参考依据。

【案例启示】 作为教师，我们务必了解，在教育教学活动中，可以作为法院判决的重要参考依据的一些法律法规及规章。

知识点解读

一、教育法的概念[①]

教育法有广义和狭义之分。广义的教育法是由国家制定或认可，并以国家强制力来保证教育活动顺利实施的行为规则的总称。它包括国家立法机关、地方立法机关和政府部门制定和颁布的各种教育法律、法令、条例、规章、决定、命令等。日常使用的教育法规概念也就是教育法的广义概念。

狭义的教育法是指国家最高立法机关制定的教育法律，在我国是指由全国人民代表大会及其常务委员会制定的教育法律。最狭义的教育法在我国专指1995年由全国人民代表大会制定的《中华人民共和国教育法》（以下简称《教育法》）。我们一般从广义上使用教育法的概念。

从上可见，教育法规与教育法律从广义上理解，含义是相通的，都是指以国家权力为保障强制执行的教育行为规则的总和。从狭义上理解，教育法律主要是指由国家最高权力机关制定的教育行为规范；而教育法规乃是一个泛指概念，既包括国家权力机关制定的

[①] 黄崴.教育法学[M].北京：高等教育出版社，2007：34.

教育法律,也包括国家行政机关制定的教育行政法规和规章,还包括地方权力机关和地方行政机关制定的地方教育法规和规章。

案例链接

【视频视点】 学生上课讲话被老师用胶带封住嘴巴

请扫描本节二维码观看视频,该视频主要介绍了张同学上课时一直在说话。老师"警告"张同学:在课堂上不要讲话了,如果再讲话,就用胶带纸把嘴巴封起来。但张同学没有听老师的话,又开始自言自语。这回,老师火了,立刻站起来,走到张同学跟前,掏出一段封箱胶带纸贴在了他的嘴上。在场所有的学生一下子哄堂大笑,而此刻的张同学却大哭起来,但老师见状,没有理会,继续上课。就这样,张同学被封住嘴巴上完了课,在同学们的笑声中一路哭着回了家。[①]

【问题探讨】 该案老师的做法违反了什么教育法?

【案例分析】 案例中的老师因学生上课说话调皮捣蛋的情况下,就用胶带纸把张同学的嘴巴封了起来,这种做法不仅是体罚学生、侮辱学生人格的行为,也是侵犯学生受教育权的行为。老师将学生嘴巴封住,限制了学生的自由,使学生无法参加正常的教育教学活动。《中华人民共和国教师法》第8条中规定:教师应当"遵守宪法、法律和职业道德,为人师表";应当"关心、爱护全体学生,尊重学生人格,促进学生在品德、智力、体质等方面全面发展"。《教育法》第43条中规定:受教育者有权"参加教育教学计划安排的各种活动,使用教育教学设施、设备、图书资料"。尽管张同学上课说话,在履行学生的义务方面做得不够,但作为教师应当依法采取积极的教育措施,而不应采取法律所禁止的行为侵害学生的权益。学校及教育行政部门对于教师用胶带封学生嘴巴的做法应当坚决制止;学生有权对教师用胶带封其嘴巴的做法提出申诉或者依法提起诉讼,对自己违反纪律,影响他人学习的行为也应改正。教师应加强法律意识,履行教师的义务,对自己用胶带封学生嘴巴的行为承担责任。

随堂小练

1.(单项选择题)下列关于教育法规的说法,错误的是(   )。

A. 教育法规的保障作用是指教育法规保障各种教育主体的教育权利得到实现,教育义务得到履行,从而使教育活动有序、有效进行

B. 教育法规,是指国家权力机关和国家行政机关为调整教育与经济、社会、政治的关系,调整教育内部各个环节的关系而制定和发布的教育法律(基本法律和法律)、法令、条例、规程、制度等规范文件的总称

---

① 案例视频链接:http://www.iqiyi.com/w_19rroi4kml.html.

C. 教育法规是兴办教育事业所必须遵循的准则、依据和规范,是国家领导、组织、管理教育,促进教育事业健康发展的重要工具,是国家法制建设的重要组成部分

D. 按制定、发布教育法规的机关地位层次不同,它可以分为国家权力机关制定的教育法规和国家行政机关制定的教育法规

【答案】 D。

【解析】 按制定、发布教育法规的机关地位层次不同,可以分为国家教育法规和地方教育法规。国家教育法规是指最高国家权力机关和最高国家国家行政机关制定的教育法规,地方教育法规是指地方国家权力机关和地方国家行政机关制定的教育法规。

二、教育法的渊源①

本章所言教育法的渊源不是指法的历史渊源、理论渊源、政治渊源等,而是指教育法的法律效力的来源。我国教育法的基本渊源是指有权创制法律规范的国家机关制定发布的规范性法律文件。规范性法律文件,简称规范性文件,是指由国家机关制定并发布的、具有普遍约束力的法律文件。而非规范性法律文件是指国家机关在适用法的过程中发布的个别性文件,如判决、裁定、行政措施等。在我国这类文件的效力仅及于特定案件或相关的主体、客体及行为,没有普遍的约束力,不是法的渊源。这与英美法系国家法官具有法的创制权不同。我国教育法的主要渊源是:宪法、教育法律、教育行政法规、地方性教育法规、地方性教育规章等。

(一) 宪法中有关教育的条款

宪法是国家的根本大法,在我国法的渊源体系中占据首要地位,具有最高的法律效力,是我国全部立法工作的基础和根据,一切规范性文件皆不能与宪法相抵触。只有全国人民代表大会有宪法的制定和修改权。

宪法作为教育法的渊源,规定了我国教育的社会性质、目的任务、结构系统、办学体制、管理体制,规定了我国教育的社会性质、目的任务、结构系统、办学体制、管理体制,规定了公民有受教育的权利和义务,规定了对少数民族、妇女和有残疾的公民在教育方面予以帮助,规定了对未成年人的保护,规定了学校的教学用语,规定了宗教与教育的关系,这些都是各种形式和层级的教育立法的主要依据和最高依据。任何形式的教育法都不得与宪法相抵触,否则便是违宪。

---

① 公丕祥.教育法教程[M].北京:高等教育出版社,2000:48.

[法规链接]

请扫描本节二维码阅读《中华人民共和国宪法》。

(二) 教育法律

教育法律是国家最高权力机关——全国人大及其常委会制定的教育规范性文件,其效力仅次于宪法。教育法律又分为两种形式:基本法律和基本法律以外的法律。

基本法律一般由全国人民代表大会制定,它比较全面地规定和调整某一方面带根本性、普遍性的社会关系。我国教育基本法律是:

《中华人民共和国教育法》(1995年3月18日通过,2009年8月27日第一次修正,2015年12月27日第二次修正,2021年4月29日修改,自2021年4月30日起施行)。

基本法律以外的法律一般由全国人大常委会制定(《中华人民共和国义务教育法》例外),它是调整某类教育或教育的某一具体部分关系的法律,我国现在已通过的这类法律有:

《中华人民共和国学位条例》(1980年2月12日通过,1981年1月1日起起施行,2004年8月28日修正)以下简称《学位条例》。

《中华人民共和国义务教育法》(1986年4月12日通过,1986年7月1日起施行;2006年6月29日修订,2015年4月24日修订,2018年12月29日第二次修正),以下简称《义务教育法》。

《中华人民共和国教师法》(1993年10月31日通过,1994年1月1日起施行),以下简称《教师法》。

《中华人民共和国职业教育法》(1996年5月15日通过,1996年9月1日起施行),以下简称《职业教育法》。

《中华人民共和国高等教育法》(1998年8月29日通过,1999年1月1日起施行;2015年12月27日修正,2016年6月1日开始施行,2018年12月29日第二次修正),以下简称《高等教育法》。

《中华人民共和国民办教育促进法》(2002年12月29日通过,2003年1月1日起施行,2013年6月29日第一次修正,2016年11月7日第二次修正,自2017年9月1日起施行,2018年12月29日第三次修正),以下简称《民办教育促进法》。

此外,全国人大或其常委会发布的关于教育的具有规范性内容的决议和决定,也属于教育法律的范畴,与教育法律有同等效力,如1985年1月21日第六届全国人民代表大会常委会第九次会议通过的《关于教师节的决定》就属于此类。

(三) 教育行政法规

教育行政法规由国家最高行政机关即国务院制定的关于教育的规范性文件,其效力仅次于宪法和教育法律。教育行政法规一般有两种发布方式:

一是由国务院直接发布,如《残疾人教育条例》《教师资格条例》都是由国务院直接发布的。

二是由国务院批准、国家各部委发布,如《学校体育工作条例》《学校卫生工作条例》就是这样发布的。教育行政法规不论采取哪种发布形式,其效力都是一样的。

(四) 部委教育规章

部委教育规章是指国务院各部委(主要是国家教育部)根据法律和行政法规在本部门权限内所制定的关于教育的规范性文件。相对于教育法律和教育行政法规而言,部委教育规章的数量是很大的,三者在数量上呈金字塔状。

(五) 地方性教育法规

地方性教育法规是由地方人大或其常委会制定的关于教育的规范文件。省、自治区、直辖市的人大及其常委会,在不同宪法、法律、行政法规相抵触的前提下,可以制定地方性法规,报全国人大常委会备案。省、自治区的人民政府所在地的市,经济特区所在地的市和国务院已经批准的较大的市,其他设区的市,可以拟定本地需要的地方性法规草案,提请省、自治区人大常委会审议制定,并报全国人大常委会和国务院备案。由此可见,并不是所有的地方人大及其常委会皆有权制定地方性教育法规。

(六) 地方性教育规章

也称地方政府教育规章,由地方政府制定。《中华人民共和国立法法》规定,省、自治区、直辖市和设区的市、自治州的人民政府,可以根据法律、行政法规和本省、自治区、直辖市的地方性法规,制定地方政府规章。地方性教育规章的效力低于同级的地方性教育法规的效力。

这些由不同国家机关制定,具有不同法律地位和效力的法律渊源,构成了我国多种类、多层次的教育法体系。

案例链接

案例简介:教师辱骂学生"笨得像猪"[①]

请扫描本节二维码观看视频,该视频主要介绍了某学校二十多名学生家长联名举报一位数学老师太严厉,随后教育局对此展开了调查。他们的孩子都在某学校三年级某班就读。家长们表示:从上学期开始,孩子们回家就陆续向他们反映数学老师存在体罚的情况,包括打头、揪耳朵、踹,不给孩子上课的时候上厕所,辱骂孩子说"笨得像猪"。为此,他们也多次向学校反映,可是效果不明显。"校长当时也是介入调查,老师也在群里向我们保证说不会再发生这样的事情了。然后好了一个月,到了下学期开始,就变本加厉,不许孩子回来反映。"

对此教育局表示:接到家长们的反映后,他们就立即成立了调查小组,赶赴学校,对当

[①] 案例视频链接:http://vod.v.jstv.com/2018/04/22/JSTV_JSCS_1524395273340_nD41z9Z_1223.mp4

事老师以及学生进行了走访调查。家长们反映的"一人犯错,全班罚站""用书打头"的情况基本属实。

【问题探讨】 该案中的数学老师违反了哪些法律?

【案例分析】 这是一起中小学广泛存在的教师侵犯学生权益的案件。案例中的数学老师对学生打骂,说他们"笨得像猪",这既是对学生的一种变相体罚,又侮辱了学生的人格尊严,违反了《中华人民共和国教师法》第8条第4项关于教师义务的规定:"关心爱护全体学生,尊重学生人格,促进学生在品德、智力、体质等方面全面发展",同时也违反了《中华人民共和国未成年人保护法》的规定,学校、幼儿园、托儿所的教职员工应当尊重未成年人的人格尊严,不得对未成年人实施体罚、变相体罚或者其他侮辱人格尊严的行为。本案例中的数学老师应该向全体同学道歉,并及时改正自己的行为。

随堂小练

2.(单项选择题)下列各选项中,不属于我国教育法渊源的是( )。

A. 有关教育的法律
B. 国务院有关教育行政部门制定的教育行政规章
C. 地方性教育法规
D. 学校制定的学校制度

【答案】 D。

【解析】 我国教育法的主要渊源是:宪法、教育法律、教育行政法规、地方性教育法规、地方性教育规章等。根据《中华人民共和国立法法》,学校制定的学校制度既不属于地方教育规章,也不属于地方教育法规。

三、教育法的类型

(一)依据教育法创制方式和表达方式的不同,可分为成文法和不成文法

成文法主要是指国家机关根据法定程序制定发布的具体系统的法律文件,也称制定法。不成文法是指不具有法律条文形式,但国家认可其具有法律效力的法。不成文法并非来自立法机关的创制,它包括习惯法和判例法两种形式。我国现行的教育法基本上都属于制定法、成文法之列。

(二)依据教育法的效力等级和内容重要程度的不同,可分为根本法和普通法

根本法(或称基本法)通常指规定国家根本制度、具有最高法律效力的法律,即《宪法》。普通法(或称单行法)是根本法之外的其他法律,普通法不得和根本法相抵触。在我国教育法规中,《中华人民共和国教育法》是我国教育的根本法、基本法,而《中华人民共和国义务教育法》《中华人民共和国教师法》等是普通法、单行法。

> **随堂小练**
>
> 3.（单项选择题）我国的教育基本法和根本法是（　　）。
> A.《中华人民共和国义务教育法》　　B.《中华人民共和国宪法》
> C.《中华人民共和国教育法》　　　　D.《中华人民共和国基本教育法》
> 【答案】　C。
> 【解析】　依据教育法规的效力等级和内容重要程度的不同,教育法可分为根本法和普通法。《中华人民共和国教育法》是我国教育的根本法。

(三) 依据教育法规定的内容的不同,可分为实体法和程序法

实体法是指规定具体权利义务内容或者法律保护的具体情况的法律,如民法中教育必须遵守的内容。程序法就是规定行使具体实体法所要遵循的程序的法律,如民事诉讼中教育必须遵守的内容。

(四) 根据教育法的适用范围不同,可分为一般法和特殊法

一般法指适用于一般的法律关系主体、通常的时间、国家管辖的所有地区的法律,如《中华人民共和国教师法》。特别法是对于特定的人群和事项,或者在特定的地区和时间内适用的法律。一般法与特别法是相对而言的。特别法又可以称为特别规定,一般法也可以称为一般规定。适用于全国的法律称一般法,仅适用于某一地区的法律称特别法,如《中华人民共和国澳门特别行政区驻军法》;对所有人都有效的法律称一般法,仅对部分人有效的法律称特别法,如《中华人民共和国妇女权益保障法》;对一般事项有效的法律称一般法,如民法,仅对特定事项有效的法律称特别法,如商标法。而对于《合同法》和《公司法》而言,《合同法》是一般法,《公司法》是特别法。

案例链接

【案情简介】　16岁女中学生状告老师侵权

班主任苏老师以所教班级一名16岁女生与同班一名男同学关系密切为由,在课堂、教研室和同学家长间捏造、散布虚假事实,并当众翻这名女生书包,强迫她交出日记供老师阅读,还将部分日记和信件的部分内容在班上公布,在不同的场合对这名女生进行辱骂。在长期压力下,这名16岁女中学生于6月4日离家出走,6月8日才被从南京找回,但因此患上了忧郁症。

16岁的女中学生以自己的人格受到侵犯为由将班主任和学校告上法庭,并最终赢得官司。北京市朝阳区人民法院经审理后认定,苏老师在对学生的教育管理中,确有翻看书包、日记等歧视性行为,侵害了学生的人格尊严;苏老师的行为和学生离家出走、精神抑郁有因果关系,并造成了一定的损害后果。因此,法院一审判决,苏老师和学校向这名16岁的学生赔礼道歉并赔偿经济损失3 000余元,精神抚慰金500元。

【问题探讨】 该案中对你学习教育法律意义有哪些启示?

【案例分析】 学生的人格尊严受法律保护,在《教育法》《教师法》等法律中均有规定。班主任苏老师在教育过程中多次以歧视性行为伤害16岁女中学生的人格尊严,并导致一定的损害后果,应当承担法律责任。对此,教师应提高法律风险防范意识,以恰当的行为方式教育和影响学生,关心爱护学生,保证他们的合法权益不受侵犯,同时也是对自己的保护。

随堂小练

4.（单项选择题）根据法律法规创制方式和表达方式的不同,教育法规可分为（　　）。

A. 实体法和程序法　　　　　　B. 成文法和不成文法
C. 根本法和普通法　　　　　　D. 一般法和特殊法

【答案】 B。

【解析】 依据教育法规创制方式和表达方式的不同,分为成文法和不成文法,还可以分为制定法、判例法和习惯法。我国现行的教育法规基本上都属于制定法、成文法之列。

四、教育法的体系结构

教育法规体系是指教育法作为一个专门的法律部分,按照一定的原则组成的一个相互联系、相互协调、完整统一的法律有机整体。

（一）教育法的纵向结构

教育法规体系的纵向结构,即教育法规的表现形式,是指由不同层级的教育法律文件组成的等级、效力有序的纵向体系。我国教育法律体系的纵向结构为:①《宪法》中有关教育的条款;② 教育基本法律;③ 教育单行法律;④ 教育行政法规;⑤ 地方性教育法规;⑥ 教育规章。(见表1-1)

表1-1　我国教育法律体系的纵向结构

层级	形式		制定机关
第一层次	宪法中有关教育的条款		全国人民代表大会
第二层次	教育基本法律		全国人民代表大会
第三层次	教育单行法律		全国人民代表大会及其常务委员会
第四层次	教育行政法规		国务院
第五层次	地方性教育法规		省(自治区、直辖市)、设区的市、自治州人大及其常委会
第六层次	教育规章	部门教育规章	教育部等国务院部委
		地方政府教育规章	省(直辖市、自治区)、设区的市、自治州人民政府

(二) 教育法的横向结构

教育法规体系的横向结构是指依据教育法规所调整的教育社会关系的特点或教育关系构成要素的不同,划分出若干处于同一层级的部门教育法,形成法规调整的横向体系。我国教育法规体系的横向结构主要包含以下几个部类:① 教育基本法;② 基础教育法;③ 高等教育法;④ 职业教育法;⑤ 成人教育或社会教育法;⑥ 学位法;⑦ 教师法;⑧ 教育投入法或教育财政法。

案例链接

【案情简介】 学生被老师殴打罚站,回家后喝下农药

某中学初一学生张某因没完成作业,被班主任打了一顿,说是不让张某上学了,并没收了他的凳子。张某回到家后,父亲发现儿子的脖子、脸和手上均有伤痕。第二天早上,张某去学校又被班主任骂了回来。次日早上,孩子再去上学,但就在全校出早操时,班主任看见张某后,又揪住张某的耳朵将他从学生队伍中拉了出来,并骂道:"我不想看到你,我不希望你在这个班上上学。"无奈孩子又回到了家。父亲看到孩子又被赶回来后,便领着孩子去学校找班主任,班主任说让孩子把作业补完后再来。下午,当孩子去学校补交作业时,却不知什么原因又被班主任打了一顿,并且还不让他进教室上课。

当日下午,孩子再次伤心地回到了家里,随后,其母亲又将张某领到学校去见班主任。班主任翻看了一下张某的作业,便让张某到外面去,孩子不情愿地出了门,在凛冽的寒风中站着。

当张某母亲和班主任交谈一会儿出来后,却不见了张某,张母以为孩子去了教室,便回了家。走到家时,张某母亲发现孩子坐在碾房门旁,身上一股浓浓的农药味,便将孩子送到卫生院进行抢救。

【问题探讨】

1. 本案中班主任违反了什么法律?
2. 本案对我们有哪些启示?

【案例分析】 本案是一则由教师体罚学生引发的学生伤害事件,侵犯了学生张某的人身权和受教育权。我国《宪法》和《教育法》中均规定:"中华人民共和国公民有受教育的权利和义务。"《义务教育法》规定:"教师在教育教学中应当平等对待学生,关注学生的个体差异,因材施教,促进学生的充分发展。教师应当尊重学生的人格,不得歧视学生,不得对学生实施体罚、变相体罚或者其他侮辱人格尊严的行为,不得侵犯学生合法权益。"《教师法》规定"教师应当履行下列义务:(一) 遵守宪法、法律和职业道德,为人师表;……(四) 关心、爱护全体学生,尊重学生人格,……"。《未成年人保护法》规定,学校应当尊重未成年学生受教育的权利,关心、爱护学生,对品行有缺点、学习有困难的学生,应当耐心教育、帮助,不得歧视,……本案中,班主任违反了《宪法》《教育法》《义务教育法》《教师法》《未成年人保护法》的有关规定,不仅对张某进行体罚,还不让其继续上学,使其在绝望中喝下了农药,严重侵犯了张某的人身权和受教育权。

教育从不伤人开始,班主任对学生管理的根本任务是保护学生的权利。

> **随堂小练**
>
> 5.（单项选择题）下面关于教育法规体系结构的说法,错误的是（　　）。
> A. 教育法规体系的纵向结构,即教育法规的表现形式
> B. 宪法具有最高的法律效力,任何形式的教育法都不得与宪法相抵触
> C.《教育法》是我国教育发展的基本法,奠定了我国教育制度的基础
> D. 教育行政法规由教育部制定颁布的
> 【答案】　D。
> 【解析】　教育行政法规由国家最高行政机关即国务院制定的关于教育的规范性文件,其效力仅次于宪法和教育法律。教育行政法规一般有两种发布方式：一是由国务院直接发布;二是由国务院批准、国家各部委发布。

五、教育法律与教育政策

（一）教育政策的概念

教育政策是指政党、政府等各种政治实体在一定历史时期,为实现一定的教育目的任务而协调内外关系所制定的行动准则。

（二）教育政策的特点

教育政策有着与其他政策相似的一些特点,这些特点表现在：第一,指向明确;第二,相对稳定;第三,影响广泛;第四,体现统治阶级的意志;第五,不具有强制性。

（三）教育政策的类型

一是根据制定政策主体的不同,可分为政党的教育政策、国家的教育政策、社会团体的教育政策。

二是根据政策内容与层次的不同,可分为总政策、基本政策和具体政策。

三是根据政策效力范围的不同,可分为全局性政策和区域性政策。

四是根据政策所起作用的不同,可分为鼓励性政策与限制性政策。

五是按政策适用时间不同,教育政策还可分为短期政策、中期政策和长期政策。

（四）教育政策的体系结构

教育政策的体系结构是指政党、国家和社会团体制定的有关教育政策的存在及其表现形式。

1. 教育政策的横向结构

教育政策的横向结构是指不同领域的教育政策,依照横向并列关系加以排列形成的组合方式和秩序。如高等教育政策、普通教育政策、职业和成人教育政策、少数民族教育

政策和残疾人教育政策。

2. 教育政策的纵向结构

教育政策的纵向结构是指依照教育政策的内在逻辑关系做出的纵向排列。从不同角度出发,就有不同的排列方式。如依照空间系列划分,有教育总政策、基本教育政策和一般教育政策;依照政策阶段性过程划分,有长期教育政策、中期教育政策、短期教育政策和即时教育政策。

(五) 教育政策与教育法律的关系①

教育政策与教育法规在本质上是一致的,但并不等于说这两者是一回事,其实,他们既有共性又有个性。

1. 教育政策与教育法律的共性

教育政策与教育法规在本质上是相同的,因此,两者有共同之处,就我国而言,教育法规和教育政策有着共同的指导思想;教育法规与教育政策体现着党和人民共同的利益;教育法规与教育政策都是上层建筑。教育政策通过法定程序变成国家意志,上升为国家的教育法规,在全社会产生效力,要求全体公民认真遵守和执行。这是加强党的领导,加快教育事业发展的有效措施。从这个意义上讲,教育政策与教育法规的本质是一致的。

2. 教育政策与教育法律的区别

(1) 制定的机关不同。国家的教育法律是由国家机关制定的,而教育政策也可以由政党制定。

(2) 约束力不同。教育法律具有国家的强制性,对全社会成员都有约束力,而教育政策不具有国家强制性,只对某部分人有约束力。

(3) 执行的机关不同。教育法律的执行机关只能是国家机关,而教育政策除了国家机关,还有其他有关组织。

(4) 发挥的作用不同。教育法律的作用,主要表现为国家的强制性作用,而政策的作用主要是指导性作用。

(5) 表现的形式不同。教育法律的表现形式有宪法中的教育条款、教育法律、教育行政法规、地方性教育法规和教育行政规章等;而教育政策主要有决定、指示、决议、纲要、通知、意见等形式,内容比较广泛,具有原则性和概括性。

(6) 执行的方式不同。教育法律的执行方式是以国家强制力为后盾,要求社会成员必须遵照执行;而教育政策则主要靠组织与宣传,启发人们自觉遵循,主要依靠党的纪律、政府的行政权力而非司法权来实现和推动。

(7) 稳定的程度不同。教育法律的稳定程度更高,而教育政策的灵活性更高。教育法规一般是在总结贯彻党和国家的教育政策所取得的经验基础上形成的,具有长期性和稳定性,它的制定、修改和废除必须依照一定的法律程序。教育政策则随着教育形势、教

---

① 李晓燕.教育法学(第2版)[M].北京:高等教育出版社,2006:66-67.

育任务的变化需要而适时做出调整和修订。

(8) 公布的范围不同。教育法律必须向全社会公布,而教育政策只在一定范围内公布。同时,教育法规的调整范围比教育政策调整的面要小一些。教育政策制定的灵活性和及时性要求教育政策调整范围更宽泛。

3. 教育政策与教育法律的联系

教育法律与教育政策是既相联系又有区别的,教育政策是教育法律的灵魂,教育政策是制订教育法律的依据;教育法律是教育政策得到实施的保证,成熟的教育政策可以转化为教育法律,教育法律是教育政策的具体化、定型化、规范化,它能够集中反映党和国家在教育方面的主张和意志,教育政策指导着教育立法过程,体现在教育法律中,指导教育法规的运用和实施。但两者有着本质的区别,这是值得注意的。如果把教育政策同教育法律等同起来,就会降低教育政策的指导意义,也否定了教育法律的强制作用。

案例链接

【案情简介】 体罚学生致其自杀该由谁承担责任

9岁的张某是就读于某小学的学生,在同学的眼里,她学习刻苦、团结助人、遵守纪律,是个好学生;在父母眼里,她懂事听话,是个乖巧的女儿。6月1日,张某来到小学后,上午第一节课是自习课,下课后,该小学老师李某突然来到教室,把包括张某在内的几个小学生叫到她的办公室问话。据同学们私下议论,是李老师丢了100元钱,怀疑是这几个同学偷的。被李老师叫去办公室的几个同学都陆续回到教室,只有张某被李老师带到教室门口,指令她站在门口,不许进教室。上课铃响后,李老师来上课,但她仍未让张某进教室,罚她站在门口。张某先后几次报告李老师,要求进教室,均未得允许。后来张某自行走进来,李君发现后,怒斥到:"谁让你进来的,出去～出去～"。她见张某未走出去,就拧着张某的耳朵,将她拎到门外,就这样张某被罚站在教室门口一节课。上午第三节课开始后,由于仍是李老师上课,李老师仍然安排张某在教室最后面站着听课。下课后,李老师又将张某带到其办公室单独问话。等到张某从办公室出来时,已是泪流满面。随后,她背上书包,脚步匆匆地回家了。回到家里后,父母还未回来,张某就找到瓶久效磷农药喝下去,接着就从家中走出来,但没走出多远就因药性发作,摇摇晃晃地摔倒在地。同村人发现后,立即告诉了其父母。两人闻讯立即从地里赶回家中,并火速将女儿送到医院抢救。次日凌晨,张某终因中毒太深,医治无效,丧失了幼小的生命。

【问题探讨】 作为教师,本案对我们有哪些启示?

【案例分析】 这是一起典型的因教师体罚学生而造成不可收拾恶果的教育法律案例。李老师的体罚行为是造成张某自杀的主要原因,教师缺乏应有的职业道德和遵纪守法的观念,严重违反了教育政策法规要求,不仅害了自己,更是伤害了学生,伤害了该生的家庭,伤害了社会。教育事业任重道远!

> **随堂小练**
>
> 6.（单项选择题）我国教育政策的最高表现形式（　　）。
>
> 　　A. 教育策略　　　　　　　　B. 教育方针
> 　　C. 教育行动准则　　　　　　D. 教育法规
>
> 【答案】　B。
>
> 【解析】　本题考核知识点是教育政策的类型。教育方针是国家或政党在一定历史阶段提出的有教育工作的总的方向和总指针，是教育基本政策的总概括。
>
> 7.（单项选择题）《义务教育法》第1条规定，为了保障适龄儿童、少年接受义务教育的权利，保证义务教育的实施，提高全民族素质，根据（　　），制定本法。
>
> 　　A. 宪法和教育法　　　　　　B. 宪法和未成年人保护法
> 　　C. 宪法和预防未成年人犯罪法　D. 教育法和未成年人保护法
>
> 【答案】　A。
>
> 【解析】　《中华人民共和国义务教育法》第1条规定："为了保障适龄儿童、少年接受义务教育的权利，保证义务教育的实施，提高全民族素质，根据宪法和教育法，制定本法。"故选A。

六、教育法律与教育道德

教育法律与教育道德具有互相影响、互相制约、不可分割的关系。

（一）教育道德与教师职业道德

1. 道德

道德是一种社会意识形态，指以善恶评价的方式调整人与人、个人与社会之间相互关系的标准、原则和规范的总和，也指那些与此相应的行为、活动。道德包含着客观和主观两个方面的内容。客观方面，指一定的社会关系对社会成员的客观要求，包括道德关系、道德理想、道德标准、道德原则和规范，等等。它关乎社会生活的各个领域，表现为政治道德、职业道德、婚姻家庭道德和社会公共生活准则，等等。道德的主观方面，包括道德行为或道德活动主体的道德意识、道德判断、道德信念、道德情感、道德意志、道德修养和道德品质等。

这方面的内容构成了道德原则和规范，它要求转化为个人道德的实践，实现这个转化过程，需要通过道德教育和社会舆论，提高个人对道德理想和道德原则、规范的认识，从而逐渐形成个人的道德信念、道德习惯和道德风格。[1]

2. 职业道德

职业道德是人们在一定的职业活动中形成并遵循的、具有自身职业特征的道德规范，

---

[1] 丁锦宏. 品格教育论[M]. 人民教育出版社，2005：61-70.

以及与之相应的道德观念、情操、品质。它是针对特定职业的道德原则和规范,并通过从业人员的遵从,在职业信念、职业态度、职业纪律和作风等方面表现出来。

3. 教育道德

教育道德亦称"教师职业道德""师德"。是教师职业活动中的道德要求和道德表现。在教育、教学实践中,教师要依靠社会舆论、传统习俗、内心信念、职业要求和思想感化的力量,调整与学生、其他教师、家长、社会之间的关系,规范自己的行为。教师在道德实践中,对道德的选择、评价和修养等,都必须遵循一定的原则和规范。教师所承担的教育工作,既是社会的要求,也是个人生活和自身个性发展的需要。世界上最早的关于教师职业道德的法规是 1896 年美国乔治亚洲教师协会颁布的《教师专业伦理规范》,最有影响的是 1929 年美国全国教育协会颁布《教学专业伦理规范》,1963 年改为《教育专业伦理规范》。[①]

新中国成立以来,我国先后四次正式颁布中小学教师职业道德规范,目前正在实施的是 2008 年 9 月 3 日由教育部和中国教科文卫体工会全国委员会联合颁布的《中小学教师职业道德规范(2008 年修订)》,内容包括六条:爱国守法、爱岗敬业、关爱学生、教书育人、为人师表、终身学习。

[法规链接]

请扫描本节二维码阅读《中小学教师职业道德规范(2008 年修订)》。

(二) 教育法律与教育道德的共性[②]

第一,教育法律与教育道德作为社会调整体系的范畴,都以共同的现实物质生活条件为基础。

第二,在同一社会中,教育法律与占社会主导地位的教育道德具有共同的作用方向,反映的利益关系一致。

第三,教育法律与教育道德的作用具有共同性,它们对社会关系(包括教育关系)起调整作用,对人的行为(包括教育行为)起规范作用,并对一定的利益关系的形成和发展起阻碍或促进作用。

(三) 教育法律与教育道德的区别

1. 教育法律与教育道德的表现形式不同

教育法律表现在与教育有关的宪法、法律、条例、命令等条文中,一般是由国家机关依照一定程序制定的,更加正规和条文化。而教育道德一般没有特定的表现形式,多存在于

---

① 顾明远. 教育大辞典[M]. 上海教育出版社,1998.
② 李晓燕. 教育法学(第 2 版)[M]. 北京:高等教育出版社,2006:54-55.

教育工作者意识和信念之中或形成社会舆论。尽管有的教育道德规范已成为教育法律的一部分，但更多的教育道德仍存在于教育道德体系中。

2. 教育法律与教育道德调整的范围不同

道德与法律基于调整范围视角，有的领域法律能够调整而道德不能调整，有的领域道德能够调整而法律无能为力。一般来说，教育道德调整的教育关系比教育法律更为宽泛。某些违反了教育道德的行为虽然受到舆论的谴责，却不一定受到教育法律的制裁。

3. 教育法律和教育道德调整方法和手段不同

教育法律像其他法律一样具有强制性，它依靠国家权力做后盾，要求人人遵守。而教育道德是依靠舆论、信念和教育力量来实现，只有当这种教育道德同时是教育法律的内容时，才具有强制性。[①]

（四）教育法律与教育道德的联系

教育道德与教育法律一样都是属于社会调整体系的范畴，在本质上具有一致性。[②]

1. 教育法律与教育道德相互交叉并可以实现相互转化

教育道德是教育法律规定的我国教育的重要内容，教育法律与教育道德相互交叉并可以实现相互转化。

2. 教育法律和教育道德在调整教育行为过程中有互补作用

（1）教育道德价值判断对制定教育法律规范起指导作用。教育道德是教育法律得以体现的伦理道德基础。教育道德的准则和规范贯彻于教育立法之中，是教育立法的道德基础。单纯的道德规范或单纯的法律规范对现实利益关系的调整都存在不足。道德可以做到事前的积极调整，防止违法侵权行为的发生；法律则主要是事后的消极调整，维护、弥补权利受侵害者的利益。必须同时加强教育法律与教育道德的建设，使两者在教育生活中相辅相成，共同发挥作用。

（2）教育法律的顺利运行和高效实现，对于教育道德目标的实现，推动教育道德的发展具有重要意义。主要体现在：教育法律的运作和实现本身就包含教育道德受到应有的重视以及教育道德原则和道德规范得到普及；教育法律运用国家强制力使一些教育道德试图解决而无法调整的教育关系得到调整和规范。法律的生命在于它的实行，不能实现的法是对法的本质的歪曲。教育法律实施的基本途径是社会主体自觉遵守教育法律，这就要进行广泛的教育伦理道德的教育，以推动我国教育法律的高效实现。

3. 教育法律约束过程中教育道德因素的作用举足轻重[③]

（1）教师在享有权利的选择上要受到道德价值观念的支配。
（2）教师在履行教育义务的主动性上受道德水平的制约。

---

① 阮成武. 小学教育政策与法规[M]. 北京：高等教育出版社，2006：113-114.
② 刘旺洪. 教育法教程[M]. 南京：南京师范大学出版社，2006：35-36.
③ 李晓燕. 教育法学[M]. 北京：高等教育出版社，2006：54-62.

(3) 教师职业道德能弥补教师权利义务实现保障措施的不足。

由于教师职业道德对于教师职业性质及其职业形象有着极为重要的作用,直接影响着教师职能的发挥,我国已经把遵守国家宪法、法律和职业道德规定为教师的基本法律义务之一。职业道德作为从业规则,一般由行业组织发布。教师职业道德作为一种行业道德,虽然主要从行业组织产生,但对从业者具有"法律"的地位,体现了教师职业的内在凝聚力,也是教师职业社会威望形成的基础,更是国家社会对教师的期望和要求。立德树人,依法执教,任重而道远。

七、教育法治与教育法制

(一) 教育法治与教育法制的边界

1. 教育法制

教育法制是"教育法律制度"的简称。教育法制是指国家的教育法律制度。教育法制是指国家有关教育的法律和制度的总和。

2. 教育法治[①]

(1) 法治的内涵

法治(rule of law)是相对于人治的一个概念,强调法律至高无上,法律面前人人平等。在《联合国宪章》中,法治被描述为"一个治理的原则,所有人以及或公或私的机构和实体(包括政府本身),都对法律负有责任;这些法律颁布是公开的、执行是平等的以及其判决是独立的,同时它们与国际人权标准是一致的。法治还需要措施去确保坚持以下原则:法律的首要地位、法律面前平等、对法律的负责、使用法律的公平、权力的分离、决策的参与、法律的确定性、独裁的避免以及法律上程序上的透明。"[②]

法治的内涵可以简述如下:法治是以良法为前提条件,以严格依法办事和司法公正为基本要求,以权力制约为内在机制,旨在树立法律至上的权威从而确保人权的制度构架及其合理运作而达到的理想状态[③]。从实践来看,法治并非一种静止状态,也不能一蹴而就,法治实际是法治理念向法治现实转变的过程,也是人治实践向法治实践转型的过程。

(2) 教育法治的内涵

教育是按一定要求培养人的工作,是一项培养人的事业,涵盖教育者和受教育者等主体,涉及为谁培养、培养什么样的人等问题。从教育的内外部关系规律来看,教育目的是要促进人的发展和社会的发展。教育法治就是通过法律规章来协调、规范和引导教育关系以及教育行为,从而保障教育秩序,实现教育目的。教育法治化强调的是"在法治理念

---

① 王太高,陈建. 高等教育政策与法规[M]. 南京:南京大学出版社,南京师范大学出版社,2017:1-2.

② United Nations and the Rule of Law. What is the Rule of Law? [2016-12-22]. https://www.un.org/ruleoflaw/what-is-the-rule-of-law/.

③ 杨凤英,王劲松. 关于教育法治化的若干思考[J]. 中国社会科学院研究生院学报,2005(3):136-140.

下办教育,教育事业除了遵循教育规律,就是遵循法律规律,任何主体对教育的干预和影响都要在法治框架下运行"①,使"政府依法行政、学校依法办学、教师依法执教、社会依法支持和参与教育治理"。

（3）教育法治的内容

教育法治包含的内容有:教育立法(教育立法是教育法治化的首要任务和重要内容)、教育执法(有法必依、执法必严)、教育守法(教育守法是教育法治化的保证)、教育司法(违法必究)、教育法治监督。

（4）教育法治的特征②

教育法治化具有以下特征：

其一,教育法治的权威化。教育法治的权威化体现为在教育领域法的权威化和法治的权威化。前者强调教育事业的发展必须树立法律的权威性,在各种教育活动中必须严格遵照各种法律、法令;后者强调教育治理中的法治精神和法治理念,在教育治理中法治是首位的。教育法治的权威化体现的是:教育法治化要超越传统的法律工具主义境地,不仅仅是教育管理的法治化,而是整个教育都应追求法治化;教育法治化不仅是一种教育实践,还是一种理念和思想③。

其二,教育治理的法律化。教育法治化强调法治理念下办教育,教育事业除了遵循教育规律,就是遵循法律,任何主体对教育的干预和影响都要在法治的框架下进行。也就是说,要求教育管理转向教育治理,教育治理必须在法律框架下进行,而且教育治理的法律化不仅仅是简单的教育立法和依据法律管理教育的问题,它强调教育法律建设的社会系统性。

其三,教育关系的制度化、规范化、透明化。教育关系是人们在教育活动中形成的社会关系,其主体是教育者和受教育者,具有广泛的社会参与性。在教育法治化下,教育关系各主体的权利和义务、权力和职责必须明晰、规范并加以保障和保证。教育法治化强调教育关系的制度化、规范化、透明化,也就是说,教育关系要纳入制度轨道,并保证制度的公开、公正、合理,强调所有参与教育活动的主体尊重教育规律、遵守制度约束,所有主体的权利都能得以保护,所有对教育的权力都能得到制约。

其四,教育法治化的核心是法治精神。法治精神蕴含了民主、自由、平等、公正等基本价值,法治精神也体现了主体的自由平等意识、规则意识、契约精神以及权利义务观念。教育法治化意味着所有的教育活动都是法律和制度的框架下进行的,当进行的教育活动没有现成的法律可依据时,法治精神要求教育主体遵从基本价值,一切以"民主的、人性的、公益的"为依归。

---

① 梁兴国.法治时代的教育公共政策:从"依法治教"到"教育法治化"[J].政法论坛,2010,28(6):168-175.
② 王太高,陈建.高等教育政策与法规[J].南京:南京大学出版社,南京师范大学出版社,2017:3.
③ 梁兴国.法治时代的教育公共政策:从"依法治教"到"教育法治化"[J].政法论坛,2010,28(6):168-175.

（5）教育法治化的基本要求

教育法治化要求做到：主体合法（参与教育活动的主体有法律的明确授予），内容合法（参与教育的各项活动内容都应符合法律的规定），程序合法（所有的教育活动，尤其是教育管理活动应遵循法定的程序要求），救济有道（当遭不法侵害时，国家要提供相应的权利救济渠道）。

新时代的中国社会，以"法治"代替"人治"成为历史的必然趋势！从依法治教的演变历程以及新时代社会主义法治国家的建设发展来看，依法治教的提法难以涵盖整个教育法治化的内容，教育法治化的内涵要比依法治教丰富得多，教育法治化与依法治教实际上是包含与被包含的关系。"20多年来，中国的法律生活已经发生了巨大的变化，'法制'已为'法治'所取代，'依法治教'已不能充分反映现实的法治现状及人们关于教育法律问题的认知水平。"①

依法治教体现的是对教育的"管理"，而教育法治化对应的是教育的"治理"。依法治教的实质是通过法律来管理教育，强调的是自上而下的行政化的管理，法律只是管理的工具而已。教育的发展如果陷入管理主义，就容易简单化和机械化，从而窒息教育的发展。教育法治化对应的治理则要求自上而下与自下而上的相互结合，教育不仅有管理还有自治，强调的是法治理念与法治精神，法律不仅仅是管理的工具。

教育法治化体现了法治时代的精神与理想，体现了法治时代对教育的影响和要求。而且教育法治化除了要求教育事业遵从法律，还要求教育事业遵从教育规律。依法治教强调缘法而治。教育法治化则强调法治精神，无法可依不代表法治不存在，民主的、人性的、以公益为依归是教育法治化的要求。

（二）教育法治与教育法制的区别与联系

教育法治则包括教育立法、执法、守法、法律实施和法律监督全过程，是一个相互配合全面治理的系统工程，相对教育法制处于较高层次。相对于教育法治，教育法制是较低层次的，处于相对静止的状态，要解决的是有法可依的问题，是属于横向的平面化的。

教育法制的产生，并不意味着教育法治的诞生。有法制的国家就可称为"法制国家"，但它并不必然地成为法治国家。作为一种社会制度，法制并不必然地排斥人治，法制既可以与法治相结合，也可以与人治相结合。

当法制与人治相结合时，法律权威是第二位的，掌权者的权威是第一位的。法律制度是为人治理念服务的。在那里，调节国家行为的主要是政府权威，调节民间行为的主要是道德权威，法律权威只是起一种补充和辅助的作用。

当法制与法治相结合时，法律权威是第一位的，是一种超越所有权威在内的社会权威！

法律成了所有社会群体、社会个人的行为准则。在那里，政府权威源于法律权威，服

---

① 梁兴国.法治时代的教育公共政策：从"依法治教"到"教育法治化"[J].政法论坛,2010,28(6):168-175.

从法律权威,道德权威只是起一种补充和辅助的作用。

当然,"教育法治"与"教育法制"密切联系:教育法制是教育法治的前提和基础。教育法治是教育法制的立足点和归宿。

(三) 教育法治对教师法治素养提升的基本要求[①]

依法治国是我们国家的治国方略,这一具体国策的推行,离不开全体社会成员对法治的认知、理解和遵从,这意味着公民法治素养的高低影响到法治社会的建设进程。公民的法治素养是通过其掌握、运用法律知识的技能及其法律意识表现出来,不仅包括法治教育层面的学法、知法和懂法,还包括法治的思维、理念和方式等丰富内涵[②],是公民在社会实践中关于法治的认知、观念、知识和思想体系的总称。

教师承担着教书育人的社会职责,教师群体既是公民也是教育者,这一双重属性对教师的法治素养要求更高,主要体现在以下两方面:教育的育人本质指向教师法治素养的提高;教育的复杂性指向教师法治素养的提高。只有教师法治素养提升了,才更有可能依法执教,维护自己和学生的权益,从而从容应对各种教育问题,完成教育的使命和重任。

教师法治素养主要表现为法治意识、法治思维和法治精神。通过本书学习希望对您作为教师的法治素养与法律践行能力的提升有帮助。

1. 教师应加强法治学习,不断提升法治意识,做到道德自律,法律自觉

真正的教育法治需要理念先行。新时代法治社会要求我们要"牢固树立宪法和法律至上的观念、法律面前一律平等的观念、法大于权的观念、尊重和保障人权的观念、依法决策依法行政依法管理依法办事的观念、权力必须受到制约的观念"[③]。这些法治意识是教师知法、守法、用法的前提。法治意识是法律体系有效运行的心理基础,是法治社会的基础。教师的法治意识实际上就是教师在日常行为中法治观念先行,有了法治观念意味着教师自觉认同和推崇法律权威,有了法治的信仰和情感,这样教师才会自觉去知法、守法和用法。加强法治学习,不断提升法治意识,做到道德自律,法律自觉这不仅是学会自我保护,防范法律风险的需要,也是我们的教育责任。

2. 教师应加强法治实践,坚守法治思维,警惕教育教学中的法治缺失

我们过去对教育法治认识不够,教育管理思维相对封闭,教育系统缺少法治土壤,如缺乏对基本人权的尊重。教育法治是新时期教育改革发展的动力,我们要以法治思维引领教育改革发展,法治思维应是我们教育改革的基本思维,法治思维应是我们教师工作的第一思维。我们加强法治实践,意味着我们教师在日常的行为当中要注重依法办事、依法执教,明确法律的权威地位,自觉通过法治实践锻炼自己的法治思维。"法治思维是指将法治的各种要求运用于认识、分析和处理问题的思维方式,是一种以法律规范为基准的逻

---

① 王太高,陈建. 高等教育政策与法规[M]. 南京:南京大学出版社,南京师范大学出版社,2017:8-10.

② 齐琳琳. 全面依法治国背景下大学生法治素养的提升[J]. 中国高等教育,2016(13/14):71-72.

③ 梅黎明. 提升领导干部法治素养至关重要[J]. 学习月刊,2015(1):8-9.

辑化的理性思考方式"①。法治思维方式是人治思维方式的反转,我国传统的人治思维方式根深蒂固,作为拥有高深知识的教师群体,理应在法治思维方面做出表率,以法治的思维来分析和解决各种问题,自觉把法治思维转为法治行为,这是教师知法、守法、用法的重点。

我们教师应学会自我保护,警惕教育教学中的法治缺失,教育工作应从不伤人开始,法治思维应是我们工作的第一思维。在履行教育职权的同时,我们不能等到家长、学生的法律意识觉醒,才疲于应付官司。我们务必首先道德自律,法律自觉,务必注意防范教学内容设计中的法律风险,教学中管理学生的法律风险,对学生考核中的法律风险,与学生交往的法律风险。学校管理,班级学生管理,教师教育教学都应由人治管理走向法治管理,我们教师和校长们务必将上述理念根植到我们的教育观、教师观、学生观和课程观中去。

3. 教师应有教育情怀,塑造法治文化,提升法治精神,引领学生发展

当前许多教育讼案中出现的权利冲突、观念碰撞和价值矛盾说明,法律法规在学校具体化过程中出现偏差和失误是学校管理失范、校园生活失序的表征原因,而法律法规缺位、法治意识缺失、法治精神缺乏则是纠纷频起、冲突纷争的深层原因。由于制度本身的缺陷与学生日益觉醒的自我权益保护意识产生了激烈的碰撞。因此,要从根本上扭转这种局面,走教育法治化道路是必然而又无奈之举。

从纯职业的角度说,教师不是一个一般常人所能从事的职业,更不是一个庸人所能从事的职业。如火如荼的学校综合改革正向我们逼近,学校将不得不面临着由学生发起的法律挑战!随着法律规则的日益完善,人们权利意识的提高,司法对教育的积极回应,特别是借助信息化的便捷、高速,网络与媒体的广泛关注,唤醒了民众的权利意识,大量过去隐而不发的事件也提升至诉讼层面。我们要自觉认识到:新时期教师的法治意识、法治思维和法治精神的重要性,让我们怀着使命感和责任感共同肩负起我们的教育责任!

第二节 教育法律关系

教育法律关系是教育关系中的重要组成部分。什么样的关系可以称为法律关系?教育法律关系又是什么?教育法律关系拥有什么样的特征?可以分为哪些类别?如何通过掌握这些知识,进一步提升法治素养,提高教师教育教学的能力以及正确对待和调节在教育环节中产生的教育法律关系的能力?本节就教育法律关系的基本问题进行研讨。

---

① 齐琳琳. 全面依法治国背景下大学生法治素养的提升[J]. 中国高等教育,2016(13/14):71-72.

学习指南

1. 观看本节"微课视频",查阅本节"演示文稿""教学导案"和"法规链接"等。
2. 通过本节"案例链接""视频视点"进行案例学习和研究。
3. 欢迎你踊跃参与本节"法学论坛",围绕主题畅所欲言。
4. 学完本节内容,请点击本节"随堂测试",测一测学习效果。
5. 基于本节的"核心概念",希望你丰富本节"参考文献",加入研究项目,进行研究性学习。
6. 学习的过程,应是师生共同进行课程资源开发的过程,欢迎加入"课程建设"项目,为本课程资源更优更好,贡献你的智慧。

微信扫一扫

知识结构

教育法律关系
- 教育法律关系的概念
- 教育法律关系的特征
- 教育法律关系的分类
- 教育法律关系的构成要素
- 教育法律关系的发生、变更和消灭

以案说法

【视频视点】 学校有权随意搜查学生宿舍吗?

请扫描二维码观看视频,该视频主要介绍了有些中学为了加强学生宿舍管理,没有经过学生的允许,随便查寝,随意没收学生的家用电器等物品。

【问题探讨】
1. 学校有权随意搜查学生宿舍吗?
2. 学校有权随意没收学生的家用电器等物品吗?
3. 如何处理学校管理权与学生权利的法律关系?

【案例分析】 新时代法治社会,随着教育改革的深入,学校与学生之间的关系,已不是传统意义上的绝对的管理与被管理的上下级隶属关系,这就要求学校的学生管理要超越纯粹的行政管理,要研究民事管理。学校作为民事主体在日常学生管理中,与学生构成地位平等的服务合同关系,学校作为教育服务和物业管理的提供方,有义务保护学生权利并提供合格的服务,学生有义务缴纳有关费用并遵守学校的日常管理规定。

但不少学校的内部行政管理制度将其与学生之间的民事法律关系纳入管辖范围,使民事法律关系行政化。如学校为学生提供的住宿、餐饮等后勤服务的行为,与学生之间形成的应当是一种民事法律关系,学校不仅应当保障服务质量,更应当保障学生的自由选择权。限制学生必须住校、必须以某种方式就餐、对学生宿舍进行随意检查、对违纪学生进行公示等事件,反映了有些学校管理者将学校与学生之间的关系简单地定义为管理与被管理的关系,把行政管理意识带入了民事管理,忽视了学生的人格尊严权、人身自由权、财产所有权等基本权利。

【案例启示】 学校管理实践中的法治缺失有多种表现,如轻权利重义务;重实体权利轻程序权利;以道德评判代替法律裁决;把行政管理带入民事管理等,学校应处理好相关部门与学生之间的法律关系,用合法的方式来开展学校管理活动。本案给我们带来的启示在于要厘清学校与学生的法律关系,正确处理好学校管理权与学生权利之间的冲突与矛盾。

法学论坛

请扫描本节二维码,进入法学论坛,思考:学校管理权与学生权利之间的冲突与矛盾有哪些表现?如何正确处理?

知识点解读

一、教育法律关系的概念

所谓教育法律关系,它是教育法律规范在调整人们有关教育活动行为过程中形成的权利和义务的关系。[①] 教育法律关系的产生是以教育法律规范的存在为前提的,只有教育法律规范了的这种关系才能成为教育法律关系。并不是所有的社会关系都属于法律关系,有些社会关系领域,比如友谊关系、爱情关系、政党的内部关系等,一般不由法律调整,不存在相应的法律规定,因此就不存在法律关系。教育行政机关与学校、学校与教师、学校与学生、学校与一些组织和个人的关系因为有相应的法律规定,故皆属于法律关系。

二、教育法律关系的特征

教育法律关系的特征是指教育法律关系与一般法律关系相比所具有的特殊属性。教育法律关系与其他一般法律关系具有共同的特征,同时,教育法律关系的设定要体现教育的特点,在教育活动中主要表现于管理与被管理、教育与被教育的权利和义务的关系设定之中。

---

① 李晓燕.教育法学(第2版)[M].北京:高等教育出版社,2006:81.

(一) 教育法律关系与其他一般法律关系共同具有的特征

第一,法律关系首先是由法律规范所明确规定的社会关系。
第二,法律关系也是一种思想的社会关系。
第三,法律关系所规定的是权利与义务的关系。
第四,法律关系是由国家强制力保障的社会关系。

(二) 教育法律关系自身的特殊属性

第一,教育法律关系体现教育的特点。
第二,教育法律关系必须遵从教育规律。
第三,法律关系要遵从教育发展的需要。

三、教育法律关系的分类①

(一) 教育内部法律关系和教育外部法律关系

依据教育法律关系主体的社会角色不同,可以分为教育内部法律关系和教育外部法律关系。教育内部法律关系是指由教育法律规范调整的教育系统内部的教育行政部门、各类教育机构工作人员及教育对象之间的教育法律关系。教育外部法律关系是指由教育法律规范调整的教育系统与外部社会各方面之间所发生的教育法律关系。当然,这种分类只是相对的,两类教育法律关系在教育活动中常常会同时发生或相互交织在一起。

(二) 隶属型教育法律关系和平权型教育法律关系

依据主体之间关系的类型可以区分为平权型教育法律关系和隶属型教育法律关系。平权型教育法律关系是存在于法律地位平等的教育法律关系主体之间的权利义务关系。平权型教育法律关系与一般民事法律关系一样,都具有横向的平等特征。平权型教育法律关系主要通过民事诉讼的途径进行救济。隶属型教育法律关系是存在于法律地位不平等的教育关系主体之间的权力服从关系。隶属型教育法律关系具有纵向隶属的特征,权利主体双方是管理与被管理的关系。这种教育法律关系存在于具有职务关系的上下级之间,也存在于依法享有管理权限的国家机构与其管辖之内的各法律关系主体之间。隶属型教育法律关系主要通过行政法律关系表现出来。②

(三) 调整性法律关系和保护性法律关系

根据教育法律规范的职能,可以区分为调整性教育法律关系和保护性教育法律关系。调整性教育法律关系是按照调整性教育法律规范所设定的教育关系模式,主体的教

---

① 李晓燕.教育法学(第 2 版)[M].北京:高等教育出版社,2006:81-82.
② 杨颖秀.教育法学[M].北京:中国人民大学出版社,2008:51-52.

育权利能够正常实现的教育法律关系。它以主体的合法行为为基础,不需要运用法律制裁的手段,是实现教育法规的规范职能的表现。如学生按照规定入学,教师按照《教师法》允许或要求的限度行使教育职权等。保护性教育法律关系是在教育主体的权利和义务不能正常实现的情况下,通过保护性教育法律规范,采取法律制裁手段而形成的教育法律关系。它以主体的违法行为为基础、由国家行使制裁的权力,要求违法者承担相应的责任,是实现教育法规保障职能的具体表现。

(四) 教育管理法律关系和教育活动法律关系[①]

教育管理法律关系是指由教育法律规范调整的,在教育管理过程中所形成的教育法律关系,如在教育过程中受教育法律调整的教育机构与学校之间的法律关系。教育活动法律关系是指教育法律规范所调整的在教育活动过程中所形成的教育法律关系,如教师与学生之间、学生与学生之间、学校与社会之间的教育法律关系。由于教育活动涉及整个社会,甚至涉及公民个人的一生,因而调整教育活动关系的教育法律规范应当规范,由此形成的教育活动法律关系是广泛存在的。

此外,按照国家的法律强制运行机制,教育法律又可分为教育行政法律关系、教育民事法律关系和教育刑事法律关系,其违法主体分别承担行政责任、民事责任和刑事责任。[②] 如学校与教育行政机关的关系是一种典型的行政法律关系;学生与学生之间的关系是民事法律关系;教师体罚学生致死,此时教师与司法机关之间的关系是刑事法律关系;在行政案件的审理中,当事人与人民法院之间的关系就属于诉讼法律关系。

案例链接

【案情简介】 谁应承担责任

县教育局一位工作人员张某年轻气盛,禀性暴躁。有一次,在对一所学校进行工作检查时,与该校的一位教师李某发生争执,最后动起手来,将李某打成轻伤。

【问题探讨】 该案所发生的法律关系是什么类型的法律关系?主体又是谁?谁应对张某的过错行为承担责任呢?

【案例分析】 本案例中,教育局工作人员张某与教师李某之间的关系,实质上是县教育局这一行政机关与教师的隶属型行政法律关系,县教育局是行政主体,教师李某是行政的相对方。如果教师李某要"告"的话,"告"的对象不是张某,而是县教育局。该案例中,除县教育局与教师李某的行政法律关系外,还有一种行政法律关系,即县教育局与其工作人员张某的行政法律关系,张某没有正确地履行职权,应对县教育局负行政责任,受到行政处分。[③]

---

① 阮成武. 小学教育政策与法规[M]. 北京:高等教育出版社,2006:123.
② 阮成武. 小学教育政策与法规[M]. 北京:高等教育出版社,2006:124.
③ 祷宏启. 中小学法律问题分析(理论篇)[M]. 北京:红旗出版社,2003:143-144.

法学论坛

请扫描本节二维码,欢迎进入法学论坛,思考讨论下列问题:

(1) 学生与学生、学生与教师、学生与学校、教师与学校属于什么类别的法律关系?

(2) 在学校管理中,在处理学生与学生、学生与教师、学生与学校、教师与学校关系时存在哪些误区?

四、教育法律关系的构成要素①

教育法律关系的构成要素有主体、客体和内容。教育法律关系的三个要素相互联系、相互制约、缺一不可,其中任何一个要素的改变,都会导致原有法律关系的变更。

(一)教育法律关系的主体

教育法律关系的主体是指教育法律关系的参加者,亦称作权利主体或权利义务主体,包括教育法律关系中权利的享受者和义务的承担者,享有权利的一方称为权利人,承担义务的一方称为义务人。我国教育法律关系的主体可分为三类:

1. 公民(自然人)

公民包含两类:一类是我国公民,另一类是居住在中国境内或在境内活动的外国公民或者无国籍人。而外国人和无国籍人则只能参加我国的部分教育法律关系,其范围由我国法律以及我国与其他国家签订的条约及国际公约规定。

2. 机构和组织(法人)

机构和组织主要包含两类:一类是国家机关,如权力机关、行政机关、司法机关等,其特点是具有权力特征;另一类是社会组织,包括政党、企业事业单位和社会团体等。

3. 国家

从国际法方面讲,国家主体主要以国际法主体的名义参与国际教育活动、签署国际教育协议等。从国内法方面讲,国家主体主要通过各级权力机关、各级司法机关、各级行政机关等来行使国家的教育立法权、教育司法权和教育行政权,从而成为具体的教育法律关系主体。

法学论坛

请扫描本节二维码,欢迎进入法学论坛,思考讨论下列问题:

(1) 外国公民可否成为我国的教育法律关系主体?

---

① 李晓燕.教育法学(第2版)[M].北京:高等教育出版社,2006:84-86.

(2) 法人应具备的基本条件有哪些？是不是所有的学校都是法人？哪些不是？

(3) 如何理解"教育法律关系主体的权利能力和行为能力"？

(二) 教育法律关系客体

教育法律关系客体是指教育法律关系主体的权利和义务所指向的对象。教育法律关系客体是将教育法律关系主体之间的权利与义务联系在一起的中介。教育法律关系的客体一般包括物质财富、非物质财富、行为三个大的方面。教育领域中存在的法律纠纷，往往都是因之而引起的。

1. 物质财富

物质财富简称"物"，它既可以表现为自然物，如森林、土地、自然资源等，也可以表现为人的劳动创造物，如建筑、机器、各种产品等；既可以是国家和集体的财产，也可以是公民个人的财产。物一般可分为动产与不动产两类：不动产包括土地、房屋和其他建筑设施，如学校的场地，办公、教学、实验用房及其必要的附属建筑物；动产包括资金和教学仪器设备等。教育资金包括国家教育财政拨款、社会捐资等，其表现形式为货币以及其他各种有价证券，如支票、汇票、存折、债券等。

2. 非物质财富

非物质财富包括创作活动的产品和其他与人身相联系的非财产性的财富。前者也被称作智力成果，在教育领域中主要指包括各种教材、著作在内的成果，各种有独创性的教案、教法、教具、课件、专利、发明等。其他与人身相联系的非物质财富包括公民（如教师、学生和其他个人主体）或组织（如教育行政机关、学校和其他组织）的姓名或名称，公民的肖像、名誉、身体健康、生命等。

3. 行为

行为是指教育法律关系主体实现权利义务的作为与不作为。一定的行为可以满足权利人的利益和需要，可以成为教育法律关系的客体。在教育领域中，教育行政机关的行政行为、学校的管理行为和教育教学行为都是教育法律关系赖以存在的最基本的行为。学校、教师、学生的物质财富与非物质财富以及这些主体依法进行的教育行为和教育活动都受法律的承认和保护，都是教育法律关系的重要客体。

案例链接

【案情简介】 教师的教案属于学校的吗？

2002年，重庆市某小学的高老师将一纸诉状递交到了法院，要求学校归还自己的44本教案。高老师首先以"对教案的所有权"为诉求，但是从法院一审、二审和终审判决，到经检察机关抗诉后启动重审程序，在这宗全国首例"教案"官司中，她4次败诉。随后，心有不服的高老师改变诉由，以主张"教案著作权"为由，第五次走进了法院，誓要讨回"公道"。2005年12月13日，重庆市第一中级人民法院最终认定，某小学私自处分教师教案原稿的行为侵犯了高老师的著作权。

【问题探讨】

1. 什么是著作权?
2. 教师对其教案是否享有著作权?
3. 在教育领域著作权侵权行为有哪些?
4. 本案对教育管理者和教师有何启示?

【案例分析】 本案经历了一审、一审重审、二审、再审,之后又变更诉由另行起诉,争议焦点紧紧围绕教案本与教案作品。本案例说明,要准确认清法律关系的主客体很重要,这往往会决定着官司的成败。

(三) 教育法律关系的内容①

权利与义务构成法律关系的内容,法律的实质是要确定法律关系参加者的权利和义务。权利和义务是法律关系的核心,没有权利和义务为内容,无所谓法律关系。

1. 法律上的权利

法律上的权利是指法律关系主体依法享有的某种利益或资格,表现为权利人可以做出一定的作为或不作为,并能要求义务人实施一定的作为或不作为。一切法定的权利,国家都以其强制力给予保障,当法定的权利受到侵害时,权利人有权向有关国家机关请求法律保护。

2. 法律上的义务

法律上的义务是指法律关系主体依法承担的责任,表现为义务的承担者(即义务人)必须依法实施一定的作为或不作为。一切法定的义务,不论是积极义务(作为),还是消极义务(不作为),国家都以其强制力强制义务人履行,当义务的承担者拒绝履行其应尽的义务时,国家的司法机关或其他有关机关有权采取措施强制其履行,甚至要求义务的承担者负相应的行政、民事或刑事法律责任。

3. 权利与义务的统一性

权利与义务是不可分的,没有无义务的权利,也没有无权利的义务。在任何一种法律关系中,权利人享受权利依赖于义务人承担义务,否则权利人的权利就会受到侵害。权利与义务表现的是同一行为,对一方当事人来讲是权利,对另一方来讲就是义务;权利和义务所指向的对象(即法律关系的客体)也是同一的,比如在债权债务法律关系中,权利和义务指向的都是同一个客体。权利与义务的统一性还表现在不能一方只享受权利不承担义务,另一方只承担义务不享受权利,法律面前人人平等的法律原则要求任何一个法律关系主体在享受权利的同时也必须承担相应的义务。另外,权利与义务的统一性还表现在,在有些法律关系中尤其是在行政法律关系中,权利与义务具有交叉性,如学校校长依法管理学校,这既是校长的法定权利也是校长的法定义务。再如适龄儿童接受九年制义务教育,既是其权利,又是其义务。

---

① 杨颖秀. 教育法学[M]. 北京:中国人民大学出版社,2008:59.

法学论坛

请扫描本节二维码,欢迎进入法学论坛,思考:
(1) 权利与权力有何区别?
(2) 如何正确理解学生受教育权,家长、国家、学校和教师的教育权?
(3) 如何正确理解学生受教育义务,家长、国家、学校和教师的教育义务?
(4) 如何正确处理学校管理权与学生、家长、教师等主体权利的关系?

五、教育法律关系的发生、变更和消灭[①]

(一) 教育法律关系的发生

教育法律关系的发生是指教育法律关系主体之间权利义务关系的确立。如因委托培养合同的签订产生了用人单位与学校以及学生之间的权利和义务关系。

(二) 教育法律关系的变更

教育法律关系的变更是指法律关系构成要素的变更,即主体、客体、内容的变更。

主体变更是指主体的增加、减少和改变。如学校与企业间的委托培养学生因原委托企业破产而改变委托方。再如几所学校合并为一所学校也会使法律关系发生变更。客体变更是指标的变化,如学校基建合同的地点、面积的变更。内容变更是指权利、义务的变更,如学校之间签订的协作合同,经过协商后修改某些法定义务或履行期限及条件等。

(三) 教育法律关系的消灭

教育法律关系的消灭是指教育法律关系主体、客体的消灭,主体间权利义务的终止。如学校向某一企业借款而形成了民事法律关系(债权关系),学校为债务人,企业为债权人。届时学校依照合同返还了借款,则与该企业的债权债务民事关系归于消灭。

第三节 法律责任

近年来,学校与教师、学校与学生间的纠纷事件频频发生,如何处理和预防这些校园纠纷?如何防范处理校园纠纷中的法律风险?理清法律责任的类型,尤其是法律责任的归责原则和归责要件很重要。

---

① 杨颖秀.教育法学[M].北京:中国人民大学出版社,2008:62.

学习指南

1. 观看本节"微课视频",查阅本节"演示文稿""教学导案"和"法规链接"等。
2. 通过本节"案例链接""视频视点"进行案例学习和研究。
3. 欢迎你踊跃参与本节"法学论坛",围绕主题畅所欲言。
4. 学完本节内容,请点击本节"随堂测试",测一测学习效果。
5. 基于本节的"核心概念",希望你丰富本节"参考文献",加入研究项目,进行研究性学习。
6. 学习的过程,应是师生共同进行课程资源开发的过程,欢迎加入"课程建设"项目,为本课程资源更优更好,贡献你的智慧。

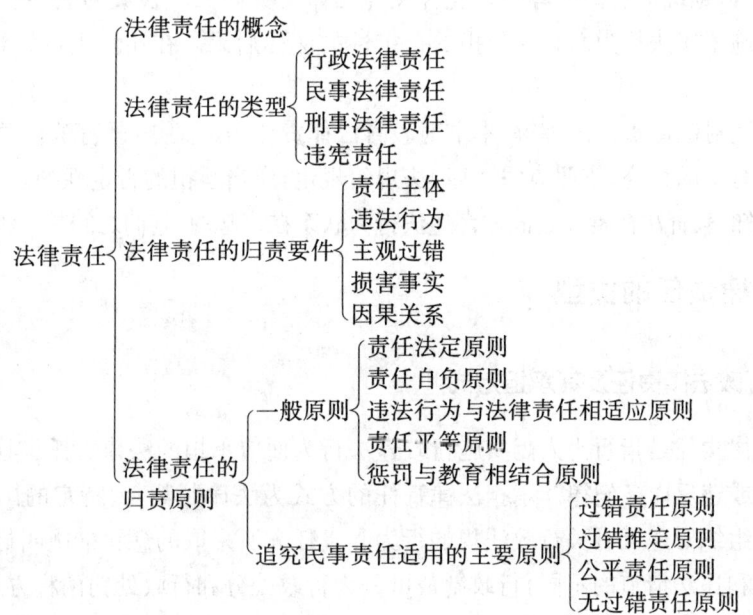

微信扫一扫

知识结构

法律责任
- 法律责任的概念
- 法律责任的类型
  - 行政法律责任
  - 民事法律责任
  - 刑事法律责任
  - 违宪责任
- 法律责任的归责要件
  - 责任主体
  - 违法行为
  - 主观过错
  - 损害事实
  - 因果关系
- 法律责任的归责原则
  - 一般原则
    - 责任法定原则
    - 责任自负原则
    - 违法行为与法律责任相适应原则
    - 责任平等原则
    - 惩罚与教育相结合原则
  - 追究民事责任适用的主要原则
    - 过错责任原则
    - 过错推定原则
    - 公平责任原则
    - 无过错责任原则

以案说法

【视频视点】 学生在校劳动中受伤,学校承担何责?

请扫描本节二维码观看视频,该视频主要介绍了某中学组织学生义务劳动清理建筑垃圾,一学生在扔砖块时意外伤及另一同学,导致视力急骤下降,校方认为应由肇事者承担责任。

31

【问题探讨】
1. 学生在校劳动中受伤,学校承担何责?
2. 肇事者承担全部责任吗?

【案例分析】 在本案例中,学校组织同学清理建筑垃圾这一劳动活动具有危险性,学校应该采取安全教育及安全保护措施,而案例中扔砖块同学只是按照老师要求劳动,所以,在该事件中学校应该承担责任。上述分析准确与否?扫描本节二维码,进入法学论坛讨论。

【案例启示】 作为教师在学生伤害事故中,要有法律自信,分清自己和学校在事故中的责任,这既是对学生负责,也是对自己负责。

知识点解读

一、法律责任的概念

法律责任有广义和狭义两种解释。广义的法律责任,是指任何组织和公民都有遵守法律的义务,自觉维护法律的尊严。此含义与法律义务同义。狭义的法律责任是指法律关系主体实施了违法行为而必须承担的否定性的法律后果。在司法上,通常把法律责任做狭义解释。

基于上述对法律责任的理解,本书对教育法律责任的定义是:教育法律关系主体因实施了违反教育法的行为,依照有关法律、法规的规定,应当承担的否定性的法律后果。

由此可知,教育法律责任是同教育违法行为联系在一起的,它们之间是一种因果关系。

二、法律责任的类型

(一)行政法律责任及其承担方式[①]

行政法律责任是指行为人因实施行政违法行为而应承担的法律责任。其性质属于轻微违法失职或违反内务纪律。承担法律责任的方式为法律制裁,由特定的国家行政机关或企业事业组织对违反有关行政法规的行为和责任人所采取的惩罚措施叫行政制裁。根据处分主体和违法情节的不同,行政制裁可分为行政处分和行政处罚两种方式。

1. 行政处分

这是国家机关、企业事业单位按照行政隶属关系,给予犯有轻微违法违纪失职行为、尚不够刑事处分的所属人员的一种惩罚措施。国家教育行政机关对其工作人员,学校及其他教育机构对其工作人员所给予的纪律处分,以及其他国家机关、企业事业组织对其工作人员违反教育法规行为的纪律处分都属于行政处分。行政处分的种类有:警告、记过、记大过、降级、撤职、开除等。除此之外,还可以要求行政赔偿。

[①] 李晓燕.教育法学[M].北京:高等教育出版社,2006:225-227.

2. 行政处罚

这是特定的行政机关或法定的授权组织对违反特定的行政管理法规，但尚未构成犯罪的个人和组织的惩罚措施。行政处罚的方式很多，哪种行政违法行为应给予哪种方式的行政处罚，由哪一行政机关或授权的组织实施，均在行政管理法规中做了明确的规定。例如，公安机关有权对违反《治安管理处罚法》的人实施处罚；卫生行政部门有权对违反《学校卫生工作条例》的行为实施处罚；教育行政部门有权对违反《教师资格条例》的行为实施处罚。

教育部根据国家法律、法规于1998年3月6日颁发的《教育行政处罚暂行实施办法》第二章对教育行政处罚的种类做出了明确的规定，共包括如下十项：① 警告；② 罚款；③ 没收违法所得，没收违法颁发、印制的学历证书、学位证书及其他学业证书；④ 撤销违法举办的学校和其他教育机构；⑤ 取消颁发学历、学位和其他学业证书的资格；⑥ 撤销教师资格；⑦ 停考，停止申请认定资格；⑧ 责令停止招生；⑨ 吊销办学许可证；⑩ 法律、法规规定的其他教育行政处罚。

行政处罚可分为四类：第一类属于申诫罚，是最轻微的处罚，如警告；第二类是财产罚，主要是罚款、没收违法所得，如上列②③；第三类是行为罚，是限制或剥夺违法者某种行为能力的一种惩罚，如上列④⑤等；第四类是人身罚，是限制或剥夺违法者人身自由的处罚，是最严厉的一种处罚，如《行政处罚法》第8条中规定的行政拘留。以上四类行政处罚既可单独适用，也可以并处。

3. 对国家机关的行政制裁

它包括撤销违法决定，撤销违法的抽象行政行为，纠正不当行政行为，做出行政赔偿，停止违法行政行为，通报批评，赔礼道歉，承认错误，恢复名誉，消除影响，返还权益等。

案例链接

【案例简介】 学校有权罚款吗？

某校制定的规章制度中有这样的规定：学生迟到每次罚款1元，旷课一次罚款2元，不上课间操一次罚款1元，不交作业一次罚款1元，打架骂人罚款5元，吸烟罚款10元，损坏桌椅罚款10～150元，损坏玻璃罚款5～20元，损坏门窗罚款50～100元，迟还图书罚款5元，乱放自行车罚款1元，教师迟到一次罚款10元，教师旷班罚款20元。

【问题探讨】 学校的罚款行为违法吗？

【案例分析】 依据《中华人民共和国行政处罚法》和《教育行政处罚暂行实施办法》的规定学校有对学生予以处分（纪律处分）的权力，但却没有对学生进行行政处罚的权力。罚款是行政处罚的一种，只有法律授权的国家特定的行政机关才有行政处罚权，学校对学生予以罚款没有任何法律依据。

所以，学校所制定的对学生罚款的规章制度是违法的。

（二）民事法律责任及其承担方式

民事法律责任是指民事主体因违反民事法律规范而应当依法承担的民事法律后果，简称民事责任。民事法律责任包括违约责任和侵权责任。依据《中华人民共和国民法典》第179条，承担民事责任的方式主要有：① 停止侵害；② 排除妨碍；③ 消除危险；④ 返还财产；⑤ 恢复原状；⑥ 修理、重作、更换；⑦ 继续履行；⑧ 赔偿损失；⑨ 支付违约金；⑩ 消除影响，恢复名誉；⑪ 赔礼道歉。

例如，对侵占学校财产、破坏学校设施设备、侵占学校土地等违法行为的处罚是"返还财产""恢复原状""赔偿损失"等民事制裁方式。《教育法》第72条第2款规定"侵占学校及其他教育机构的校舍、场地及其他财产的，依法承担民事责任。"第83条规定"违反本法规定，侵犯教师、受教育者、学校或者其他教育机构的合法权益，造成损失、损害的，应当依法承担民事责任。"这些都从法律上规定了违反教育法规的民事制裁方式。

> **随堂小练**
>
> 1. （单项选择题）下列法律责任的承担方式中，不属于民事责任承担方式的是（　　）。
>
>   A. 没收违法所得　　　　　　B. 返还财产
>   C. 赔礼道歉　　　　　　　　D. 消除危险
>
> 【答案】　A。
> 【解析】《中华人民共和国民法典》第179条规定了11种承担民事责任的方式，其中不包括没收违法所得。

（三）刑事法律责任及其承担方式

刑事法律责任是指由于实施刑事违法行为所导致的受刑罚处罚的法律责任。刑事责任是一种惩罚最为严厉的法律责任。刑罚是承担刑事法律责任制裁的主要方式，依据《中华人民共和国刑法》（以下简称《刑法》）规定，刑罚分为主刑和附加刑。主刑的种类有：① 管制；② 拘役；③ 有期徒刑；④ 无期徒刑；⑤ 死刑。附加刑的种类有：① 罚金；② 剥夺政治权利；③ 没收财产。对于犯罪的外国人，还可以独立适用或者附加适用驱逐出境。

在教育活动中需要承担刑事法律责任的情况包括：① 侵占、克扣、挪用教育经费或义务教育经费的；② 扰乱学校教学秩序，情节严重的；③ 侵占或者破坏学校校舍、场地和设备情节严重的；④ 侮辱、殴打教师、学生情节严重的；⑤ 体罚学生情节严重的；⑥ 玩忽职守致使校舍倒塌，造成师生伤亡事故情节严重的；⑦ 招生中徇私舞弊的。我国《刑法》第138条、第284条和第418条，专门针对教育犯罪的特点，设置了"教育设施重大安全事故罪""非法使用窃听、窃照专用器材罪""考试作弊罪""组织考试作弊罪""非法出售、提供试题答案罪""代替考试罪"和"招收公务员、学生徇私舞弊罪"的罪名。

(四) 违宪责任及其承担方式

违宪责任是指因违反宪法而应当依法承担的法律后果。违宪主要有两种情况：一是有关国家机关制定的某一法律、法规或规章与宪法的规定相抵触；二是国家机关、社会组织或公民的某种活动与宪法的规定相抵触。由于宪法具有最高的法律地位和效力，因此，违反宪法的法律、法规、规章和活动都是无效的。我国监督宪法的实施和认定违宪责任的机关是全国人民代表大会常务委员会。

违宪制裁是指由监督宪法实施的国家机关对违宪行为者依其所应负的违宪责任而实施的惩罚性措施。根据我国《宪法》的规定，违宪制裁的主要方式是撤销同宪法相抵触的法律和法规。我国《宪法》第62条在规定全国人民代表大会的权力时赋予了其"改变或者撤销全国人民代表大会常务委员会不适当的决定"的权力；第67条赋予了全国人民代表大会常务委员会"撤销国务院制定的同宪法、法律相抵触的行政法规、决定和命令"的权力；"撤销省、自治区、直辖市国家权力机关制定的同宪法、法律和行政法规相抵触的地方性法规和决议"的权力。同时，任何其他同宪法相抵触的行为也必然受到相应的法律制裁。

对违法行为责任的追究主要包括上述四种形式，但这四种形式有时不是单独使用的。对于同一个违法行为，有时需要同时追究多种形式的法律责任。

随堂小练

2.（单项选择题）下列不属于法律责任种类的是（　　）。
A. 民政责任　　　　　　　　B. 民事责任
C. 行政责任　　　　　　　　D. 刑事责任
【答案】　A。
【解析】　法律责任类型包括行政法律责任、民事法律责任、刑事法律责任和违宪责任。

三、法律责任的归责要件[①]

归责要件，也称为构成要件。法律责任的构成要件就是指构成法律责任所必备的客观要件和主观要件的总和，包括主体、主观方面、客体和客观方面。主体指应负相应法律责任的人或组织。主观方面指主体在行为过程及对行为结果所采取的态度及心理状态。客体指主体行为所影响的社会关系。客观方面指行为和由其所引起的后果。根据违法行为的一般特点可以把法律责任的构成要件概括为主体、行为、心理状态、损害事实和因果关系五个方面。

[①] 杨颖秀.教育法学[M].北京：中国人民大学出版社，2008：102-103.

（一）责任主体

法律责任需要一定的主体来承担。法律责任构成要件中的主体是指具有法定责任能力的自然人、法人或其他社会组织。并不是实施了违法行为就要承担法律责任，就自然人来说，只有到了法定年龄，具有理解、辨认和控制自己行为能力的人，才能成为责任承担的主体。没有达到法定年龄或不能理解、辨认和控制自己行为的精神病患者，即使其行为造成了对社会的危害，也不能承担法律责任。对他们行为造成的损害，由其监护人承担相应的责任。同样，依法成立的法人和社会组织，其承担法律责任的能力，自成立时开始。

法学论坛

请扫描本节二维码，进入法学论坛，结合《中华人民共和国民法典》第一编"总则"中第二章第一节"民事权利能力和民事行为能力"以及第二节"监护"，讨论回答：幼儿园小朋友和中小学生有没有法定责任能力？与无民事行为能力人交往时，教师需要注意哪些方面？

（二）违法行为

有行为才有责任，纯粹的思想不会导致法律责任。同时我们务必注意：行为人实施了违反法律、法规的行为，这个条件也包括了两个方面的含义：一方面是指行为的违法性。只有行为违反了现行法律的规定才是违法行为。这种违法行为可以是积极的作为，如考试作弊，殴打、侮辱教师；也可以是消极不作为，如不及时救助学生等。另一方面，违法行为必须是一种行为。人的行为虽然受思想支配，但是如果思想未表现为行为，则并不构成违法。内在的思想，只有表现为外在的行为时，才可能构成违法。我国法治原则不承认思想违法。

（三）主观过错

构成法律责任要件的心理状态，是指行为主体的主观故意和主观过失，通称主观过错。故意是指行为人明确自己行为的不良后果，却希望或放任其发生。过失是指行为人应当预见到自己的行为可能发生不良后果而没有预见，或者已经预见而轻信不会发生或自信可以避免。应当预见或能够预见而竟没有预见，称为疏忽；已经预见而轻信可以避免，称为懈怠。过错在不同的法律关系中的重要程度是不同的。在民事法律中一般较少区分故意与过失，过错的意义不像在刑事法律中那么重要，有时民事责任不以有过错为前提条件，比如我国《民法典》第 1166 条规定：行为人造成他人民事权益损害，不论行为人有无过错，法律规定应当承担侵权责任的，依照其规定。在刑事法律关系中有过错非常重要。

例如，学生甲想打学生乙，学生丙来拉架。[1]

---

[1] 黄正平，阎玉珍. 教育法律法规教程[M]. 南京：南京大学出版社，2011.

甲一拳打中乙,"打的就是你"——直接故意,希望发生。

甲一拳打中丙,"打到你算你倒霉"——间接故意,放任发生。

(四)损害事实

所谓损害事实,指行为人的违法行为对受害方构成客观存在的确定的损害后果。有损害事实包括对人身的、财产的、精神的或者三者兼有的。损害必须具有确定性,这意味着损害事实是一个确定的事实,而不是臆想的、虚构的、尚未发生的现象。损害事实是法律责任的必要条件,任何人只有因他人的行为受到损害的情况下才能请求法律上的补救,也只有在行为致他人损害时,才有可能承担法律责任。违法行为造成的损害后果,表现为物质性的后果和非物质性的后果。物质性的后果具体、有形、能够计量,如挪用学校建设经费,其数额可以计算;非物质性的后果抽象、无形、难以计量,如教师侮辱学生,造成学生精神上、心理上长期的伤害,则无法计量。

(五)因果关系

因果关系是指违法行为与损害事实二者之间存有必然的联系,即某一损害事实是由行为人与某一行为直接引起的,二者存在着直接的因果关系。因此,要确定法律责任,必须在认定行为人违法责任之前,首先确认行为与危害或损害结果之间的因果联系,确认意志、思想等主观方面因素与外部行为之间的因果联系,还应当区分这种因果联系是必然的还是偶然的,直接的还是间接的。直接因果关系中的联系称为直接原因,间接因果关系中的联系称为间接原因。作为损害直接原因的行为要承担责任,而作为间接原因的行为只有在法律有规定的情况下才承担法律责任。

案例链接

【案情简介】[①] 因果关系

南京一公办小学 A 的班主任帮他的学生集体报名到一民办学校 B 去补课(周六补课),B 校到另一所公办学校 C 租场地为学生补课。课间两名学生追着玩,学生甲跑过一道玻璃门口,抵住门,不让学生乙过去,玻璃门有个破损的缺口,乙就把手伸过去推甲,甲不让乙推,结果玻璃打碎,乙的手指受伤且残疾。

【问题探析】 责任谁担?

【案例分析】 民事责任的归责要件:因果关系

直接因果关系——有 A 必有 B。

间接因果关系——有 A 不一定有 B,但没有 A 就没有 B。A 是 B 的诱因。

注意:A 与 B 之间在通常情况下存在联系的可能性,而实际上 A 又确实引起了 B 损害结果。

A 校不组织学生到 B 校补课,事故不会发生;B 校不租用 C 校,事故也不会发生;C 校

[①] 黄正平,阎玉珍. 教育法律法规教程[M]. 南京:南京大学出版社,2011.

的玻璃门没问题,事故也不会发生;学生甲不抵住门,学生乙不会受伤;学生乙不把手伸过破损的玻璃推甲,事故也不会发生;学生乙把手伸过破损的玻璃推甲,甲不再推乙,事故也不会发生。

思考:哪个是存在可能造成伤害,实际上又是造成伤害的诱因?

法学论坛

请扫描本节二维码,欢迎进入法学论坛,讨论:什么叫逼人自杀?教师辱骂学生导致学生自杀,教师应承担什么法律责任?

案例链接

【视频视点】 自习课上,学生跳楼自杀,学校承担法律责任吗?

请扫描本节二维码观看视频,该视频讲述了一位19岁高三学生,在晚自习课上突然跳楼自杀,录像显示,此时教室安静,教师在黑板上写字。家长认为孩子被学校逼死的,要求学校承担全部责任。

【案例启示】 需要提高我们运用法治思维和法治方式做好学生管理工作的能力,形成办事依法、遇事找法、解决问题用法、化解矛盾靠法的良好法治环境。

四、法律责任的归责原则

法律责任的归责是一个复杂的责任判断过程,判断、确认、追究以及免除责任时必须依照一定的标准和规则,这就是归责原则。它是法律责任制度的核心问题。

(一)一般原则

1. 责任法定原则

责任法定原则是指法律责任必须在法律上有明确具体的规定,任何人都不得向他人实施和追究法律明文规定以外的责任。

2. 责任自负原则

责任自负原则是指只有实施了违法行为的人才独立承担相应的法律责任,在追究当事人法律责任时不允许株连。

3. 违法行为与法律责任相适应原则

法律责任的性质、大小应当与违法行为的轻重相适应。

4. 责任平等原则

任何违法行为都必须受到追究,任何人都没有逃避法律责任的特权。

5. 惩罚与教育相结合原则

对违法的惩罚只是手段,目的是教育违法者和其他公民避免重蹈覆辙,增强守法的自觉性。

(二) 追究民事责任适用的主要原则

1. 过错责任原则

过错责任原则,是指主体由于过错侵害了他人权利而应承担的法律责任。在过错责任原则中,行为人是否有过错是最核心的问题。过错责任原则把行为人是否有过错作为是否承担责任的依据,使行为人对其自身的过错行为所造成的后果负责,这样既有利于保护受害人的法律权利,也有利于教育行为人。

过错责任原则的具体含义包括:① 在具体的责任构成中,过错是其中的一个重要构成要件。确定行为人的责任,不仅要考察其行为与损害事实的因果关系,还要考察行为人的主观过错,只有行为人在主观上存有过错,才应当承担责任。② 过错在整个责任构成要件中占有最终的和最核心的地位,不能与其他构成要件比如违法行为、损害事实、因果关系等等量齐观,同时还要在过错的范围内来理解和考察其他构成要件。③ 过错是行为人承担责任的根据。行为人的主观过错是确定责任范围、责任大小的依据,无过错无责任。④ 过错构成了承担责任的要件,也由此产生了抗辩的理由。其抗辩的理由就是无过错,只要证明自身无过错,就不应承担法律责任。

案例链接

【案情简介】 上海一中学初一的三个人 A、B、C 为一点小事打学生甲。结果造成甲颈部受伤,鉴定为 8 级伤残。一审法院认定甲的伤残是 A、B、C 三个学生的共同实施的,共同承担 15.3 万的赔偿。其中 A 占 50%,B 占 30%,C 占 20%。三人不服,认为学校有责任,要学校赔偿。二审法院认为学校不知道学生闹纠纷,不可预见事故的发生,故不承担责任。重新计算损害,为 15.9 万元,由 A、B、C 承担连带赔偿责任。①

【问题探讨】 如何确定行为人的过错责任?

2. 过错推定原则

过错推定原则是指如果原告能证明其所受的损害是由被告所致,而被告不能证明自己没有过错的,则应推定被告有过错并应承担民事责任。

《民法典》第 1165 条规定:行为人因过错侵害他人民事权益造成损害的,应当承担侵权责任。依照法律规定推定行为人有过错,其不能证明自己没有过错的,应当承担侵权责任。

《民法典》第 1199 条规定:无民事行为能力人在幼儿园、学校或者其他教育机构学习、生活期间受到人身损害的,幼儿园、学校或者其他教育机构应当承担侵权责任;但是,能够

---

① 黄正平,阎玉珍. 教育法律法规教程[M]. 南京:南京大学出版社,2011.

证明尽到教育、管理职责的,不承担侵权责任。

《民法典》第 1200 条规定:限制民事行为能力人在学校或者其他教育机构学习、生活期间受到人身损害,学校或者其他教育机构未尽到教育、管理职责的,应当承担侵权责任。

《民法典》第 1201 条规定:无民事行为能力人或者限制民事行为能力人在幼儿园、学校或者其他教育机构学习、生活期间,受到幼儿园、学校或者其他教育机构以外的第三人人身损害的,由第三人承担侵权责任;幼儿园、学校或者其他教育机构未尽到管理职责的,承担相应的补充责任。幼儿园、学校或者其他教育机构承担补充责任后,可以向第三人追偿。

例如,某小学三年级学生在学校期间被发现跌倒在楼梯井底部,没有证据证明该学生是如何受伤的。经鉴定,结论是该学生高空坠落的可能性较大,则法院推定该学生系从楼梯井上部坠落,遂认定了学校未尽安全义务的不作为与损害事实的发生具有因果关系,判决其承担了一定的责任。

3. 公平责任原则

公平责任原则指当事人双方在对造成损害均无过错的情况下,由法院(法官)以公平作为价值判断标准,结合当事人财产状况及其他条件,确定一方对另一方的损失给予适当的补偿的法律责任。公平责任原则是利益权衡的过程,在损害事实是由于第三方介入、不可抗力事件的发生或者无法区分当事人双方的过错状态等情况下造成时,仅仅让一方承担损害结果,是明显有失公平的,这种情况适用公平责任原则。因此,根据我国《民法典》和教育部颁布的《学生伤害事故处理办法》的有关规定,学生伤害事故的归责原则是过错责任原则。在特殊情况下,可适用公平责任原则。我国《民法典》第 1186 条规定:受害人和行为人对损害的发生都没有过错的,依照法律的规定由双方分担损失。这一规定就体现了公平责任的原则。

> **案例链接**
>
> 【案情简介】 学生课后自发组织足球赛,在抢球的过程中,学生甲的一个铲球,铲倒了学生乙。学生乙胳膊骨折。
> 【问题探讨】 责任由谁承担?
> 【案例分析】 由学生甲和学生乙公平地分担乙胳膊骨折的损失。

4. 无过错责任原则

无过错责任原则也称为严格责任原则,是指当损害发生后,当事人无过错也要承担责任的一种法定责任形式。以无过错作为归责原则时,其具体条件和事由是由法律明确规定的。例如,《民法典》第 1166 条规定:行为人造成他人民事权益损害,不论行为人有无过错,法律规定应当承担侵权责任的,依照其规定。在我国,立法对一些特殊行业采用了这种归责原则。我国《民法典》规定,从事高度危险作业造成他人损害的,应当承担侵权责任。这种归责原则不以行为人主观上是否存有过错作为责任承担的条件,认为只要行为人的行为造成了危害的结果,行为人即要承担法律责任。严格责任原则是一种绝对责任,即无过错并不构成抗辩事由。

案例链接

【案情简介】 一辆汽车急驰而过,将路上的石头带起来砸伤了一行人的眼睛。该行人治眼睛花去医疗费2 890元。

【问题探讨】 司机有没有过错?行人的损害由谁承担?

【案例分析】 法院依据无过错原则,判司机赔偿受伤行人的全部医疗费。

随堂小练

3.(单项选择题)法律责任的归责原则不包括(　　)。
A. 法定原则　　　　B. 公正原则　　　　C. 合理原则　　　　D. 民主原则
【答案】 D。
【解析】 法律责任的归责原则包括法定原则、公正原则、合理原则等。

[法规链接]

扫描本节二维码详细了解《中华人民共和国民法典》关于自然人民事权利能力和民事行为能力、监护、民事权利、民事法律行为的效力、代理、民事责任、诉讼时效等具体规定。

扫描本节二维码详细了解《中华人民共和国民法典》关于责任构成和责任方式、不承担责任和减轻责任的情形、关于责任主体的特殊规定、机动车交通事故责任、医疗损害责任、环境污染责任、高度危险责任、饲养动物损害责任、物件损害责任等具体规定。

扫描本节二维码详细了解《学生伤害事故处理办法》关于学生伤害事故与责任、事故处理程序、事故损害的赔偿、事故责任者的处理等具体规定。

法学论坛

有很多学生或家长认为,学生伤害事故发生在学校,就是学校的过错,因此不管是什么情况,学校都要承担责任。

请扫描本节二维码,进入法学论坛谈谈你对此种观点的看法。

第四节 法律救济

有权利就必有救济，没有救济就没有权利。当前，各级各类学校在如火如荼地进行综合改革的同时，不得不面临着由学生发起的法律挑战。随着法律规则的完善、家长与学生权利意识的勃兴与司法的积极回应，学校将会面临纠纷案的频发。除此之外，借助信息化的便捷、高速，网络与媒体的广泛关注唤醒了民众的权利意识，大量过去隐而不发的事件也提升至诉讼层面。由此，全面提高学生管理的权利救济意识与能力，加强和改善学校法治建设显得尤为紧迫和重要。本节就法律救济的基本问题进行学习研讨。

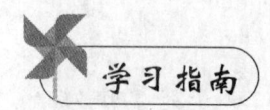

学习指南

1. 观看本节"微课视频"，查阅本节"演示文稿""教学导案"和"法规链接"等。
2. 通过本节"案例链接""视频视点"进行案例学习和研究。
3. 欢迎你踊跃参与本节"法学论坛"，围绕主题畅所欲言。
4. 学完本节内容，请点击本节"随堂测试"，测一测学习效果。
5. 基于本节的"核心概念"，希望你丰富本节"参考文献"，加入研究项目，进行研究性学习。
6. 学习的过程，应是师生共同进行课程资源开发的过程，欢迎加入"课程建设"项目，为本课程资源更优更好，贡献你的智慧。

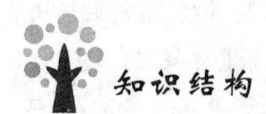

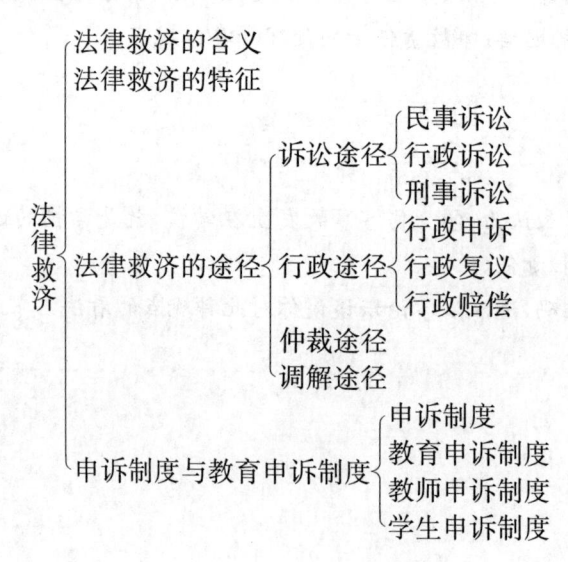

知识结构

法律救济
- 法律救济的含义
- 法律救济的特征
- 法律救济的途径
  - 诉讼途径
    - 民事诉讼
    - 行政诉讼
    - 刑事诉讼
  - 行政途径
    - 行政申诉
    - 行政复议
    - 行政赔偿
  - 仲裁途径
  - 调解途径
- 申诉制度与教育申诉制度
  - 申诉制度
  - 教育申诉制度
  - 教师申诉制度
  - 学生申诉制度

以案说法

【案情简介】 某校化学教师赵某参加了县教育学会组织的为期一天的学术研讨会。事先未向学校请假,致使他所任教的两个班各有一节化学课没有上。学校按旷职论处,按照本校的有关规定,扣发其当日的工资和本月全勤奖,并在全校职工大会上提出批评。

【问题探讨】 教师赵某对学校做出的处理决定不服,如何救济自己的权利?

【案例分析】 该案中赵老师向本学校的教育主管部门提出了申诉。其申诉理由是依据《教师法》第7条第2项规定,教师享有从事科学研究的权利。《教师法》第8条第6项规定,教师要履行不断提高教育教学业务水平的义务。要求学校返回扣发的工资和奖金,在全校职工大会上取消对其所做的批评。

教育行政部门经调查,教师所述情况基本属实。但认为,教师既享有法律赋予的权利,也应当完成法律规定的义务。《教师法》第8条第2项规定:教师应当履行"贯彻国家的教育方针,遵守规章制度,执行学校的教学计划,履行教师聘约,完成教育教学工作任务"的义务。赵老师只强调了权利的方面,而没有遵守学校的规章制度和执行教学计划,没有很好地完成教育教学工作任务。学校做出的决定符合权限和程序,适用法律法规正确,事实清楚。因此决定:维持学校原处理结果。

教师赵某如果不服有关部门可以提起行政复议和诉讼。

【案例启示】 教师参加学术研讨会是正当的一项权利,也是教师法中所予以保障的,但任何权利的行使,不是没有条件的,应在完成本职工作或不影响正常教育教学的前提下,否则,这种权利的行使是得不到法律保护的。本案中教师赵某因参加学术研讨会,而使正常的教育教学活动受到影响,其行为就不受法律的保护。赵老师通过教育行政申诉这一法律救济渠道,厘清了教师享有的权利与应当履行的义务的关系。

知识点解读

一、法律救济的含义

法律救济是指当法律关系主体的相关权益受到损害时,特定机关通过一定的程序和途径对其利益进行恢复和补救的一种法律制度。法律救济是以损害事实的发生为前提的,没有损害事实就没有法律救济,只有当相对人的合法权益受到侵害时才可提出救济请求。

二、法律救济的特征[①]

其一,法律救济是宪法公平、正义的立法精神的体现。

---

① 李晓燕.教育法学[M].北京:高等教育出版社,2006:266-267.

其二,法律救济以各种法定权益纠纷的存在为基础。
其三,法律救济以侵权损害事实为前提。
其四,法律救济以补救权益受害者的合法权益为目的。

三、法律救济的途径

法律救济的途径是指法律关系主体认为其合法权益受到损害时,请求法律救济的渠道和方式。法律救济的途径有四种,即行政途径、诉讼途径、仲裁途径和调解途径。

(一) 诉讼途径

诉讼是解决纠纷最权威和最有效的渠道。诉讼途径又称司法途径,是指国家专门机关依照法定程序处理案件的司法救济活动,包括民事诉讼、行政诉讼和刑事诉讼。从我国现行法律制度看,凡是符合《行政诉讼法》《民事诉讼法》和《刑事诉讼法》规定的受案范围的案件,都可以通过诉讼渠道获得司法救济。

1. 民事诉讼

民事诉讼是指在有各方当事人和其他诉讼参与人的参与下,人民法院依法审理和解决民事纠纷,保护当事人合法权益的法律救济活动。《中华人民共和国民事诉讼法》为民事诉讼提供了法律上的依据和保证。人民法院受理公民之间、法人之间、其他组织之间以及他们相互之间因财产关系和人身关系提起的民事诉讼。民事诉讼的范围可包括由民法、经济法、劳动法、婚姻法及其他法律所调整的相关民事纠纷案件,如侵权纠纷、肖像权纠纷、抚育费纠纷等。

2. 行政诉讼

行政诉讼是一种"民告官"的诉讼。行政诉讼是指公民、法人或其他组织认为行政机关及其工作人员的具体行政行为侵犯其合法权益,依法向人民法院起诉,人民法院依据其权限对该具体行政行为的合法性进行审查并做出裁判,保护公民、法人或其他组织合法权益的法律救济活动。《中华人民共和国行政诉讼法》为行政诉讼提供了法律上的依据和保证。

3. 刑事诉讼

刑事诉讼是指国家司法机关在当事人及其他诉讼参与人的参加下,依照法定的诉讼程序,审理有关刑事案件的活动。刑事诉讼的主要内容就是揭露犯罪,证实犯罪,追究犯罪人的刑事责任。《中华人民共和国刑事诉讼法》为刑事诉讼提供了法律上的依据和保证。

[法规链接]

扫描本节二维码详细了解《中华人民共和国民事诉讼法》《中华人民共和国行政诉讼法》《中华人民共和国刑事诉讼法》关于我国民事诉讼、行政诉讼和刑事诉讼的范围、管辖和程序等具体规定。

(二)行政途径

行政救济途径,是指公民、法人或其他组织认为具体行政行为侵害其合法权益,请求主管机关依法纠正行政违法或行政不当行为,追究其行政责任,以保护行政相对人的合法权益的法律救济途径。在我国,行政救济的方式主要包括行政申诉制度、行政复议制度以及行政赔偿制度等。在教育法律救济中,我国《教育法》和《教师法》也进一步规定了教师申诉和学生申诉两种行政救济方式。

1. 行政申诉

行政申诉是指公民在其合法权益受到损害时,向行政机关申诉理由,请求救济的制度。行政申诉只是我国申诉制度中的一种。我国申诉制度基本概况见本节第四部分:申诉制度与教育申诉制度。

2. 行政复议

行政复议是指行政管理相对人认为行政机关做出的具体行政行为侵犯了其合法权益,向做出该行为的原行政机关或其上一级行政机关提出申诉,请求给予补救,由受理的行政机关根据相对人的申请,对发生争议的具体行政行为进行复查,判明其是否合法、适当和责任的归属,并决定是否给予相对人以救济的法律制度。《中华人民共和国行政复议法》为行政复议提供了法律上的依据和保证。

[法规链接]

扫描本节二维码详细了解《中华人民共和国行政复议法》关于我国行政复议的范围、管辖和程序等具体规定。

案例链接

【案情简介】 教师两告教育厅行政复议查责任

某学校研究决定由该学校教师王某承包经营该校的音像部,学校与王某签订了租赁合同。2005年,学校以王某经营无方,未交清承包费和房租为由,扣除了王某2002年至2005年期间的一年二个月的工资。根据租赁合同的约定,一年合同租赁期满后要续签合同。2006年元月,学校要求与王某续签,但王某执意不签,并提出停业,未得到校方同意。2006年元月至12月,王某未交一年的房租,学校扣除其一年工资。之后,2007年1月至2009年8月停业期间,王某一直未交营业房和财产账目,也未在学校上班、参加学校考核。2009年,学校根据《学校内部管理体制改革方案》,与王某签订了一年的"聘任协议书"。到2010年9月聘任期满,经学校考核领导小组审核,因王某2009年1月至8月未在学校上班,考核为不合格,不予调资,未被学校聘任。2011年3月13日,王某根据《教师法》第39条的规定:"教师对学校或者其他教育机构侵犯其合法权益的,或者对学校或者其他教育机构做出的处理不服的,可以向教育行政部门提出申诉,教育行政部门应当在接到申诉的三十日内,做出处理。"向该学校的上级主管部门教育厅提出申诉,某教育厅对王某提出的申诉不予受理。2011年4月9日,王某以教育厅未履行法定职责为由,向省政府申请行政复议。省政府经审查,认为教育厅未依法履行教师法赋予的法定职责,遂根据《行政复议法》第28条第1款第2项的规定,做出责令教育厅履行法定职责的复议决定。

【案例分析】 本案王某先后二次通过行政复议程序告教育厅。第一次是一起不作为行政复议案件。该案省政府认定教育厅对王某的申诉不予受理违反了《教师法》第39条的规定,由于教育行政部门没有依法履行法定职责,构成行政不作为的违法行为,省政府做出了责令被申请人履行法定职责的复议决定,定性是准确的。第二次是一起对行政机关做出的具体行政行为不服申请复议的案件。王某由于对教育行政部门做出的申诉处理意见不服,再次依法向省政府递交行政复议申请。该案件经过行政复议机关审查,认为按照国家人事部《事业单位工作人员考核暂行规定》,教育机构对本单位的专业技术人员的考核工作依法享有自主管理职能。而教育行政部门已经履行了《教师法》赋予指导、监督的职能。省政府认定教育行政部门做出的申诉处理意见,事实清楚、适用依据正确,程序合法,内容适当,故做出的维持教育行政部门处理意见的复议决定是正确的。

【案例启示】 这起行政争议的解决,说明了教师的自我保护法律意识增强了,更重要的是教育行政部门依法履行职责的意识明显提高,进一步强化了教育行政部门对教育机构的指导、监督的作用,切实地保护了人民教师的合法权益。

> **随堂小练**
>
> 1.(单项选择题)《行政复议法》规定,申请人对行政复议决定不服的,可以依法向人民法院提起行政诉讼,但( )除外。
> A. 国务院部门做出的行政复议决定
> B. 法律规定行政复议决定为最终裁决的
> C. 省级政府做出的维持具体行政行为的行政复议决定
> D. 省级政府对复议前置案件做出的复议决定
> 【答案】 B。
> 【解析】 详见《行政复议法》第5条规定。

3. 行政赔偿

行政赔偿是指行政机关及其工作人员在行使职权过程中,违法侵犯公民、法人或其他组织的合法权益,造成了损害,依照《中华人民共和国国家赔偿法》(以下简称《国家赔偿法》)或《行政诉讼法》的规定,由国家对权益受损者进行赔偿的法律救济制度。我国《国家赔偿法》为国家赔偿提供了法律上的依据和保证。

📢 [法规链接]

扫描本节二维码详细了解《中华人民共和国国家赔偿法》关于我国国家赔偿的范围、管辖和程序等具体规定。

随堂小练

2.（单项选择题）行政机关依据《行政诉讼法》的规定申请人民法院强制执行具体行政行为，由于据以强制执行的有关材料错误而发生国家赔偿诉讼的，赔偿义务机关为下列哪个机关？（　　）

A. 申请强制执行的行政机关

B. 采取强制执行的人民法院

C. 申请强制执行的行政机关与采取强制执行的人民法院

D. 国家

【答案】　A。

【解析】　被委托执行的行政机关没有过错，所以赔偿义务机关为申请强制执行的行政机关。

（三）仲裁途径

仲裁是根据纠纷双方的意愿，由仲裁机构以第三者的身份，对当事人双方发生的争议，依据事实做出判断，在权利义务上做出裁决的活动。仲裁渠道与行政、司法渠道不同。行政、司法救济是由国家机关运用国家强制力实施的，仲裁则没有国家机关的参与，是建立在纠纷双方自愿接受仲裁的基础上，由非国家机关的仲裁机构进行的。《中华人民共和国仲裁法》（以下简称《仲裁法》）对仲裁活动做了全面的规范。

我国《仲裁法》第14条规定："仲裁委员会独立于行政机关，与行政机关没有隶属关系。仲裁委员会之间也没有隶属关系。"第15条规定："中国仲裁协会是社会团体法人。仲裁委员会是中国仲裁协会的会员。中国仲裁协会的章程由全国会员大会制定。中国仲裁协会是仲裁委员会的自律性组织，根据章程对仲裁委员会及其组成人员、仲裁员的违纪行为进行监督。中国仲裁协会依照本法和民事诉讼法的有关规定制定仲裁规则。"由此可见，仲裁是民间性而非政府性的。

我国仲裁的适用范围为平等主体的公民、法人其他组织之间发生的合同纠纷和其他财产权益纠纷，非财产性纠纷，不能进行仲裁。仲裁适用范围的财产性，决定了婚姻、收养、监护、扶养、继承等与人身权有关的案件不能进行仲裁。仲裁事项必须是平等主体之间发生的且当事人有权处分的财产纠纷，不是由强制性法律规范调整的法律关系。具体地说，依法应当由行政机关处理的行政争议，不能进行仲裁。

[法规链接]

扫描本节二维码详细了解《中华人民共和国仲裁法》关于我国仲裁的适用范围等具体规定。

(四)调解途径

调解是双方或多方当事人发生纠纷后,由人民法院、行政机关、群众调解组织,从中排解疏导,说服当事人互相谅解,在民主协商的基础上解决纠纷的活动。调解有司法调解、行政调解、民间调解三种形式。

随着教育法制的日趋完善,根据《教育法》和《教师法》的基本精神,我国正在逐步建立教育仲裁制度和校内调解制度。

四、申诉制度与教育申诉制度

(一)申诉制度

1. 申诉制度的含义

申诉制度是指当公民的合法权益受到损害时,向国家机关或有关法律授权部门机构单位申述理由,请求处理或重新处理的制度。

2. 申诉制度的分类

申诉制度可分为诉讼上的申诉制度和非诉讼上的申诉制度两类。

(1)诉讼上的申诉

诉讼上的申诉是诉讼当事人认为已经发生法律效力的判决、裁定有错误,向人民法院或人民检察院提出申请,要求依法重新审理,给予纠正。诉讼上的申诉有刑事诉讼中的申诉、民事诉讼中的申诉和行政诉讼中的申诉三种。

(2)非诉讼上的申诉

非诉讼上的申诉制度是指不以发生法律效力的判决、裁定为必要前提,当事人或其他公民对处分、处罚不服,依法向司法机关以外的机构提出要求改正的申诉。这种申诉制度的范围非常广泛,包括向中国共产党各级纪律检查委员会的申诉;向政府行政监察部门的申诉;向人民代表大会常务委员会或通过人大代表向权力机关的申诉;向做出具体行政行为的行政机关的上一级行政机关或其设置的专门机构的申诉;等等。这里主要介绍《教育法》和《教师法》规定的教师申诉制度和学生申诉制度。这两种教育申诉制度都属于非诉讼的申诉制度。

(二) 教育申诉制度

1. 教育申诉制度的含义

教育申诉制度是指当教育法律关系主体的合法权益受到损害时,向学校或国家机关申诉理由,请求处理或重新处理的制度。它是我国宪法赋予公民申诉权利在教育法律关系中的具体体现。

2. 教育申诉制度的特征

第一,教育申诉制度是一项法定的申诉制度。

第二,教育申诉制度是一种权利救济制度。

第三,教育申诉制度属于非诉讼上的申诉制度。

第四,教育申诉制度是一项专门性的申诉制度。申诉主体、被申诉主体、受理主体都是特定的,与一般的信访制度不同。在教育法律关系中,由于教师和学生法律地位的特殊性,当他们的权益受到损害时不能完全依靠诉讼等途径来进行自我救济,因此,我国《教育法》等法律赋予了教师和学生进行申诉的权利,以维护他们的合法权益。

第五,教育申诉制度由教师申诉制度和学生申诉制度两部分组成。这两部分在很多方面的规定是相同的,但在申诉主体、被申诉主体以及申诉范围等方面又表现出明显不同。

3. 教育申诉的途径[①]

学生受教育权受到侵犯后所能寻求的申诉包括两类:一是向所在学校提出申诉,可以简称为"校内申诉";二是向教育行政机关提出申诉,可简称为"教育行政申诉"。

(1) 校内申诉

教育部《全面推进依法治校实施纲要》(教政法〔2012〕9号)第19条和第20条明确规定:"依法健全校内纠纷解决机制。要把法治作为解决校内矛盾和冲突的基本方式,建立并综合运用信访、调解、申诉、仲裁等各种争议解决机制,依法妥善、便捷地处理学校内部各种利益纠纷。""完善教师学生权利救济制度。学校要设立教师申诉或者调解委员会,就教师因职责权利、职务评聘、年度考核、待遇及奖惩等,与学校及有关职能部门之间发生的纠纷,或者对学校管理制度、规范性文件提出的意见,及时进行调处,做出申诉结论或者调解意见。教师申诉或者调解委员会应当有广泛的代表性和权威性,成员应当经教职工代表大会认可。"

教育部规章《普通高等学校学生管理规定》第60条至第64条比较详细地规定了高校学生的校内申诉程序。目前,有关地方或学校制定了专门的中小学校内申诉规范性文件。例如,教育部《依法治教实施纲要(2016—2020年)》进一步明确要求,要健全完善学校的学生申诉、教师申诉制度。再如,为贯彻落实上述文件要求,全面推进依法治校,进一步提升武汉市中小学治理能力与水平,武汉市教育局2016年启动《武汉市中小学学生校内申

---

① 王太高,陈建.高等教育政策与法规[M].南京:南京大学出版社,南京师范大学出版社,2017:145-148.

诉处理办法(试行)》《武汉市中小学教师校内申诉处理办法(试行)》,详细规范了教师与学生校内申诉的宗旨、适用范围、基本原则、申诉事项范围、申诉处理机构组成、申诉处理的基本程序、校内申诉与其他争议解决方式的关系等。有的地区或学校在学生纪律处分的规范性文件中单列一部分规定申诉处理程序。

(2) 教育行政申诉

教育行政申诉是指各级各类学校的教师和学生对学校、其他教育机构或政府有关部门做出的影响其利益的处理决定不服,或者在其合法权益遭受侵害时,依法行使申诉权,向法定的国家机关声明不服、申诉理由、请求复查或重新处理的一项法律制度。

教师和学生如果对校内申诉处理决定不服的,可以向教育行政机关提出行政申诉。教育部《普通高等学校学生管理规定》第62条第1款规定:"学生对复查决定有异议的,在接到学校复查决定书之日起15日内,可以向学校所在地省级教育行政部门提出书面申诉。"从该款规定可以得出如下结论:校内申诉是向教育行政机关行政申诉必经的前置程序,不能未经校内申诉直接提出行政申诉。我国有的地方规范性文件对此做了明确规定。①

《武汉市中小学教师校内申诉处理办法(试行)》规定:"学生可依本办法提出校内申诉,也可依法向教育行政部门提出申诉、提起诉讼或者采取其他合法方式解决争议。但已经采取其他合法方式解决争议并已被受理或者处理的,不得再依本办法提出校内申诉;已经提出并正在处理过程中的校内申诉,即行终止。"这一规定既尊重了学生采取其他合法方式解决争议的方式的法定性和权威性,又明确其不得与校内申诉同时进行,以避免两者冲突。

(三) 教师申诉制度

1. 教师申诉制度的含义

教师申诉制度,即教师在其合法权益受到侵害时,依照法律、法规的规定,向学校或其他教育机构及主管的行政机关申诉理由、请求处理的制度。

2. 教师申诉制度的范围

我国《教师法》对教师可以对学校或其他教育机构及教育行政机关提出申诉的范围规定得比较宽泛,主要有:

(1) 教师认为学校或其他教育机构侵犯其《教师法》规定的合法权益的,可以提出申诉。这里的合法权益包括教师认为学校侵犯了自己职务聘任、科研、工作条件、民主管理、培训进修、考核奖惩、工资福利待遇、退休等各方面的合法权益。

(2) 教师对学校或其他教育机构做出的处理决定不服,可以提出申诉。

(3) 认为当地政府有关部门侵犯了《教师法》所规定的合法权益的,可以提出申诉。

---

① 王太高,陈建.高等教育政策与法规[M].南京:南京大学出版社,2017:147.

3. 教师申诉制度的程序

教师申诉制度由申诉的提出、受理和处理三个环节组成，并依次进行。如果是对学校提出申诉，受理申诉的机关应该是主管的教育部门；如果对当地政府的有关行政部门提出申诉，受理申诉的机关可以是同级的人民政府，也可以是上级政府对口的行政主管部门。这里要注意：提出申诉不要向行政机关的个人提出，而应向行政机关提出。教师应以递交申诉书的书面形式提出申诉。申诉书的内容主要包括以下事项：① 申诉人的姓名、性别、年龄、住址等；② 被申诉人的名称、地址、法定代表人的姓名、性别、职务等；③ 申诉要求，写明申诉人对被申诉人因侵犯其合法权益或不服其处理决定而要求受理机关进行处理的具体要求；④ 申诉理由，写明被申诉人侵害其合法权益或不服其处理决定的事实依据，针对被申诉人的侵权行为或处理决定的错误，提出纠正的法律、政策依据，并陈述理由；⑤ 附项，写明并附交相关物证书证或复印件。

4. 教师申诉制度的处理

（1）对于教师提出的申诉，主管教育行政部门应在收到申诉书的次日起30天内进行处理。处理分成三种情况：① 符合申诉条件的予以受理；② 不符合申诉条件的，可以答复申诉人不予受理；③ 申诉书未说清申诉理由和要求的，要求其重新提交申诉书。

（2）教师申诉学校的几种不同处理结果：① 学校管理行为如果符合法定权限和程序且适用法律法规正确，维持原处理结果；② 学校管理行为中如果存在有程序上的不足，则要求其加以补正；③ 学校如果不履行法律、法规和规章规定的职责，则要求其限期改正；④ 学校管理行为如果是部分适用法律法规错误，则变更原处理结果或不适用的部分；⑤ 学校管理行为所依据的内部规章如果与法律法规相抵触，则撤销原处理决定。

[法规链接]

扫描本节二维码详细了解教育部《全面推进依法治校实施纲要教政法〔2012〕9号》关于依法健全校内纠纷解决机制等具体规定。

扫描本节二维码阅读《武汉市中小学教师校内申诉处理办法（试行）》(2016)。

法学论坛

请扫描本节二维码，进入法学论坛，结合上面的规章和教育部《全面推进依法治校实施纲要教政法〔2012〕9号》第20条规定谈谈目前我国建立健全教师权利救济制度的必要性和紧迫性。

案例链接

【案情简介】 杨某,30岁,2010年师专毕业,在某乡中学任初中物理教师。工作以来,杨某教学能力突出,很快成为学科的骨干教师。2002年,为了提高自己的学历层次,经杨某申请,当地教委和学校批准其到某师范大学进修。杨某十分珍惜这次来之不易的进修机会,在一年的进修期间,不仅成绩优秀,还发表了数篇论文。然而,进修结束后,她才发现学校将她进修期间的工资扣了一半,并告知:进修期间,没有在学校正常工作的,一律扣发一半工资。

【问题探讨】 杨某应该怎么办?

【案例分析】 根据《教师法》第39条规定,对校方处理决定不服,可向学校所在地的教育行政部门提出申请。如果教育行政部门在30日内未做出决定,杨某可以其不作为为由依法向人民法院提起行政诉讼。杨某应当向学校所在地的教育行政部门提出申诉。

随堂小练

3.(单项选择题)教育法律救济的主要方式是( )。

A. 司法救济　　　　　　　　　　B. 行政救济

C. 仲裁　　　　　　　　　　　　D. 调解

【答案】 B。

【解析】 教育法律救济包括司法救济、行政救济、组织内部或是民间渠道救济。行政救济是教育法律救济的主要方式。

教育部《全面推进依法治校实施纲要教政法〔2012〕9号》第20条规定:依法健全校内纠纷解决机制。要把法治作为解决校内矛盾和冲突的基本方式,建立并综合运用信访、调解、申诉、仲裁等各种争议解决机制,依法妥善、便捷地处理学校内部各种利益纠纷。要特别注重和发挥基层调解组织、教职工代表大会、学生团体和法制工作机构在处理纠纷中的作用,建立公平公正的处理程序,将因人事处分、学术评价、教职工待遇、学籍管理等行为引发的纠纷,纳入不同的解决渠道,提高解决纠纷的效率和效果。要尊崇法律、尊重司法。对难于在校内完全解决的纠纷,应当按照法定程序,提交有关行政机关、仲裁机构、社会调解组织或者司法机关依法解决。对师生与学校发生的法律争议,学校应当积极应诉,认真落实法律文书要求学校履行的义务。

(四) 学生申诉制度

1. 学生申诉制度的含义

学生申诉制度是指学生在其合法权益受到侵害时,依照《教育法》及其他法律的规定,向主管的行政机关申诉理由,请求处理的制度。

教育部《全面推进依法治校实施纲要》(教政法〔2012〕9号)明确规定:完善学生申诉机制。学校应当建立相对独立的学生申诉处理机构,其人员组成、受理及处理规则,应当符合正当程序原则的要求,并允许学生聘请代理人参加申诉。学校处理教师、学生申诉或纠纷,应当建立并积极运用听证方式,保证处理程序的公开、公正。

2. 学生申诉的范围

依据申诉的对象和内容可分为如下几种:

(1) 学生对学校给予的处理不服的,包括学籍管理、考试、校规等方面,有权申诉。

(2) 学生对学校侵犯其合法财产的,可以提出申诉。

(3) 学生对学校侵犯其人身权利的,可以提出申诉。

(4) 学生对教师侵犯其合法财产的,可以提出申诉。

(5) 学生对教师侵犯其人身权利的,可以提出申诉。

(6) 学生对学校或教师侵犯其知识产权的,可以提出申诉。

3. 学生申诉的对象

学生对学校所给予的处分不服提出申诉,被申诉人则限于该学校教育机构;如果是学校、学校工作人员或教师侵犯学生的人身权、财产权等合法权益,这些学校、学校工作人员或教师将作为侵权主体成为被申诉人。

4. 学生申诉的程序

学生申诉的程序一般是:① 提出申诉;② 等待学校或主管机关的受理审查;③ 听取对申诉的处理结果。

提出学生申诉可以采用口头的或书面的两种形式。

5. 对申诉的处理

主管机关受理申诉后,应该对事件进行调查核实,根据实际情况做出正确处理。学生对申诉处理结果不服的,可依法向法院起诉。

(1) 学生申诉能否被受理的几种情况:① 受理机关对属于自己主管的申诉,予以受理;② 受理机关对不属自己主管的申诉,告知学生向其他部门申诉或驳回申诉;③ 受理机关对虽属本部门主管,但不符合申诉条件的申诉,告知学生不能申诉;④ 受理机关对未说明申诉理由和要求的申诉,可要求其再次说明或重新提交申诉书。

主管机关对口头申诉应在当时或规定时间内做出是否受理的答复;对书面申诉则应在规定时间内给予是否受理的正式通知。

(2) 学生提出申诉后的几种处理情况:① 学校、教师的行为或决定符合法定权限或程序,适用法律规定正确,将维持原来的处分决定和结果;② 如果处分或决定违反了相关的法律法规,侵害了申诉人合法权益,将被撤销原处理决定并限期改正;③ 处分决定部分适用法律、法规错误,或事实不清,将责令退回重新处理或部分撤销原决定;④ 处理或决定所依据的校纪校规如果与法律、法规相抵触,将被撤销原处理决定;⑤ 学校、教师的确有侵犯学生人身权、财产权的,将责令侵权学校、教师赔礼道歉或赔偿损失。

学生如对上述处理结果不服,还可依法向法院起诉。

[法规链接]

扫描本节二维码详细了解教育部《依法治教实施纲要(2016—2020年)》教政法〔2016〕1号关于完善师生权益保护机制,健全教育领域纠纷处理机制等具体规定;阅读《重庆市学生申诉办法》(2008)。

法学论坛

请扫描本节二维码,加入法学论坛,结合上面的规章和教育部《依法治教实施纲要(2016—2020年)》第3条和第6条谈谈目前我国建立健全学生权利救济制度的必要性和紧迫性。

案例链接

【视频视点】 教师体罚导致学生离家出走被拐卖

请扫描本节二维码观看视频,在本案例中,教师在一女生的课桌里发现一本武侠小说,这本是一件小事。教师完全可以采用正面教育的手段提醒学生注意。但教师却罚站该女生并让她停课找家长,这就激化了矛盾,使小事变成了大事,结果导致学生离家出走被拐卖,并引起了一系列的纠纷。

【问题探讨】 该案例中的家长和学生,应该如何维权?

【案例分析】 现阶段,学生的权利保障缺失表现为权利救济的渠道不畅、程序未明、诉求无门等状况。要健全学生权利保障体系必须满建立合理的保障制度、存在维权的专门机构、制约权力对权利的侵害、救济和惩治机制健全、主体具备维权意识。学校以往偏安于法治没有观照的角落,当这些内嵌于整个社会结构中的因素发生了历史性变迁以后,学校以及承担教育立法、教育行政和司法审判职能的国家机关,必然面临着学生群体(乃至教师群体)自发的、强烈的权利与法治需求。也许,把思考置放在一个社会变迁、转型的背景之中,将更有助于我们寻求以上问题的解决方案。有鉴于此,我们必须清除教育法治盲区,警惕学生权利保障缺失现象,全面实施法治管理。

随堂小练

4.(单项选择题)教育法律救济的根本目的是( )。
A. 避免损害　　B. 避免纠纷　　C. 获得赔偿　　D. 补救受害者的合法权益
【答案】 D。
【解析】 补救受害者的合法权益是教育法律救济的根本目的。

教育部《依法治教实施纲要(2016—2020年)》第5条第3项规定:"完善师生权益保护机制。研究制定《关于加强学校安全风险防控机制的意见》,健全学校安全风险防控机

制,探索建立学校安全风险顾问制度,形成妥善预防和解决学校安全问题的法治化框架,完善学校保险机制,进一步提高学校应对安全问题的能力。制定《未成年人学校保护规定》,与有关专业机构合作,探索建立青少年学生权益保护中心,依法健全学校未成年学生的权利保护机制。鼓励依托教职工代表大会、学生代表大会制度,健全完善学校的学生申诉、教师申诉制度,设立师生权益保护、争议调解委员会、仲裁委员会等机构,吸纳师生代表,公平、公正调处纠纷、化解矛盾。"

教育部《依法治教实施纲要(2016—2020年)》第3条第6项规定:"健全教育领域纠纷处理机制。积极探索建立在法治框架内的多元化矛盾纠纷解决机制,引导公民、法人和其他社会组织通过法治途径,合法合理表达诉求,妥善处理各类教育纠纷。建立健全教育系统的法律顾问制度,依法积极应对诉讼纠纷,尊重司法监督。完善教育行政复议案件处理机制,规范办案流程,加大公开听证审理力度,依法加强对下级教育行政部门的层级监督。制定《教师申诉办法》《学生申诉办法》,健全教师和学生申诉制度。建立健全学生伤害事故调解制度,鼓励在市(地)或者县(区)设立由司法、教育部门牵头,公安、保监、财政、卫生等部门参加的学校学生伤害事故调解组织,吸纳具有较强专业知识和社会公信力、知名度,热心调解和教育事业的专业人员、家长代表等,组成调解委员会,发挥人民调解在学校学生伤害事故认定和赔偿中的作用。在招生、职务评聘、学术评价、学术不端行为认定等领域,探索试行专业裁量或者仲裁机制。创新信访工作机制,建立重大案件协商制度,积极运用法治方式处理信访案件。"

法学论坛

请扫描本节二维码,听一听南通大学马克思主义学院吴延溢教授的微课视频:法治思维,讲座的主要内容是法治思维的内在构成要素,即① 法律至上;② 权力制约;③ 人权保障;④ 正当程序。请加入法学论坛参与讨论。

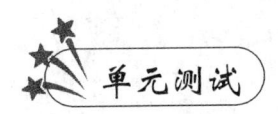

单元测试

单元测试:请扫描目录页二维码,参与本章单元测试,巩固知识点学习。

MOOC链接:欢迎到"中国大学MOOC中心"《教师职业道德与教育政策法规》参阅本章不断更新的内容。中国大学MOOC中心网址:http://www.icourses.cn/home/

第二章
教师职业生活中的法规边界

　　自由必有边界,诉诸法规,边界背后必有法规对权利义务的规范。法律责任归责要件之一是行为必须违法,教师从事教育教学活动,一定要从法规层面了解到教师职业生活中的行为边界,在法规边界之内从事教师工作,这既是有效保护自己、防范法律风险的需要,也是我们作为教师应尽的教育责任。基于我国教育法规对教师职业的基本要求,结合教师职业生活实践,本章主要讨论教师的法律地位、教师的权利与义务、学生的权利与义务、教师工作中的法律风险等教师职业生活中的基本法规边界问题。

第一节 教师的法律地位

教师的法律地位是指教师以其权利能力和行为能力在具体法律关系中取得的一种主体资格,得到法律的确认和赋予。企业在商品营销活动中的口号之一是"顾客是上帝",作为学校,在教师的职业生活中"学生"是不是"上帝"？ 教师所有的教育教学行为是否要履行"学生是教师的上帝"这种信条？ 在法律上教师的法律地位是如何界定的？

学习指南

1. 观看本节"微课视频",查阅本节"演示文稿""教学导案"和"法规链接"等。
2. 通过本节"案例链接""视频视点"进行案例学习和研究。
3. 欢迎你踊跃参与本节"法学论坛",围绕主题畅所欲言。
4. 学完本节内容,请点击本节"随堂测试",测一测学习效果。
5. 基于本节的"核心概念",希望你丰富本节"参考文献",加入研究项目,进行研究性学习。
6. 学习的过程,应是师生共同进行课程资源开发的过程,欢迎加入"课程建设"项目,为本课程资源更优更好,贡献你的智慧。

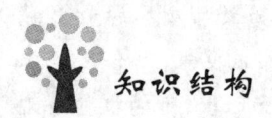

知识结构

教师的法律地位 ┤
- 教师的职业地位
- 教师的政治地位
- 教师的经济地位
- 教师的社会地位

以案说法

【案例简介】 教师是专家吗？

国际劳工组织在《国际标准职业分类》中将职业项目分为以下八大类：① 专家、技术人员及有关工作者；② 政府官员和企业经理；③ 事务性工作者；④ 销售工作者；⑤ 服务工作者；⑥ 农业、牧业和林业工作者,渔民和猎人；⑦ 生产和有关工作者,运输设备操作者和劳动者；⑧ 不能按职业分类的劳动者。

【问题探讨】
1. 教师属于上述八大类中哪一类工作者？请说说你的看法和理由。
2. 在我国教师是不是国家公务员？
3. 在英国、法国、日本和美国等，教师是公务员吗？
4. 在教师的职业生活中能将"学生"当作"上帝"来对待吗？

【案例分析】 国际劳工组织将教师列入"专家、技术人员"的类别中。英国、法国、日本等国，把教师尤其是中小学教师规定为国家公务员。也有一些国家或地区把教师看作一个普通的劳动者，或自由职业者。我国在国家公务员制度实施以前，教师与国家机关工作人员适用同一类人事管理制度，因此，教师的法律地位与公务员有很大的相似之处。教师与其他许多职业人员一起并称为"国家工作人员"或"干部"，这是一个以国家编制为确认标准、依法从事国家公务的人员群体。这种过于笼统、缺乏科学分类、概念含义不清的职业分类不仅没有突出教师的职业特点，而且使教师的社会地位处于一个较低的位置。20 世纪 80 年代以来，我国开始实行国家公务员制度，对国家机关中行使国家权力、执行国家公务的人员依法进行科学管理。国家公务员制度把原先的"国家工作人员"中的一部分，即"国家机关中行使国家权力，执行国家公务"的这一部分人员分离出来。《中华人民共和国公务员法》规定，公务员是"依法履行公职、纳入国家行政编制、由国家财政负担工资福利的工作人员"。在这种情况下，如何确定教师的身份和法律地位，如何设置教师的权利和义务，以及如何处理政府、学校与教师三者之间的关系，就成了法律直接面对的一个问题。

【案例启示】 有些人对上述关于教师职业的分类还很模糊，不少人认为教师只是服务工作者，教师不是专家。还有人认为教师不仅是专家，而且是双料专家，如一位化学教师，不仅是化学专家，而且是教育专家。对此，很有必要对教师的法律地位有所了解。

我国于 1993 年颁布、1994 年正式施行的《教师法》第 3 条中明确规定了"教师是履行教育教学职责的专业人员"。教师根据学生成长的需要做好服务工作，这是教师的职责要求，但这种"服务"与企业营销活动中的"服务"有本质的区别，跪着的教师，教不出站着的学生。教师的法律地位要求，教师必须履行引领学生的重任。

知识点解读

一、教师的职业地位

教师有广义和狭义两种含义。从广义上讲，教师泛指一切把知识、技能、思想、品德传授给教育对象的人。① 教育法规中的教师是从狭义角度使用的，有其特定的含义。《教师法》第 3 条明确了教师的专业地位："教师是履行教育教学职责的专业人员"，"承担教书育人，培养社会主义事业建设者和接班人、提高民族素质的使命"。这一规定首次从法律上

---

① 丁锦宏.教育学基础[M].北京:高等教育出版社,2009:147.

确认了教师职业的专业性。基于《教师法》的这一规定,把握"教师"这一概念,应当注意以下特征:

(一)教师是履行教育教学职责的专业人员

这是教师地位的本质特征,是教师概念的内涵。其含义有两点:

1. 履行教育教学、教书育人职责是教师的职业特征

只有直接承担教育教学工作职责的人,才具备教师的最基本的条件。对于学校中不直接从事教育教学工作,未履行教育教学职责的行政管理人员、校办产业公司人员、教学辅助人员(包括后勤服务人员等),就不能认为是教师,而分属教育职员或其他相应的专业技术职务系列。

2. 专业人员是教师的身份特征

同医生、律师一样,教师是一种从事专门职业活动的专业人员。即教师必须具备专门规定的从事教育教学活动的资格,符合特定的要求。这里的"专业人员"包括三层含义:一是教师要达到符合规定的相应学历;二是教师要具备相应专业知识;三是教师要符合与其职业相称的其他有关规定,如语言表达能力、身体健康状态等。

(二)教师必须从教于各级各类学校或者其他教育机构

《教师法》第 2 条规定:"本法适用于各级各类学校和其他教育机构专门从事教育教学工作的教师。"这个适用范围,是教师的形式特征,也是法律意义上教师概念的外延。《教师法》第 40 条规定:

所谓"各级各类学校"是指实施学前教育、普通初等教育、普通中等教育、职业教育、普通高等教育以及特殊教育、成人教育的学校。

所谓"其他教育机构"是指少年宫以及地方教研室、电化教育机构等。

中小学教师是指幼儿园、特殊教育机构、普通中小学、成人初等中等教育机构、职业中学以及其他教育机构的教师。

(三)教师具有特定的权利和义务

在法律上,教师具有两种身份:一方面,他们是普通公民;另一方面,他们是从事教育工作的专业人员。

教师的权利和义务是基于特定的职业性质而产生和存在的,具有如下特点:

1. 教师的权利和义务在教育教学活动中产生并由教育法律规范所设定

教师的基本权利和义务既不同于宪法赋予每个公民具有的政治权利和义务;也不同于教师作为普通公民所具有的民事权利和义务。它是一种职业特定的法律权利和职业特定的法定义务。

2. 教师的权利和义务与教师职务和职责紧密相连

它具有两层含义:一是教师的权利义务始于其取得教师资格并在学校或者其他教育

机构任职,终于解聘。未取得教师资格而任职的,不具有此项基本权利义务。同时,各级各类学校教师的权利义务内容,亦因其履行教育教学职责的具体情况而有所不同。二是教师的权利义务是其履行教育教学职责的要求和基本保证。当教师以教育者身份出现时,其与职责相关的权利义务从某种意义上说是代表国家和社会利益,带有一定的"公务"性质,是不能随意放弃的。如果教师随意放弃指导学生的学习和发展、评定学生的品行和学习成绩的权利,实际上是没有履行教师的职责。

3. 教师的权利和义务是一定社会物质生活条件能予以保证的

各国关于教师基本权利义务的规定,都是同该国当时的社会、经济发展水平和文化传统等所需要并能予以保证的权利和义务。随着社会的发展,必然会对教师的权利、义务产生新的要求,并通过制定或修改法律来加以实现。

我国《教师法》第7条和第8条明确了教师的权利和义务,在本节教师的权利和教师的义务两个知识点学习中我们将进一步探讨。

随堂小练

1. (单项选择题)下列人员中不属于教师的有( )。
①各级各类学校和其他教育机构专门从事教育教学工作的人员;②未履行教育教学职责的行政管理人员;③后勤服务人员;④成人高等学校中从事教育教学的人员。

　　A. ①②　　　　B. ②③　　　　C. ①④　　　　D. ②④

【答案】 B。

【解析】 只有直接承担教育教学工作职责的人,才具备教师的最基本的条件。对于学校中不直接从事教育教学工作,未履行教育教学职责的行政管理人员、校办产业公司人员、教学辅助人员(包括后勤服务人员等),就不能认为是教师,而分属教育职员或其他相应的专业技术职务系列。

2. (单项选择题)对于教师的职业定位,应注意从以下( )方面进行理解。
①教师是专业人员;②教师是直接承担教育教学工作职责或从事教学辅助工作的人员;③教师是必须具备专门资格,符合特定要求的人员;④教师必须从教于各级各类学校或者其他教育机构。

　　A. ①②④　　　B. ①②③　　　C. ①③④　　　D. ②③④

【答案】 C。

【解析】 ②中"或从事教学辅助工作的人员"是错误的。

(四) 教师肩负特殊的责任使命

教师的职责是指作为教师应当承担的工作和肩负的责任。教师的职业特点决定了教师的权利和义务与教师的职责紧密关联。根据《教师法》第3条规定:教师"承担教书育人,培养社会主义事业建设者和接班人、提高民族素质的使命。教师应当忠诚于人民的教育事

业"。这从法律层面明确了教师的特殊责任使命即教师的特定职责,具体包括以下内容①:

1. 教书育人

教书育人是教师的本职工作。这是教师特定的义务,具体包括两层含义:首先是指教师对学生个体的培养责任。教师在教学过程中,既做经师,又做人师。教书就是把自己的知识通过一定方式传授给学生,使得学生掌握科学文化知识,打好生活、工作的基础。但是,教师的工作又不单纯是传授知识,同时还应当注意育人,即帮助学生树立正确的人生观,懂得做人的道理,促使其形成健康的心理,最终使受教育者以健全的人格在社会上安身立业,成为国家和社会的有用人才。教书与育人是辩证统一的,一方面,作为教师不能把自己的工作仅仅看成是传授知识,忽视对学生人格的培养,不能只关心学生考试的分数和升学率,而不关心学生的基本素质是否向好的方向发展;另一方面,培养学生的素质不能离开知识的传授,不能离开丰富、健康、有用的知识。因此,只有科学地把握好教书育人的关系,并且将其合理地贯彻到自己的实际工作中去,才是一个合格、称职的教师。

2. 提高民族素质

提高民族素质是教师的历史使命,这是教师更重要、更特殊的职责和义务。民族素质的提高,离不开全民族科学文化水平的提高,而全民族科学文化水平的提高,又是建立在每一个社会个体科学文化水平的基础上的。教师通过自己辛勤的工作,培养出一个又一个、一批又一批知识结构合理、人格健全的学生,从而为整个民族素质的提高,为中华民族始终屹立于世界民族之林,做出自己的贡献。

教师的职责是平凡而神圣的,教师应当忠诚于人民的教育事业,不忘法律赋予教师的神圣使命,牢记自己的职责,为教书育人,培养社会主义事业的建设者和接班人,提高民族素质而努力工作。

我国《教师法》第7条和第8条明确了教师具体的权利和义务,而这些权利与义务的集中体现就是教师要有的责任使命:教书育人,提高民族素质。教师的法律地位要在具体的社会关系中,加以界定。教师所处的社会关系概括起来可以分一般社会关系和教育法律关系两种。在这两种社会关系中,教师的法律地位是不同的。在一般社会关系中,教师是公民,他拥有公民同样的权利和义务。但在教育法律关系中,教师是特定的拥有法律所赋予的法律地位。这个特定的法律地位要求我们老师要懂得教育。

教育即解放——教育的使命

"教育绝非单纯的文化传递,教育之为教育,正是在于它是一种人格心灵的'唤醒',这是教育的核心所在"②。如今的教育唯独缺少有灵魂的教育。那种饱含对生命的终极关怀,对人的自由、公正和生存尊严的教育已经远离我们,被淹没在利己主义、机械主义和实利主义的洪水之中。人是开放性、创造性的存在,教育不应该用僵化的形式作用于人,否

---

① 张维平,石连海.教育法学[M].北京:人民教育出版社,2008:200.
② 转引自邹进.斯普朗格文化教育学思想概览[J].外国教育,1988(3).

则就会限定和束缚人的自由发展。人是未完成的非终极的存在,教育不应该把培养中的终点当作终点,以目标取代目的,否则会阻碍人的发展。人是不可限定的,教育不能限定人,只能成全人全面、自由、积极地发展。人若受过真正的教育,他就是最温良、最神圣的;但是他若没受教育,或者是受了错误的教育,他就是世间最难驾驭的。教育呼唤着人性,传播人性大义,开拓有利于人性发展的环境。

因此,教育即解放,意味着教育是探索,是启蒙,而不是宣传和灌输;是平等对话和自由交流,而不是指示和命令;是丰富认识,而不是统一思想;是尊重和信任,而不是消极防范。把人从相互敌视、相互防范中解放出来,从心灵之间永无宁日的战争中解放出来,从狭隘的功利和世俗的羁绊中解放出来,把人从依附、盲从和定势中解放出来,把人从习俗、传统、群体压力以及本能欲望的束缚解放出来,这是教育的使命。①

法学论坛

【视频视点】 别把梦想逼上绝路

请扫描本节二维码观看视频,该视频讲述了一位盲人播音员的成长故事。

结合视频视点《别把梦想逼上绝路》回答:

1. 根据我国《教师法》第3条的规定,即谈谈你对教师职业法律地位的认识。
2. 你选择从事教师工作,是否选对了?为什么?
3. 谈谈你的教师职业生涯规划。

【问题解析】 您属于哪一类人?

先知先觉的人——人物;后知后觉的人——人才;不知不觉的人——人手;只知不觉的人——人员。

不知道你选择的是哪一类人?这里让各位进行这样一个测试,希望各位进行一个自我了解,对教师这个职业有一个新的认识,最终慎重地对人生道路进行一个抉择。因为你的价值取向将要决定你将来的工作效率,从今天我们分析的教师的法律地位来说,教师是履行教育教学职责的专业人员,在教育法律关系里面,他肩负着重任,有着特殊的使命。那么,教师应该是什么?应该是人物。为什么教师应该是人物?应该是一个先知先觉者?因为在课堂上,教师肩负着价值引领的重任。如果你自身对教师职业还没一个先知先觉的认识,怎能承担起价值引领的重任?所以希望各位结合本节所讲的教师职业法律地位,谈谈自己选择教师这个职业是否选对了,为什么?在自己的教师职业中,教师的特殊法律地位要求我们应该履行什么样的法律责任?您是如何规划自己的教师职业生涯的?

希望大家慎重思考上述话题,进一步自我了解,对教师职业进一步反思认识,最后对自己的人生道路进行抉择,有利于人生的成功,这是对自己负责,也是对未来学生发展乃至民族发展的负责任的抉择。

---

① 肖川.教育的理想与信念[M].长沙:岳麓书社,2002:27.

二、教师的政治地位[①]

我国教师的政治地位通过其享有的政治权利体现并受有关法律的确认与保护,由于教师职业的特殊性,我国教师在其政治生活中扮演着两种不同的角色:一方面,教师是社会的普通公民,参与国家的政治生活是其应有的权利。联合国教科文组织《关于教员地位的建议》(1966年)指出:"教师应自由行使公民普遍享有的一切公民权利,并应有担任公职的资格。"[②]我国教师作为公民参与政治生活的权利受到我国《宪法》的确认和保护。《中华人民共和国宪法》在序言中指出"社会主义事业必须依靠工人、农民和知识分子,团结一切可以团结的力量。"我国庞大的教师队伍是我国知识分子的重要组成部分。另一方面,教师作为履行教育教学职责的专业人员,有权参与学校的民主管理。我国《教育法》和《教师法》都明确规定,教师有权对学校教育教学、管理工作和教育行政部门的工作提出建议和意见,并通过教代会或其他形式参与学校的民主管理和监督。但是,教师在享有自己政治权利的同时,也必须履行自己应尽的政治义务,如遵守宪法和有关的法律,遵循学校的规章制度等。

三、教师的经济地位

我国教师的经济地位通过法律所规定的收入水平和其他物质待遇来体现。《教师法》第25条确立了教师工资水平的原则"教师的平均工资水平应当不低于或者高于国家公务员的平均工资水平,并逐步提高。建立正常晋级增薪制度"。同时,把我国教师的经济待遇与我国公务员相比,主要是由于教师与公务员一样,在履行自己的职责的过程中都在为国家和社会承担着重要的责任,《教育法》第33条以及《教师法》第六章关于教师待遇的论述,保证了教师的工资、津贴、住房、医疗、退休金和养老保险等待遇,使教师的地位建立在可靠的经济基础之上,也体现了教师社会地位的提高。这对于吸引高素质人才从事教育教学工作,保证教育教学质量的提高和教育事业的发展起着关键性的作用。

教师的经济地位在2018年1月20日中共中央、国务院印发的《中共中央、国务院关于全面深化新时代教师队伍建设改革的意见》中得到党和政府的高度重视。

[法规链接]

扫描本节二维码,阅读《中共中央国务院关于全面深化新时代教师队伍建设改革的意见》(2018年1月20日)。

21. 完善中小学教师待遇保障机制。健全中小学教师工资长效联动机制,核定绩效工资总量时统筹考虑当地公务员实际收入水平,确保中小学教师平均工资收入水平不低

---

① 黄崴.教育法学[M].北京:高等教育出版社,2007:185.

② 联合国教科文组织.关于教员地位的建议(1966).转引向筑波大学教育学研究会编钟启泉译.现代教育学基础[M].上海:上海教育出版社,1986:443.

于或高于当地公务员平均工资收入水平。完善教师收入分配激励机制,有效体现教师工作量和工作绩效,绩效工资分配向班主任和特殊教育教师倾斜。实行中小学校长职级制的地区,根据实际实施相应的校长收入分配办法。

22. 大力提升乡村教师待遇。深入实施乡村教师支持计划,关心乡村教师生活。认真落实艰苦边远地区津贴等政策,全面落实集中连片特困地区乡村教师生活补助政策,依据学校艰苦边远程度实行差别化补助,鼓励有条件的地方提高补助标准,努力惠及更多乡村教师。加强乡村教师周转宿舍建设,按规定将符合条件的教师纳入当地住房保障范围,让乡村教师住有所居。拿出务实举措,帮助乡村青年教师解决困难,关心乡村青年教师工作生活,巩固乡村青年教师队伍。在培训、职称评聘、表彰奖励等方面向乡村青年教师倾斜,优化乡村青年教师发展环境,加快乡村青年教师成长步伐。为乡村教师配备相应设施,丰富精神文化生活。

23. 维护民办学校教师权益。完善学校、个人、政府合理分担的民办学校教师社会保障机制,民办学校应与教师依法签订合同,按时足额支付工资,保障其福利待遇和其他合法权益,并为教师足额缴纳社会保险费和住房公积金。依法保障和落实民办学校教师在业务培训、职务聘任、教龄和工龄计算、表彰奖励、科研立项等方面享有与公办学校教师同等权利。

24. 推进高等学校教师薪酬制度改革。建立体现以增加知识价值为导向的收入分配机制,扩大高等学校收入分配自主权,高等学校在核定的绩效工资总量内自主确定收入分配办法。高等学校教师依法取得的科技成果转化奖励收入,不纳入本单位工资总额基数。完善适应高等学校教学岗位特点的内部激励机制,对专职从事教学的人员,适当提高基础性绩效工资在绩效工资中的比重,加大对教学型名师的岗位激励力度。①

四、教师的社会地位②

尊师重教是中华民族的传统美德。《教师法》第4条规定"全社会都应当尊重教师"。这一规定不仅体现了国家的意志,也反映了全社会的共同愿望。尊重教师、关心教师、保护教师的合法权益,是政府、学生、家长和全社会的共同责任。全社会各行各业、社会团体及其他社会组织和公民,都应当尊师重教,支持教师工作,关心教师生活,并为教师合法权益的保障创造条件。因此,1985年1月21日,第六届全国人民代表大会常务委员会第九次会议通过了国务院提请审议的关于建立"教师节"的议案,决定9月10日为教师节。《教师法》第6条也规定"每年九月十日为教师节"。

教师的社会地位是由经济地位、政治地位、文化地位等多因素构成的总体性范畴。其中经济地位决定了教师的职业声望、职业吸引力以及教师从事该项职业的积极性和责任感;政治地位体现了社会对教师的评价以及教师在政治上应享有的各种待遇;文化地位体现了教师在社会文化、观念、道德等构成的综合形态中的地位。

---

① 中共中央国务院关于全面深化新时代教师队伍建设改革的意见(2018年1月20日).
② 杨颖秀.教育法学[M].北京:中国人民大学出版社,2008:230.

百年大计，教育为本；教育大计，教师为本。教师的社会地位在中共中央、国务院印发的《关于全面深化新时代教师队伍建设改革的意见》中得到党和政府的充分支持和肯定，广大教师牢记使命、不忘初衷、爱岗敬业、教书育人，改革创新、服务社会，做出了重要贡献。

[法规链接]

坚持兴国必先强师，深刻认识教师队伍建设的重要意义和总体要求[①]

1. 战略意义。教师承担着传播知识、传播思想、传播真理的历史使命，肩负着塑造灵魂、塑造生命、塑造人的时代重任，是教育发展的第一资源，是国家富强、民族振兴、人民幸福的重要基石。党和国家历来高度重视教师工作。党的十八大以来，以习近平同志为核心的党中央将教师队伍建设摆在突出位置，做出一系列重大决策部署，各地区各部门和各级各类学校采取有力措施认真贯彻落实，教师队伍建设取得显著成就。

不断提高地位待遇，真正让教师成为令人羡慕的职业

20. 明确教师的特别重要地位。突显教师职业的公共属性，强化教师承担的国家使命和公共教育服务的职责，确立公办中小学教师作为国家公职人员特殊的法律地位，明确中小学教师的权利和义务，强化保障和管理。各级党委和政府要切实负起中小学教师保障责任，提升教师的政治地位、社会地位、职业地位，吸引和稳定优秀人才从教。公办中小学教师要切实履行作为国家公职人员的义务，强化国家责任、政治责任、社会责任和教育责任。

25. 提升教师社会地位。加大教师表彰力度。大力宣传教师中的"时代楷模"和"最美教师"。开展国家级教学名师、国家级教学成果奖评选表彰，重点奖励贡献突出的教学一线教师。做好特级教师评选，发挥引领作用。做好乡村学校从教30年教师荣誉证书颁发工作。各地要按照国家有关规定，因地制宜开展多种形式的教师表彰奖励活动，并落实相关优待政策。鼓励社会团体、企事业单位、民间组织对教师出资奖励，开展尊师活动，营造尊师重教良好社会风尚。

建设现代学校制度，体现以人为本，突出教师主体地位，落实教师知情权、参与权、表达权、监督权。建立健全教职工代表大会制度，保障教师参与学校决策的民主权利。推行中国特色大学章程，坚持和完善党委领导下的校长负责制，充分发挥教师在高等学校办学治校中的作用。维护教师职业尊严和合法权益，关心教师身心健康，克服职业倦怠，激发工作热情。

[①] 中共中央国务院关于全面深化新时代教师队伍建设改革的意见（2018年1月20日）

第二节 教师的权利与保护

近年来,教师对学生的教学活动过程受到了越来越多的关注,学生无论多么顽劣,教师都要小心谨慎,"熊孩子"背后如果有个"熊家长",教师更如履薄冰。那么,教师拥有哪些权利?在我们关注如何保护学生的同时,又该如何保护教师的权利?本节围绕教师的权利及其保护问题进行探讨。

学习指南

1. 观看本节"微课视频",查阅本节"演示文稿""教学导案"和"法规链接"等。
2. 通过本节"案例链接""视频视点"进行案例学习和研究。
3. 欢迎你踊跃参与本节"法学论坛",围绕主题畅所欲言。
4. 学完本节内容,请点击本节"随堂测试",测一测学习效果。
5. 基于本节的"核心概念",希望你丰富本节"参考文献",加入研究项目,进行研究性学习。
6. 学习的过程,应是师生共同进行课程资源开发的过程,欢迎加入"课程建设"项目,为本课程资源更优更好,贡献你的智慧。

微信扫一扫

知识结构

教师的权利与保护
- 教师权利的含义
- 教师的公民权利与保护
  - 教师的生命健康权与保护
  - 女教师的特殊权与保护
- 教师的职业权利与保护
  - 教师的教育教学权与保护
  - 教师的学术研究权与保护
  - 教师的指导评价权与保护
  - 教师的报酬待遇权与保护
  - 教师的民主管理权与保护
  - 教师的进修培训权与保护

以案说法

【视频视点】 女教师怀孕须校长同意
请扫描本节二维码观看视频,该视频讲述某校女教师,要生孩子必须要有校长的审批!

"在我们学校有学校的特点,所有的女教师都生孩子,那么学校教学无法安排"校长说。

【问题探讨】（请扫描本节二维码,加入法学论坛发表你的观点）

1. 女教师怀孕须校长同意,这是不是法律要求?
2. 怎样处理好学校的教育教学管理权与教师权利之间的矛盾与冲突?
3. 教师到底有哪些权利?女教师有哪些特殊权利?该案中校长有没有侵权?

【案例分析】 在本案例中,这所学校的女教师要生孩子还必须要有校长的审批,从学校角度来说,学校有学校处理事情的方式,如果所有的女教师都生孩子,那么学校教学无法安排。从教师的角度考虑,教师拥有作为公民生活的基本权利,如果因为工作无法正常进行生育,那么这也影响了教师的家庭生活,剥夺了教师的生育权,学校这样做不够妥当。

【案例启示】 在本案例中,学校的做法是因为要维护学校教学管理的正常运行,但是教师怀孕生子是作为公民的基本权利,学校和教师都应该厘清学校权利与教师的权利边界,避免侵犯教师的公民权利和职业权利。

知识点解读

一、教师权利的含义

权利是法律规定的作为或不作为的自由。法律上的教师权利是指教师在教育活动中享有的由教育法赋予的权利,是国家对教师在教育活动中可以为或不为一定行为的许可与保障。它一般由如下三部分构成:① 教师实施某种行为的权利,也可称积极行为的权利。如《教师法》规定教师享有"从事科学研究、学术交流,参加专业的学术团体,在学术活动中充分发表意见"的权利。② 教师要求义务人履行法律义务的权利,如《教师法》规定教师享有"按时获取工资报酬"的权利。③ 当教师的权利受到侵害时,有权诉诸法律,要求确认和保护的权利。

教师的权利可以分为两个部分:一是教师作为公民所享有的各种权利,可称之为教师的公民权利;二是身为教师基于教育法规所享有的权利,可称之为教师的职业权利。这两部分权利既相互联系,又相互区别。此外,工作于不同阶段和不同类型学校的教师,其享有的权利在某种程度上有所区别。也就是说,义务教育阶段的教师不同于非义务教育阶段的教师,他们享有的权利具有任职阶段的特点。

随堂小练

1.（单项选择题）对我国教师权利和义务做出明确、具体规定的是（ ）。

A.《中华人民共和国教师法》　　B.《中华人民共和国义务教育法》

C.《中华人民共和国教育法》　　D.《中共中央关于教育体制改革的决定》

【答案】 A。

【解析】《教师法》第7条和第8条明确规定了教师的基本权利。

2. (单项选择题)高校教师所享有的权利和中小学教师所享有的权利是（　　）。
   A. 一模一样　　　　　　　　　B. 完全不一样
   C. 并非一样,具有任职阶段的特点　D. 不确定

【答案】 C。
【解析】 义务教育阶段的教师不同于非义务教育阶段的教师,他们享有的权利具有任职阶段的特点。

二、教师的公民权利与保护

教师的公民权利是指教师作为公民依法享有相关法规赋予公民的基本权利。我国《宪法》第二章规定了我国公民的基本权利包括:① 平等权,包括法律面前人人平等以及禁止差别对待;② 政治权利,包括选举与被选举权,言论、出版、集会、结社、游行、示威自由等;③ 宗教信仰自由权;④ 公民的人身自由权,包括人身自由、人格、住宅不受侵犯以及通信自由和通信秘密受法律保护;⑤ 社会经济权利,包括财产、劳动、休息、物质帮助、退休人员生活保障与社会保障权;⑥ 文化教育权,即教育方面和文化活动方面的权利;⑦ 监督权,主要包括批评与建议、控告与检举和申诉权。①

[法规链接]

请扫描本节二维码,参看我国《宪法》第二章关于我国公民的基本权利的主要内容。

请扫描本节二维码,参看我国《民法典》第二编"物权"、第四编"人格权"关于我国公民的民事权利的主要内容。

教师作为普通公民享有宪法和法律规定的一般权利,这种权利是以个人需要为目的的权利,其性质属于私权利。教师在日常教育教学工作中易受侵犯的私权利主要有人格权、受聘权等。

教师的人格权包括生命健康权、姓名权、名誉权、荣誉权、肖像权、隐私权等和人格尊严有关的权利。生命权是指生存的权利,即教师生命安全不受非法威胁,生命不得被非法剥夺的权利。健康权是指保持身体内部机能和器官完整性的权利。人身自由权是指身体不受非法限制以及居住不受他人侵扰的权利。姓名权是指教师决定和使用自己的姓名并排除他人干涉、不得被他人盗用或者冒用的权利。名誉权是指教师以其名誉所受(精神)利益为内容的权利,如使教师产生自尊感、自豪感、荣誉感等。荣誉权是名誉权的一种,是指教师以一定方式获得特殊身份的权利,通常以获得荣誉称号的方式实现。肖像权是教师以肖像所体现的人格利益为内容的权利。隐私权,又称私生活秘密权或个人生活秘密

---

① 黄崴.教育法学[M].北京:高等教育出版社,2007:187.

权,是指教师享有的个人不愿公开的有关个人生活的事实不被公开的权利。

依据这些规定,任何人不得非法侵犯教师的人身自由和人格尊严,不得非法伤害教师的身体。任何辱骂、殴打教师或其他侮辱教师的行为,都是一种违法或者犯罪行为,都要承担相应的法律责任。①

我国现实生活中,各种侵犯教师合法权益的现象仍然时有所现。教师的每一个公民权利,都值得我们重视,尤其是如何有效保护教师的公民权利,值得认真研究。这里选择教师的生命健康权和女教师的特殊权利及其保护问题进行分析,希望引起重视。

(一)教师的生命健康权与保护②

美国公立学校中,教师被攻击的比率相当高,形成所谓的"受虐教师癖候群",这是一种反映压力的综合症状,包括焦虑、忧郁、睡眠问题、失痛、高血压、饮食异常等疾病。英国教师与讲师协会发布的一份调查报告称:英国一半的教师因学生行为恶化而出现心理健康问题,大约四分之三的教师因学生言行变得越来越粗暴而考虑过辞职,七分之一的教师反映他们被学生攻击过。在我国,虽然"侮辱、殴打教师"早已被《教师法》等法律明文禁止,"国家尊重和保障人权"也写入了神圣庄严的《宪法》。但是,近年来,我国教师受学生及家长等辱骂、暴力攻击的问题也很严重。

1. 学生对教师生命健康权的侵犯及其防范

案例链接

【案情简介1】 早恋男生报复班主任

某中学一名14岁男生小刚与一名女生早恋。通过班主任张老师的劝导,那名早恋女生表示接受批评,而早恋的男生小刚则与张老师约定,请张老师去他家与其父母见面。张老师如约跟随小刚去他家家访,但进门后却发现其家长并不在家。小刚趁张老师转身开门之机,用一块搓衣板从背后将她击倒,随后又从腰间抽出一把一尺来长的刀向张老师的头上乱砍,一边砍一边喊着"我爱她,我要跟她在一起不分开!"随后继续拿起脸盆、板凳砸过来,还用围巾去勒张老师的脖子,用大衣去捂张老师的鼻子和嘴。但终因张老师的拼死反抗而未能得逞。受重伤的张老师抢救时共缝合70余针。

【案情简介2】 学生因教师管得太多太严殴打教师

学生王某因在学校吸烟、违反课堂纪律等原因,被班主任刘老师批评教育。师生在谈话中,学生王某认为教师管得太多、太严,情绪异常冲动,突然抓起桌上的茶杯砸向教师,致使教师眉骨受伤,缝合15针。事情发生后,学校和教师多次督促学生家长妥善解决此事,但其家长态度恶劣,反复推诿。

【问题探讨】 (请扫描本节二维码,进入法学论坛研讨以下问题)

1. 你曾经遇到过顽劣的"熊孩子"吗?对此有何困惑?

---

① 张维平,石连海.教育法学[M].北京:人民教育出版社,2008:213.
② 马英志.教师法律知识巧读[M].长春:东北师范大学出版社,2012:101.

2. 请结合上述案例或自己列举案例说明,教师被学生或家长侵权的主要原因及防范思考。

【案例启示】

第一,学校要加强核心素养教育,重视并加强学生的道德、法治和心理健康教育。

案例1中,小刚将张老师打致重伤,根据《刑法》规定,已构成故意伤害罪。仅仅因为教师善言劝导勿早恋而将教师骗至家中,砍成重伤,确实值得教育工作者深思。教育是师生灵魂的撞击、心灵的交流、生命的对话。师生之间没有根本的利害冲突,师生关系应该是和谐的。但由于师生双方的经历不同,在各方面都存在一定的差异,师生之间难免会产生这样或那样的矛盾。对此,教师除了要不断增强师生的深厚感情外,还要经常对学生进行尊师重教的思想教育,沟通师生的思想,协调师生关系,避免学生对教师的抵触情绪,使学生把教师视为良师益友,并乐意接受"教诲"。

教育是有生命的,那么教育的生命线是什么?是平等。有了平等、尊重、信任、老师对学生的关爱、彼此的交流互动才能从空中的理想变成地上的现实。平等是尊重、信任、真爱和创新的前提和基础。教师给学生最好的礼物就是平等。

从学生角度看,学生对教师暴力的攻击行为有的是情绪冲动、一时失控所致,如例2中,学生认为教师管得太多、太严,情绪异常冲动,突然抓起桌上的茶杯将教师砸伤。现今社会生活节奏加快,人们生活压力普遍加大。学生处于生长发育时期,学习压力大,任务繁重,社会的负面影响同样作用于他们身上,使得他们极易产生心理问题。因此,学校应加强对学生的心理素质教育,配备专职心理教师或者有心理学专业背景的辅导员,强化学生的心理知识普及,开展心理咨询与指导,提高学生心理承受能力,使学生能理解教师,尤其谅解教师在工作中的小小失误,避免对教师的抵触情绪,不能仅仅因为教师的批评而恶意报复教师。

第二,教育从来不是放纵,适度惩罚才会让教育真正变得有力量。

给老师管教的权力,给老师适度惩戒的自由,才能让教书和育人真正统一起来。教育机制要强化对教师实施攻击行为的学生的惩戒力度。说服教育不是包治百病的灵丹妙药。在对学生进行道德"自律"教育的同时,还要依靠"他律",即对违反纪律、攻击教师的学生要进行相应的惩戒处分,而不能一味地讨好学生,不敢管。所谓惩戒是指对违反学校规章制度和纪律及国家法律法规的学生,在进行教育后,根据情节轻重、态度好坏等给予学生警告、严重警告、记过、留校察看、停学、除学籍等处分,以惩戒违反者,戒除不规范行为的再次发生。惩戒作为教育的一种辅助手段,虽不能直接起到教育的作用,但惩戒处分可以防微杜渐或以儆效尤,从而增强教育的效果。在现实中,许多学校信奉"没有教不好的学生,只有教得不好的教师",对攻击教师的学生多数不进行惩戒,而把教师和学生之间出现的所有问题都归咎于教师。因此,在教育管理中只有将教育与惩戒二者有机结合,才能收到良好的教育效果,不能只教育,不惩戒。当然,学校对学生惩戒时必须适度,不能使受到停学和开除等惩戒处分的学生失去了有益的教导,导致这些学生误入"强化犯罪行为模式"。

第三,教师要增强教育能力,依法执教、因人施教。

《义务教育法》第29条规定:"教师在教育教学中应当平等对待学生,关注学生的个体差异,因材施教,促进学生的充分发展。教师应当尊重学生的人格,不得歧视学生,不得对学生实施体罚、变相体罚或者其他侮辱人格尊严的行为,不得侵犯学生合法权益。"从教师角度看,教育方法不当是导致其受到暴力攻击的一个重要因素。例如,有的教师对学生犯错误的处理方法过于简单,甚至粗暴打骂、体罚;有的对学生冷嘲热讽、刁难戏弄;有的对待学生不公正,这些都可能导致某些冲突上的"火上加油"。因此,教师应以合乎法律的、科学的方法教育学生,不能侮辱、讽刺、挖苦学生,特别是在批评教育学生时要注意因人施教。教师对不同的学生要有深入的了解和科学的分析,在此基础上精心设计合理的教育方法,帮助学生健康成长。如果不分对象地施以同样的教育方法,可能会导致教育的失败,出现事与愿违的结果,甚至发生悲剧。

案例链接

【视频视点】 学生和老师互扇耳光

请扫描本节二维码观看视频,该视频主要讲述了女教师对男生进行批评教育,男生顶撞老师,女老师被激怒,猛扇男生一耳光。男生也不甘示弱,回击了老师一个耳光。

【问题探讨】 (请扫描本节二维码,进入法学论坛发表你的观点)

1. 面对那些走上错路的学生,教师想管为什么却不敢?
2. 跪着的老师,教不出有责任感的学生!你对此有何建议?
3. 没有惩罚的教育是不完整的教育,谈谈你的教育法学的思考。

2. 家长对教师生命健康权的侵犯及其防范

案例链接

【案例简介】 家长对教师罚跪

学生喊教师绰号被打了一耳光,10多名亲属闻讯冲进了校园,把教师暴打了一顿,并逼该教师在数百名学生面前下跪近20分钟,学校被迫耽误正常上课近2个小时,学生家长及亲属还要挟这名教师支付2 000元"补偿费",并写下3 000元的欠条。事后该地教育行政部门以文件的形式发出关于对该教师通报批评的决定,使教师连续三个月扣发岗位津贴,且令其向被打学生登门道歉并在该校教师会上做检讨等。

【推荐阅读】 (请扫描本节二维码阅读)

钱文忠教授《教育,请别再以爱的名义对孩子让步》

【问题探讨】 (请扫描本节二维码,进入法学论坛发表你的观点)

1. 每一个无法无天的"熊孩子"背后,都有一个无礼无节的"熊家长"。对于那些走上错路的学生,家长袒护,面对熊家长,教师怎么办?
2. 今天99%的老师是不敢打学生的。老师打了学生,哪怕很轻微,家长特别是爷爷奶奶就会找到学校、教育局,要求老师赔礼、赔偿,老师轻则颜面无存,身败名裂,重则被开除教职,丢掉饭碗。老师在"一朝被蛇咬"后,对调皮捣蛋的孩子只好不闻不问,惹不起,还躲不起吗? 对此,请谈谈你的教育法学思考。

【案例启示】

其一,学校要支持遭受暴力攻击的教师依法维权。教师打学生应依法处理,同样,家长打教师也应该受到法律制裁。如果仅仅单方面考虑学生和家长,而忽视教师的人身权益,就势必使社会和家长越来越不尊重、不理解、不配合教师的工作,使学生在教师面前变得越来越有恃无恐,越来越嚣张。而遭受学生及家长暴力攻击的教师,则往往会在心理上蒙上巨大阴影。在与学生家长协商处理不成的情况下,如果学校不支持或为了所谓的"声誉"压制受害教师依法追究家长及亲属的法律责任,则会引起教师的强烈不满,甚至出现罢教风波。由于害怕受攻击,有的教师可能不会理直气壮地管学生了,甚至放任自流。这是教育的悲剧!在学校里,教师应该有最起码的师道尊严,有职业的自豪感,有干事业的成就感。

其二,加强家校沟通,共同肩负教育责任。从家长角度看,家长除了教育孩子尊重教师外,还要主动和教师加强联系,全面了解孩子在校尊敬教师的情况,以及孩子在教师心中的印象,及时发现不良苗头,排除师生关系中的障碍,使师生关系良性发展。家长和教师应该是朋友,而不应是敌人。即使教师在教育过程中有失误,家长也要通过适当方式解决,而不能大动干戈、采取报复教师的手段。

责任法定原则是一项重要的归责原则,其基本特点为法定性、合理性和明确性,即事先用法律的形式明确地规定法律责任,而且这种规定必须合理。责任法定原则否定和摒弃没有法律依据的行为。任何国家机关、社会组织和个人都无权要求责任主体承担法律明文规定以外的责任。像案例中家长逼教师下跪等做法就为法律所不容,法律从未规定教师以下跪等野蛮方式承担责任。

(二)女教师的特殊权与保护①

当前,我国学校中有相当数量的女教师。女教师既是公民,又是教师,同时除少数未婚者外,绝大多数还是家庭主妇。她们不仅要完成学校里的本职工作,在家庭中还承担着繁衍后代的生育劳动和大量的家务劳动。在目前条件下,女性的生育劳动和家务劳动为社会所做的贡献仍未得到应有的社会承认。在教师这一较高职业群体中,率先对女教师的这一劳动予以社会承认,对于提高妇女的地位和促进人类文明的发展,都具有不可低估的社会意义。

根据《宪法》第48条和第49条关于保护妇女和母亲的规定以及劳动法中有关女职工"三期"(即孕期、产期、哺乳期)的规定,女教师应享有与女性特定身体或者功能相应的特殊权利和待遇。女教师在生产期间,不得被解聘,享受国家工资待遇的权利。

为减轻女教师的负担,除通过提高教师的经济收入,提倡家务劳动社会化,以及夫妇双方共同承担家务外,还要在人员编制上留有机动余地,适当降低处于"三期"的女教师的工作量。特别是进行职称评定时,不得歧视处于"三期"的女教师。处理好女教师的"三

---

① 张维平,石连海.教育法学[M].北京:人民教育出版社,2008:214.

期"问题,对于激发教师工作的积极性、保证教师的工作质量具有重要意义。

> **随堂小练**
>
> 3.(单项选择题)张某是某小学教师,李某是张某所教学生的家长。李某认为其女应当交纳的费用已交给了张某,而张某没有开收据,该校又多次催李某的女儿补交,李某便以这钱被张贪污为由,到学校找到张某退钱。张某多次声明自己未收到过这笔杂费,但李仍不罢休继续与张某发生争吵,并用一些不堪入耳的话辱骂张某,且打了张某一举,后被围观人员劝开。事后,张某到当地医院进行治疗,诊断为轻微伤,医药费开支1 685元。
>
> 根据以上材料,李某侵害了张某的(   )。
>
> A. 名誉权,荣誉权　　　　　　　B. 生命健康权,荣誉权
> C. 生命健康权,名誉权　　　　　D. 生命健康权,名誉权,荣誉权
>
> 【答案】 C。
>
> 【解析】 家长殴打张老师使其受伤,侵犯了张老师的生命健康权;辱骂张老师侵犯了其名誉权。
>
> 4.(单项选择题)对我国教师权利和义务做出明确、具体规定的是(   )。
>
> A.《中华人民共和国教师法》　　　B.《中华人民共和国义务教育法》
> C.《中华人民共和国教育法》　　　D.《中共中央关于教育体制改革的决定》
>
> 【答案】 A。
>
> 【解析】 对我国教师的权利和义务做出明确、具体规定的是《中华人民共和国教师法》。

三、教师的职业权利与保护

职业权利是教师作为教育工作者依据教育法规享有的教育权利及与职业相关的其他权利。按照我国《教师法》的规定,我国教师享有教育教学权、学术研究权、指导评价权、报酬待遇权、民主管理权、进修培训权等权利。

(一)教师的教育教学权与保护

教育教学权是教师为履行教育教学职责而必须具备的最基本权利,《教师法》第7条第1项规定,教师有"进行教育教学活动,开展教育教学改革和实验"的权利,任何组织和个人都不得非法剥夺在聘教师从事教育教学活动,开展教育改革和实验这一基本权利。教师的教育教学权体现在以下几个方面:一是教师可依据其所在学校的教学计划、教学工作量等具体要求,结合自身的教学特点自主地组织课堂教学;二是教师可按照课程标准(教学大纲)的要求确定其教学内容和进度,并不断完善教学内容;三是教师可针对不同的教育教学对象,在教育教学的形式、方法、具体内容等方面进行改革、实验和完善。

进行教育教学活动是教师职业权利的核心,也就是说,教师作为组织教育活动的主

体,可以依据国家的教育方针,针对教育的实际和学生的基本状况,自主地安排教育教学活动,创新教育教学的形式和方法。教师开展教育教学改革和实验,是教师主动性发挥的基础,也是教育实践有效进行和发展的必然要求。教师只有拥有了教育教学改革和实践的权利,才能够更好地组织教育教学活动,高质量完成教学任务。

有一点需要说明,对不具备教师资格的人员,不得享有这项权利;对具有教师资格,尚未受聘或已辞聘的人员,这一权利的行使便处在停顿的状态,一旦受聘担任教师工作时,其权利的行使才恢复正常状态。合法的解聘或待聘不等于侵犯教师的这一权利。教师在行使这一基本权利时应保证履行相应的义务和职责。由于教师工作是需要创新的工作,因此教育法规赋予了教师相当大的自由裁量权。但是,这并不意味着教师在行使权利的时候没有限制,教育教学权的行使同样也必须在合法的框架内进行,既不能损害国家和社会的公共利益,也不能有碍学生个体的发展和个人利益的获得。特别是义务教育阶段的教师行使此项权利要限定在国家、社会、学校、学生与家长之间相互利益关系允许的范围内,不得违背法律、法规和教育的基本规律。同时,学校和其他教育组织也不能随意侵犯教师的教育教学权。

案例链接

【案情简介 1】 9 名教师遭学校辞退,只因子女未报名本校

请扫描本节二维码观看视频,该视频主要介绍了某中学教师子女成绩优异,却没有报考本校,教师遭遇解聘,该做法引发讨论。

【案情简介 2】 教师教学效果不好,被安排做后勤

张某从某专科师范院校毕业后,不认真研究本专业知识以及上课,课堂教学效果不好。学校经研究认为张某不再适宜担任该科教学工作,但又没有合适的科目,决定由他负责学校的治安、收发工作。

【问题探讨】 (请扫描本节二维码,进入法学论坛发表你的观点)

1. 两个案例中学校的做法是否存在违规侵权行为?侵犯了教师的哪项权利?
2. 如何处理学校教育教学管理权与教师有教育教学权的矛盾与冲突?
3. 面对学校对教师教育教学侵权,教师怎么办?

【案例分析】 上述案例 1 中,9 名教师子女有教育的选择权,学校明显构成侵权。案例 2 中张老师被调离教学岗位,学校是否侵犯其教育教学权?教师的教育教学权是教师的基本权利。《教师法》明确规定,教师依法享有教育教学权。《义务教育法》规定:教师在教育教学中应当平等对待学生,关注学生的个体差异,因材施教,促进学生的充分发展。学校和教师应按照确定的教育教学内容和课程设置开展教育教学活动,保证达到国家规定的基本质量要求。《教师法》规定,教师要"贯彻国家的教育方针,遵守规章制度,执行学校的教学计划,履行教师聘约,完成教育教学工作任务"。案例中张某没有完成上述法律规定的基本要求,备课不认真、不认真钻研业务,而且故意给有意见的学生打不及格等,都与相关的法律相冲突。所以我国《教育法》赋予学校有对教师的考核管理权,学校的决定完全合法。

随堂小练

5.（单项选择题）学校对故意不完成教育教学任务给教育教学工作造成损失的教师,可以给予（　　）。

  A. 行政处罚　　　　　　　　B. 行政处分或解聘职务

  C. 撤销教师资格　　　　　　D. 追究民事法律责任

【答案】B。

【解析】《中华人民共和国教师法》第37条规定:"教师有下列情形之一的,由所在学校、其他教育机构或者教育行政部门给予行政处分或者解聘。(一)故意不完成教育教学任务给教育教学工作造成损失的;(二)体罚学生,经教育不改的;(三)品行不良、侮辱学生,影响恶劣的。教师有前款第(二)项、第(三)项所列情形之一,情节严重,构成犯罪的,依法追究刑事责任。"

6.（单项选择题）教师履行教育教学职责必须具备的基本权利是（　　）。

  A. 科学研究权　　B. 教育教学权　　C. 管理学生权　　D. 进修培训权

【答案】B。

【解析】教育教学权是教师为履行教育教学职责而必须具备的最基本权利,《教师法》第7条第1款规定,教师有"进行教育教学活动,开展教育教学改革和实验"的权利,任何组织和个人都不得非法剥夺在聘教师从事教育教学活动,开展教育改革和实验这一基本权利。

7.（单项选择题）《中华人民共和国教师法》规定,教师进行教育教学活动,开展教育教学改革实验,从事科学研究,是每个教师的（　　）。

  A. 权利　　　　B. 义务　　　　C. 责任　　　　D. 使命

【答案】A。

【解析】之所以选择A是因为:根据《中华人民共和国教师法》第7条的规定,教师享有下列权利:进行教育教学活动,开展教育教学改革和实验等。

8.（单项选择题）《中华人民共和国教师法》规定,教师是履行教育教学职责的专业人员,承担（　　）,培养社会主义事业建设者和接班人,提高民族素质的使命。

  A. 传授专业知识　　　　　　B. 传授实验技能

  C. 教书育人　　　　　　　　D. 为人师表

【答案】C。

【解析】《中华人民共和国教师法》第3条规定:"教师是履行教育教学职责的专业人员,承担教书育人,培养社会主义事业建设者和接班人、提高民族素质的使命。教师应当忠诚于人民的教育事业。"

（二）教师的学术研究权与保护

学术研究权是教师作为教育教学专业人员所享有的一项基本权利。《教师法》第7条第 2 项规定,教师拥有"从事科学研究、学术交流,参加专业的学术团体,在学术活动中充分发表意见"的权利。教师学术研究权可以体现在以下几个方面:一是教师在专业领域内,有权从事科学研究,可以自己确定科研课题和科研方法,发表学术论文、著书立说和从事技术开发等;二是教师有权参与合法的学术交流活动,有权自己决定是否参加学术团体,并兼任工作;三是教师在学术活动中有权发表自己的学术观点,争鸣学术思想。

教师的科研学术活动最好围绕提高学校的教育教学质量进行。不同教育阶段教师的学术研究权的权限和范围有所区别。义务教育阶段,要求教师在教育教学活动中按照既定的教育大纲和教育基本要求来完成教育教学工作,不主张教师向学生随意发表与讲授内容无关且有损受教育者身心发展的个人看法。

法学论坛

请扫描本节二维码,进入法学论坛发表你的观点:

(1) 教育离不开创新,教师在进行学术研究时,可能引起来自学生、家长、领导、同事、社会的压力,这里有没有侵权行为?试举例说明。

(2) 教师在进行学术研究时,可能引起来自学生、家长、领导、同事、社会的压力甚至暴力,如果面对侵权,教师怎么办?

(三) 教师的指导评价权与保护

指导评价权即管理学生权,是与教师在教育教学活动中的主导地位相对应的一项特定权利。《教师法》第 7 条第 3 项规定,教师有"指导学生的学习和发展,评定学生的品行和学业成绩"的权利。教师管理学生权可以体现在以下几个方面:一是教师有权依据学生的身心发展状况和特点,因材施教,有针对性地指导学生,并就学生的特长、就业、升学等方面的发展给予指导。二是教师有权对学生的品德学习、社会活动、劳动文体活动,师生及同学关系等方面的表现做出公正的评价。三是教师有权严格要求学生,对好的行为进行表扬,对不良行为提出批评。教师可以根据学生的个性,运用正确的指导思想、科学的方式方法指导学生的发展,使学生的个性和能力得到充分发展。

教师的管理学生权是教师教育教学工作中专业性较强的一项权利,任何组织和个人都不得非法干预教师管理学生权的行使。教师也应当珍惜,并以公正的态度行使这项权利。

教师要指导好学生的学习和发展,首先要转变传统的教育观念,树立现代教育观、正确的学生观和质量观,由应试教育转到素质教育的轨道上来正确指导学生发展方向,因材施教,促进学生健康发展,培养德智体美劳各方面的素质和才能。

教师应该认真行使管理学生权,加强对学生各方面的管理,做到关心爱护与严格要求相结合,帮助学生健康成长,这既是教育法规的要求,也是教师进行教育的责任。严格要求学生是由学生思想品德等形成的发展过程的特点决定的,学生的内部思想矛盾斗争是思想品德形成与发展、学生进步的动力。但学生思想品德的内部斗争是离不开教育影响这个外部条件的。教师的严格要求是促进学生内部思想斗争的重要条件。教师不能代替学生的思想斗争,却可以自觉运用思想矛盾斗争的规律,从学生现有的发展水平出发,提出严格合理的要求,启发、引导,加速学生思想矛盾斗争。无数的教育实践表明,只有严格要求,才能更好地培养出人才来。但严格要求不是越严越好,更不是冷冰冰的严厉,一分严格之中掺上九分感情之蜜,才能成为甘露,只有甘露才能滋润禾苗茁壮成长。

> **随堂小练**
>
> 9.(单项选择题)某教师对学校管理提出改进意见,被校长打击报复,校长所侵犯的教师权利是(   )。
>
>   A. 学术研究权   B. 教育教学权
>   C. 指导评价权   D. 民主管理权
>
> 【答案】 D。
> 【解析】 题目中四个选项都是教师的权利,《教师法》第7条教师享有下列权利:对学校教育教学、管理工作和教育行政部门的工作提出意见和建议,通过教职工代表大会或者其他形式,参与学校的民主管理。题目中教师对学校管理提出改进意见,被校长打击报复,很明显,侵犯了教师民主管理的权利。
>
> 10.(材料分析题)吃过午饭,几位男生在宿舍闹着玩,把盛满水的塑料袋放在门顶上,等着一位同学进门。就在这时聂老师去宿舍,看门虚掩着就随手推门而进,"哗"的一声,一袋水翻洒下来,聂老师早上换的衣服全被打湿了。房间里的学生都吓得目瞪口呆,静等老师的训斥。谁知道聂老师却笑着说:"今天是泼水节吗?我怎么不知道啊!再说我们这里是不过这个节的。"大家都笑了,那位在门上放水的同学不好意思地低下了头。老师抚摸着他的头说:"同学之间开个玩笑是可以的,但最好不要这样做。"
>
>   问题:运用相关知识评析这位老师的做法。
>   分析:教师具有进行教育教学活动、指导学生的学习和发展的权利。但在具体的教育教学或者其他课外活动中,要注意方式方法,尤其是对于一些突发意外事件,教师要巧妙运用教育机智、灵活处理与学生的突发事件。教育机智是教师对学生活动的敏感性,能根据学生新的特别是意外的情况,迅速而正确地做出判断,随机应变地及时采取恰当而有效的教育措施解决问题的能力,是教师良好的综合素质和修养的外在表现。材料中的聂老师在处理突发事件时,就很好地运用了教育机智,面对"意外泼水节",聂老师用大度和幽默轻易化解了学生内心的紧张和尴尬,一下子拉近了师生之间的距离。在教学工作中,教师应当学会采用巧妙灵活的方法化解师生之间的矛盾和尴尬,委婉地教育学生正确的行事方法,纠正学生的不当行为。

法学论坛

请扫描本节二维码,进入法学论坛发表你的观点:

(1) 教师在指导评价管理学生时,有哪些侵权行为?举例说明。

(2) 教师对学生的指导评价管理,可能引起来自学生、家长、领导、同事、社会的压力甚至暴力,如果面对侵权,教师怎么办?

(四) 教师的报酬待遇权与保护

报酬待遇权是宪法赋予公民享有的社会经济权利、劳动的权利和劳动者休息的权利在教师职业范围内的具体体现。《教师法》第 7 条第 4 项规定,教师有"按时获取工资报酬,享受国家规定的福利待遇以及寒暑假期的带薪休假"的权利。教师的报酬待遇权可以体现在以下两个方面:一是教师有权要求所在学校及其主管部门根据国家教育法律、教师聘用合同的规定,按时、足额地支付工资报酬,包括基础工资、职务工资、绩效工资、课时报酬、奖金、教龄津贴、班主任津贴及其他各种津贴在内的工资收入;二是教师有权享受国家规定的福利待遇,包括医疗、住房、退休等方面的各种待遇和优惠以及寒暑假期的带薪休假。

我国《教师法》第 38 条规定:"拖欠教师工资或者侵犯教师其他合法权益的,应当责令其限期改正";"违反国家财政制度、财务制度,挪用国家财政用于教育的经费,严重妨碍教育教学工作,拖欠教师工资,损害教师合法权益的,由上级机关责令限期归还被挪用的经费,并对直接责任人员给予行政处分;情节严重,构成犯罪的,依法追究刑事责任"。稳定教师工资、提高教师的福利待遇,是鼓励和激发教师搞好教育教学工作的物质基础。从法律上规定教师的报酬待遇权有利于维持教师个人和家庭的正常生活,确保了教师合法权利不受侵犯。

我国一些地方规定在教师待遇方面做出了有益的尝试,提供了一定的实际经验。不少国家也采取了类似方式规定教师的工资待遇,而且对教师待遇规定趋向于超过其他行业具有的同等条件者的工资。日本规定,中小学教师的工资待遇必须高于普通公务员的工资标准,现在日本中小学教师一般高于同学历工龄的其他职业人员的 15% 以上。不过,我们应当看到发达国家给教师较高的工资待遇并在法律中予以确定,也不是一步到位的,也都经历了一段发展过程。日本从战后到 70 年代初,中小学教师平均工资一直低于企业职工的平均工资。优秀教师外流现象严重,教师队伍出现危机,为此日本政府制定了《关于国立、公立义务教育诸学校教职员工资的特别措施法》,实行《教师增薪三年计划》,以法律形式保证执行,使教师职业成为令人羡慕的职业。

随堂小练

11.（单项选择题）某县要修水电站，县政府下发文件要求每个公职人员都要参加电站集资。某镇幼儿园领导按照文件要求，在领工资之前，从每位教职工的工资中分别扣除了文件规定上交的集资款。对此，下列说法错误的是（　　）。

  A. 园长办事积极果断，工作能力强

  B. 侵犯了教职工的获取劳动报酬权

  C. 违反了国家要求的不得对学校和教师乱摊派的规定

  D. 侵犯了教职工的个人财产自主权

【答案】　A。

【解析】　是否参加集资是教师的个人行为。学校及相关行政部门不能强行要求、进行摊派，这侵犯了教师依法获取劳动报酬的权利以及其个人财产权，而且也违反国家对于禁止"乱摊派"的规定。选项B、C、D均正确，所以选择A。

12.（单项选择题）教师的医疗同当地国家公务员享受同等的待遇；（　　）对教师进行身体健康检查，并因地制宜安排教师进行休养。

  A. 定期　　　　B. 不定期　　　　C. 每两年　　　　D. 每年

【答案】　A。

【解析】　《教师法》第29条规定，教师的医疗同当地国家公务员享受同等的待遇；定期对教师进行身体健康检查，并因地制宜安排教师进行休养。

法学论坛

请扫描本节二维码，进入法学论坛发表你的观点：

（1）教师在正当享受报酬待遇权时，会遇到哪些侵权行为？举例说明。

（2）如果面对报酬待遇侵权，教师怎么办？

（五）教师的民主管理权与保护

民主管理权是公民民主权利在教师特定职业下的具体化。《教师法》第7条第5项规定，教师拥有"对学校教育教学、管理工作和教育行政部门的工作提出意见和建议，通过教职工代表大会或者其他形式，参与学校的民主管理"的权利。教师参与管理权可以体现在以下几个方面：

一是教师享有对学校及其他教育行政部门工作的批评和建议权，这是《宪法》规定的"公民对任何国家机关和国家工作人员，有提出批评和建议的权利"的具体表现。

二是教师有权对学校的教育教学工作和学校管理工作提出批评和建议，及时表达个人意见。

三是教师有权通过教职工代表大会、工会或其他方式,参与学校发展、改革等重大事项的管理。如听取校长工作报告,讨论学校年度工作计划、发展规划、学校改革方案、教职员工队伍建设等重大问题,并提出意见和建议。讨论通过岗位责任制方案、教职工奖惩管理办法以及其他教职工有关的基本规章制度。讨论并决定教职工的利益分配,教工福利费管理使用原则和办法以及其他有关教职工的集体福利事项。

四是教师有权对学校各级干部实行民主监督,对干部进行评议、表扬和批评,必要时向上级教育行政部门建议予以嘉奖,晋升或处分,免职。

教师是举办教育事业的主要力量,教师参与教育教学管理和学校民主管理充分体现了教师的主人翁地位,有利于调动教师工作的积极性,提高教师工作效率。同时,教师参与学校管理,也有利于推进学校民主化建设进程。教师在参与学校管理时要注意民主集中制原则,同时学校与教育行政部门负责人不得压制教师的批评和意见,任何组织和个人不得非法剥夺教师对学校管理的建议权。

> **随堂小练**
>
> 13.(单项选择题)某教师积极参加学校工会活动,并对学校的改革发展建言献策。该教师行使的权利是(   )。
>   A. 教育教学权   B. 控告检举权   C. 参与管理权   D. 培训进修权
> 【答案】 C。
> 【解析】 根据题干中所提到该老师参加学校工会,献言献策,这正好体现了教师参与学校管理等工作,属于教师拥有参与管理权。
> 出处:2016年上半年中学教师资格考试《综合素质》真题。

法学论坛

请扫描本节二维码,进入法学论坛发表你的观点:

(1)教师在履行民主管理权时,会遇到哪些侵权行为?举例说明。

(2)教师履行民主管理权,可能引起来自领导、同事的压力甚至暴力,如果面对侵权,教师怎么办?

(六)教师的进修培训权与保护

进修培训权是教师职业权利中最具代表性的一项。《教师法》第7条第6项规定,教师享有"参加进修或者其他方式的培训"的权利。教师的这一权利同时也是政府和学校的义务,政府和学校应采取措施落实教师这一权利。教师进修培训权可以体现在以下几个方面:

一是教师有权参加和接受多种形式的培训,学校、其他教育机构和教育行政部门有义务保障教师进修培训权利的实现。

二是教育行政部门和学校及其他教育机构应当采取各种形式,开辟多种渠道,保证教师进修培训权的行使。如安排在校教师到教育学院、教师进修学校、其他有关高等学校及国外高等学校或科研单位进修。

三是教师进修培训权利的行使也有其限度,教师必须在保证本职工作完成且不影响教育教学工作的前提下,参加进修和培训。

在时代飞速发展,新知识、新技术不断涌现的背景下,教师的知识结构和思想意识也必须与时俱进。教师参加进修和培训是社会人才培养对教师提出的要求,也是教育事业发展的客观需要。各级政府教育行政部门和学校校长应做好教师的进修培训工作,教育行政部门要积极承担这一培训任务。社会的迅速发展,要求教师必须不断地拓宽知识,提高教育教学能力。教师应充分利用教育行政部门和学校领导提供的条件认真参加进修,积极参加培训。在享有进修培训权利时教师应树立新的观念以适应教育事业的发展:

(1)终身教育观:欧洲经济发展组织(OECD)明确地提出这种观念——教师需要在整个职业生涯中接受终身教育。

(2)树立以学校为中心的进修观念。国际上曾就此问题召开过多次讨论会议。针对进修观念协调进修人员与教师合作共同研讨学校面临的问题,要从整体上提高解决学校实际问题的能力,提高培训进修的实效,在重视针对学校实际问题进行研讨的同时又肯定了由校外专家学者指导进修方式的有效价值。

随堂小练

14.(单项选择题)下列选项中不属于教师享有的权利的是( )。

A. 参加进修或者其他方式的培训

B. 批评和抵制有害于学生健康成长的现象

C. 进行教育教学活动,开展教育教学改革和实验

D. 从事科学研究、学术交流,参加专业的学术团体,在学术团体中充分发表意见

【答案】 B。

【解析】 批评和抵制有害于学生健康成长的现象属于《教师法》第8条规定教师的义务。

法学论坛

请扫描本节二维码,进入法学论坛发表你的观点:

(1)教师履行进修培训权时,会遇到哪些侵权行为?举例说明。

(2)面对进修培训的侵权,教师怎么办?

综上所述,我们不难发现,教师的职业权利从性质上看,是一种与教师职业相关的特

殊权利,是其他非教师公民所不能享有的权利,它只有具有教师资格证书并被学校聘用的学校教师才能享有。在教师的职业权利中,与教育教学相关的权利,是一种公务性质的行为,且涉及学生,因此往往是不能放弃的。而与职业相关的利益权利,如教师的福利待遇、带薪假期等,教师则可以根据自己的情况进行选择。

第三节 教师的义务与法律风险

自古以来,教师被世人尊为神圣而崇高的职业。教师是人类灵魂的工程师,是太阳底下最光辉的事业。但近年来,频繁发生的教师失职事件成为社会关注的焦点。明确教师职责,需要我们一起来了解教师应尽的法定义务,以及不履行法定义务,可能带来的法律风险。

学习指南

1. 观看本节"微课视频",查阅本节"演示文稿""教学导案"和"法规链接"等。
2. 通过本节"案例链接""视频视点"进行案例学习和研究。
3. 欢迎你踊跃参与本节"法学论坛",围绕主题畅所欲言。
4. 学完本节内容,请点击本节"随堂测试",测一测学习效果。
5. 基于本节的"核心概念",希望你丰富本节"参考文献",加入研究项目,进行研究性学习。
6. 学习的过程,应是师生共同进行课程资源开发的过程,欢迎加入"课程建设"项目,为本课程资源更优更好,贡献你的智慧。

知识结构

教师的义务与法律风险
- 教师义务与法律风险的含义
- 教师的公民义务与法律风险
- 教师的职业义务与法律风险
  - 《教师法》中的教师义务
  - 《义务教育法》中的教师义务
  - 《中小学教师职业道德规范》中的教师义务
- 教师权利与义务的关系

83

以案说法

【案情简介】 教室伸懒腰,铅笔戳伤同学眼(详情请扫描本节二维码)

【问题探讨】

1. 本案中所涉及的法律关系主体有哪些?
2. 当事人违反了什么法律?应当承担什么责任?
3. 在与学生交往中教师应当履行哪些义务?没有履行应尽义务,教师会面临哪些法律风险?本案对我们有哪些启示?

【案例分析】

本案中,所涉及的教育关系主体有学校、学生陆某、王某及其监护人。

该小学对事故的发生并没有过错,因为事情发生在下课自由活动时间,且事件的发生纯属意外。但学校在知情后善后处理不当,存在过错。作为一名老师,应当意识到铅笔尖扎进眼睛后可能会产生的严重后果,听到学生的反映后,应当立即送受伤学生到校卫生室由保健医生检查后视情况进行救治,同时应当通知家长请家长协助。但该学校老师在得知王某眼睛受伤后采取不负责任的态度,仅仅过问了一下却没有采取措施,客观上延误了受伤学生治疗的时间。学校作为正常管理人,对学生在校期间所发生的有关情况具有注意和及时向监护人报告的义务。学校在王某眼睛被戳事故发生后的第二天就知晓王某眼睛受伤,却未及时将事故告知双方监护人,也没有当即采取相应处理措施,致使王某因未及时就诊而使病情有所加重,对治疗造成一定的不良影响。所以,该小学要承担相应的过错责任,该案中的教师没有尽到及时告知家长和及时救治学生的义务,学校可以追究教师的责任。

陆某作为民法上规定的限制行为能力人,应当认识到在班级有学生的情况下手挥铅笔可能产生的后果,由于他的疏忽大意而造成王某眼睛受伤。故陆某对造成王某的伤残应承担主要的过错责任。鉴于陆某是限制民事行为能力人,应负赔偿责任,由其监护人承担。

【案例启示】 学生属于未成年人,对于任何意外事故都缺乏应对能力。作为学校,应加强学生的安全教育;作为学生的监护人,也应该注重对未成年人的安全教育,以防止不应有的事故发生,造成对学生造成不可弥补的侵害。

该案中教师的责任在于没有及时告知家长,没有组织及时救治。教师在学科教学和班主任工作中有哪些法定应尽的义务?教师工作中面临哪些法律风险?如何防范法律风险?希望通过本节的学习对你法治意识的提升有所帮助。

知识点解读

一、教师义务与法律风险的含义

（一）教师义务

义务同权利一样，是构成法律关系的基本要素。权利和义务是相辅相成的，没有无义务的权利，也没有无权利的义务，两者同时产生、同时变更和同时终止。所谓义务是指义务人为满足权利人的利益而为一定行为或不为一定行为的必要性，义务具有法律强制性。为了把握教师义务的内涵，我们可以从法律上义务的三种表现形式来理解：一是义务人按照权利人的要求可以做出某种行为，即积极性义务，如教师有贯彻教育方针、完成教育教学工作的义务。二是义务人按照权利人的要求不做出某种行为，即禁止性法律义务，如教师不得体罚学生。三是义务人侵犯他人的权利和利益时，接受国家强制力保障其履行，如《教师法》规定，教师"体罚学生，经教育不改的"，由所在学校和教育行政部门给予必要的行政处分或者解聘。[1] 就此，教师的义务是指教师依照《教育法》《教师法》及其他有关法律法规，从事教育教学工作而必须履行的责任，表现为教师在教育教学活动中必须做出一定行为或不得做出一定行为。

（二）法律风险[2]

"法律风险"一词，现有的国内外法学词典、百科全书并未收录，目前只是在法律规范术语中称其为"legal risk"，至今没有一部较为权威的著作对其进行解释，这可能与该词产生较晚、适用频率较小、应用狭窄等因素相关。

在我国，"法律风险"一词最早应用在金融领域，1998年中国人民银行颁布的《贷款风险分类操作说明》中首次提到了该词，随后"法律风险"一词频繁出现在各商业银行下发的管理文件中，但并未对其解释和定义。2006年6月，国务院颁发《中央企业全面风险管理指引》，该文件较为正式地将法律风险归类于企业的五大风险种类之中，随后，法律风险的研究逐渐在企业领域盛行，并开始向其他行业扩展。

对于法律风险的理解，可以通过分析其外延和内涵进而得出，首先，"风险"一词我们并不陌生，是指不利后果发生的可能性，法律存在于人类的衣、食、住、行之中，规定了人们能够做什么、如何做以及不能做什么，一旦人们的行为与法律的规定相违背，就可能为自己的行为承担一定的法律后果。正如古典派法学及孟德斯鸠所说，"文明社会都浸泡在法律的海洋里，无论组织或个人都会受到法律的约束"。通过以上阐述，可以理解法律风险的概念，即指当行为主体的作为或不作为与法律规范存在差异时，行为主体需要为此承担

---

[1] 黄崴.教育法学[M].北京：高等教育出版社,2007：193.
[2] 夏露.高校开除学籍处分法律风险与防范研究[D].湖北师范大学,2016.

不利后果的一种可能性。从这个意义上讲,只要是法律规范覆盖的领域就必然存在着法律风险,法律规范的无处不在决定了法律风险的无处不在。

由此,教师面临的法律风险可以界定为法律规定教师应当履行的责任义务,当教师的作为或不作为与法律规范存在差异时,教师需要为此承担不利后果的一种可能性。因此,教师很有必要学习法律法规,尤其是教育法律法规对教师工作的规定性要求,特别是对教师义务的要求。没有履行教师义务,就面临法律风险。

二、教师的公民义务与法律风险

教师的义务分为两部分:一是教师作为公民应承担的义务,二是教师作为教育者应承担的义务。这两部分义务既有联系又有区别。一方面,教师作为公民应承担的一部分义务体现在教师的特定义务之中;另一方面,教师特定义务中的一部分又是公民义务的具体化和职业化。此外,还有一部分内容是相互独立的。在此我们是针对教师特定义务而言的。第三部分重点分析的是教师的特定义务,本书称之为教师的职业义务。

公民的基本义务也称宪法义务,是指由宪法规定的公民必须遵守和应尽的法律责任。根据我国宪法的规定,我国公民的基本义务有:① 维护国家统一和民族团结(《宪法》第52条);② 遵守宪法和法律,保守国家秘密,爱护公共财产,遵守劳动纪律,遵守公共秩序,遵守社会公德(《宪法》第53条);③ 维护祖国的安全、荣誉和利益(《宪法》第54条);④ 保卫祖国、依法服兵役和参加民兵组织(《宪法》第55条);⑤ 依法纳税(《宪法》第56条)。

除上述的基本义务以外,我国宪法还规定了劳动的义务、受教育的义务、夫妻双方计划生育的义务、父母抚养教育未成年子女的义务、成年子女赡养扶助父母的义务。这些义务既具有社会伦理和道德的性质,同时也具有一定形式的法律性质。

法学论坛

请扫描本节二维码,欢迎进入法学论坛发表你的观点:
(1) 教师工作中没有履行教师作为公民应尽义务的有哪些行为表现?试举例说明。
(2) 教师在履行公民基本义务中面临哪些法律风险?如何防范该项法律风险?

三、教师的职业义务与法律风险

(一)《教师法》中的教师义务与法律风险

《教师法》第8条对教师的义务做出的规定,具体表现在以下几个方面:

1. 遵纪守法义务

《教师法》第8条第1项规定,教师应"遵守宪法、法律和职业道德,为人师表"。遵纪守法义务可以体现在以下几方面:① 教师必须遵守宪法、法律。培养学生的法治观念、民主意识,使每个学生都成为遵纪守法的好公民。② 教师作为"人类灵魂的工程师",应当遵守职业道德,为人师表。

案例链接

【案情简介】 老师参加学术会,旷职被处分

该案例主要介绍了某校化学老师赵某在未向学校请假的前提下因参加学术研讨会,导致旷职的情况。(请扫描本节二维码查阅详细案例)

【问题探讨】 (请扫描本节二维码,欢迎进入法学论坛发表你的观点)

1. 该案例中的赵老师是履行参加学术研究的权利,学校的处理做法是否侵权?
2. 教师在学科教学和班主任工作中有哪些行为是没有遵纪守法?试举例说明。
3. 教师在履行遵纪守法义务中面临哪些法律风险?如何防范该项法律风险?

【案例分析】 《教师法》第8条第2项规定教师应当履行"贯彻国家的教育方针,遵守规章制度,执行学校的教学计划,履行教师聘约,完成教育教学工作任务"的义务。赵老师只强调了权利的方面,而没有遵守学校的规章制度和执行教学计划,没有很好地完成教育教学工作任务。学校做出的决定符合权限和程序,适用法律法规正确,事实清楚。

2. 政治思想品德教育义务

教师的工作是教书育人的工作,通过教书,达到育人的目的。《教师法》第8条第3项规定,教师应"对学生进行宪法所确定的基本原则的教育和爱国主义、民族团结的教育,法制教育以及思想品德、文化、科学技术教育,组织、带领学生开展有益的社会活动"。

教师的政治思想品德教育义务可以体现在以下几方面:① 教师应自觉地结合教育教学业务特点,将思想政治、品德教育贯穿在教育教学工作全过程之中。② 对学生进行思想政治、品德教育,要遵循宪法确定的四项基本原则。把学生培养成具有社会公德、文明行为习惯的遵纪守法的好公民。③ 教师应当有意识地对学生进行爱国主义教育、民族团结教育、法制教育,弘扬中华民族精神。

随堂小练

1. (单项选择题)下列哪项属于教师的义务(   )。

A. 进行教育教学活动,开展教育教学改革和实验

B. 从事科学研究、学术交流,参加专业的学术团体,在学术活动中充分发表意见

C. 对学生进行宪法所确定的基本原则的教育和爱国主义、民族团结的教育

D. 指导学生的学习和发展,评定学生的品行和学业成绩

【答案】 C。

【解析】《教师法》第8条规定了教师的义务,题目中C选项符合第8条第3项规定,教师应"对学生进行宪法所确定的基本原则的教育和爱国主义、民族团结的教育,法制教育以及思想品德、文化、科学技术教育,组织、带领学生开展有益的社会活动"。而题目中A、B、D选项则是教师的权利。

案例链接

【案情简介】 选"最差"的学生,违法侵权吗?

该案例主要介绍了班级举行民主投票,选出各方面"最差"的学生。(请扫描本节二维码查阅详细案例)

【问题探讨】 (请扫描本节二维码,欢迎进入教育法学论坛发表你的观点)

1. 该案例中的班主任让选"最差"学生侵犯了学生哪些权利?该教师可能有什么样的法律风险?

2. 教师工作中没有履行政治思想品德教育义务有哪些行为表现?试举例说明。

3. 教师在履行政治思想品德教育义务中面临哪些法律风险?如何防范该项法律风险?

【案例分析】 德育是教育者按照一定的社会阶级的要求,有目的、有计划、系统地对教育者施加思想、政治和道德影响,通过受教育者积极的认识、体验、身体力行,以形成他们的品德和自我修养能力的教育活动。教师有对学生进行思想政治、品德教育的义务。德育就是教师有目的地培养学生品德的活动。上述材料中班主任的德育观和采用的德育方法都违背了德育工作的基本原则,是不合适的德育方法,同时也是违法的行为,严重侵犯了学生的人格尊严权。

3. 关爱学生的义务

《教师法》第 8 条第 4 项规定,教师有"关心、爱护全体学生,尊重学生人格,促进学生在品德、智力、体质等方面全面发展"的义务。教师在教育教学活动中,决不能采取简单粗暴的办法,应树立尊重学生人格尊严的法制观念,不歧视学生,更不允许侮辱学生。不能泄露学生隐私,更不能体罚和变相体罚学生。对于极个别屡教不改、错误性质严重、需要给予纪律处分的学生也只能以理服人,不能压服。因侮辱学生影响恶劣或体罚学生经教育不改的,泄露学生隐私的,造成的后果,应承担相应的法律责任。

随堂小练

2. (单项选择题)下列哪项是教师的义务( )。

A. 进行教育教学活动,开展教育教学改革和实验

B. 关心、爱护学生,尊重学生人格

C. 管理学生

D. 对学校教育教学、管理工作和教育行政部门的工作提出意见和建议

【答案】 B。

【解析】《教师法》第 8 条第 4 项规定,教师应有"关心、爱护全体学生,尊重学生人格,促进学生在品德、智力、体质等方面全面发展"的义务,A、C、D 是教师的权利。

案例链接

【案情简介】 考生突然发笑,引发教师伤害

本案例主要介绍了英语竞赛中考生景某突然发笑,监考老师马某询问原因未果后,对景某大打出手,导致景某受伤严重。(请扫描本节二维码查阅详细案例)

【问题探讨】 (请扫描本节二维码,欢迎进入法学论坛发表你的观点)

该教师可能有什么样的法律风险?

【案例分析】 《教师法》第8条第4项规定,教师应有"关心、爱护全体学生,尊重学生人格,促进学生在品德、智力、体质等方面全面发展"的义务。教师在教育教学活动中,决不能采取简单粗暴的办法,而应耐心地对待学生,并且教师体罚学生造成严重伤害的不仅要承担民事赔偿责任还要承担刑事责任。

4. 保护学生的义务

《教师法》第8条第5项规定,教师应"制止有害于学生的行为或者其他侵犯学生合法权益的行为,批评和抵制有害于学生健康成长的现象"。

其包含两方面含义:① 教师制止的范围是特定的。教师在学校工作和教育教学工作相关的活动中,对侵犯其所负责教育管理的学生合法权益的违法行为给予制止。② 教师批评和抑制的范围是一般意义上的。保护学生的合法权益和身心健康,是全社会的责任。

案例链接

【案情简介】 课堂上老师推撞学生导致神经病

本案例主要介绍了某中学语文老师张运晓将两名在课堂上讲话的学生推往教室外面时导致两名学生脑袋撞在一起,致使其中一名学生出现反应性神经病。(请扫描本节二维码查阅详细案例)

【问题探讨】 (请扫描本节二维码,欢迎进入教育法学论坛发表你的观点)

1. 该案例中的张老师需要承担怎样的法律责任?
2. 教师工作中没有履行保护学生的义务有哪些表现?试举例说明。
3. 教师没有履行保护学生的义务会面临哪些法律风险?如何防范该项法律风险?

【案例分析】 教师体罚或者变相体罚学生,不仅违背了关爱学生的义务,也是违法行为。体罚是我国有关法律明确禁止的行为。《教育法》《教师法》《未成年人保护法》《义务教育法》等多项法律都明令禁止教师体罚或变相体罚学生。不论教师出于什么动机或目的,都不得实施这种手段。对于体罚学生并造成学生伤害的教师,应当依照法律的规定,将给予相应的行政、民事制裁,情节严重的给予刑事处罚。

5. 不断提高自己水平的义务

《教师法》第8条第6项规定,教师应"不断提高思想政治觉悟和教育教学业务水平"。

教育教学工作是一项专业性较强的工作,担负着提高民族素质的使命。随着社会的进步,科技的发展,知识的更新速度不断加快。所以作为一名教师,要想胜任工作,跟上时代的发展步伐,就需要不断学习,加强自身的思想道德修养,提高业务水平。

> **随堂小练**
>
> 3.(单项选择题)明清之际思想家、教育家黄宗羲早就指出:"道之未闻,业之未精,有惑而不能解,则非师也。"陶行知则更明确地说:"要想学生好学,必须先生好学,唯有学而不厌的先生才能教出学而不厌的学生。"这些都说明教师具有( )的义务。
>
>   A. 保护学生权益   B. 提高思想觉悟和教学水平
>   C. 尊重学生人格   D. 教育教学
>
> 【答案】 B。
>
> 【解析】 教育家黄宗羲和陶行知的话说明,教师的首要职责是搞好教学,教好功课,要完成知识教学任务,教师就必须锐意进取,刻苦学习。要使学生学好知识,教师首先必须学好知识。

案例链接

【案情简介】 教师对现今学生问题的烦恼

本案例主要介绍了一位教师对于现今学生稀奇古怪问题的烦恼。(请扫描本节二维码查阅详细案例)

【问题探讨】(请扫描本节二维码,欢迎进入教育法学论坛发表你的观点)

1. 该案例中的老师应如何面对学生稀奇古怪的问题?
2. 教师工作中没有履行进修培训义务有哪些表现?试举例说明。
3. 教师没有履行进修培训义务会面临哪些法律风险?如何防范该项法律风险?

【案例分析】 这位教师的困惑,主要在于他对当今时代社会的新生事物、新鲜词的不理解,换句话说是教育思想观念的现代化跟不上步伐。教育现代化的核心是教师素质的现代化。教师具有不断提高思想政治觉悟和教育教学业务水平的义务。因为教育中的任何活动都要靠教师进行,教育目标的实现及教育效果如何都取决于教师。教师素质的现代化包括:教育思想观念的现代化、职业道德素质的现代化、能力素质的现代化。总之,教师素质的现代化是现代社会对现代人的总体要求在教师职业上的特殊反映。

(二)《义务教育法》中的教师义务与法律风险

《义务教育法》的第四章"教师"对教师义务等做了明确规定。

第28条规定:"教师享有法律规定的权利,履行法律规定的义务,应当为人师表,忠诚于人民的教育事业。全社会应当尊重教师。"

第29条规定:"教师在教育教学中应当平等对待学生,关注学生的个体差异,因材施教,促进学生的充分发展。教师应当尊重学生的人格,不得歧视学生,不得对学生实施体罚、变相体罚或者其他侮辱人格尊严的行为,不得侵犯学生合法权益。"

第30条规定:"教师应当取得国家规定的教师资格。国家建立统一的义务教育教师职务制度。教师职务分为初级职务、中级职务和高级职务。"

案例链接

【案情简介】 教师能让违纪的"熊学生"退学回家吗?

本案例主要介绍了赵老师劝平时纪律松散、无人管教的学生费某退学,费某最终未经家长同意,辍学回家。(请扫描本节二维码查阅详细案例)

【问题探讨】 (请扫描本节二维码,欢迎进入法学论坛发表你的观点)

1. 该案例中的老师侵犯了学生的什么权利?有哪些法律风险?
2. 教师工作中没有履行《义务教育法》第29条规定的有哪些表现?试举例说明。
3. 教师没有履行《义务教育法》第29条规定会面临哪些法律风险?如何防范该项法律风险?

【案例分析】

(1) 停止学生上课的做法是不对的,侵犯了学生受教育的权利;教师要依法执教。

(2)《教育法》第9条规定:"中华人民共和国公民有受教育的权利和义务。公民不分民族、种族、性别、职业、财产状况、宗教信仰等,依法享有平等的受教育机会。"第19条规定:"国家实行九年制义务教育制度。各级人民政府采取各种措施保障适龄儿童、少年就学。适龄儿童、少年的父母或者其他监护人以及有关社会组织和个人有义务使适龄儿童、少年接受并完成规定年限的义务教育。"《义务教育法》第29条规定:"教师在教育教学中应当平等对待学生,关注学生的个体差异,因材施教,促进学生的充分发展。教师应当尊重学生的人格,不得歧视学生,不得对学生实施体罚、变相体罚或者其他侮辱人格尊严的行为,不得侵犯学生合法权益。"

处理违反纪律的学生时,教师行为应符合教育活动的价值要求,与对学生教育相一致,与学生违纪程度相适应,有充分客观的事实依据和法律依据;班主任老师不得随意不让学生上课,不能带有个人偏见和感情用事;后进生的转化需要教师的爱心、耐心和信心;教师要对学生一视同仁,不可偏爱,要讲究教育艺术。

(三)《中小学教师职业道德规范》中的教师义务

教师是人类灵魂的工程师,是青少年学生成长的引路人。教师的思想政治素质和职业道德水平直接关系到中小学德育工作状况和亿万青少年的健康成长,关系到国家的前途命运和民族的未来。加强中小学教师职业道德建设,提高教师的师德素养,对于确保党的事业后继有人和社会主义事业兴旺发达,实现中华民族伟大复兴,具有十分重要的意义。长期以来,广大教师教书育人,敬业奉献,赢得了全社会的尊重,教师队伍中不断涌现出一批又一批可歌可泣的模范人物。

《中小学教师职业道德规范》中的教师义务主要体现在以下几个方面：

1. 爱国守法

热爱祖国，热爱人民，拥护中国共产党领导，拥护社会主义。全面贯彻国家教育方针，自觉遵守教育法律法规，依法履行教师职责权利。不得有违背党和国家方针政策的言行。

2. 爱岗敬业

忠诚于人民教育事业，志存高远，勤恳敬业，甘为人梯，乐于奉献。对工作高度负责，认真备课上课，认真批改作业，认真辅导学生。不得敷衍塞责。

3. 关爱学生

关心爱护全体学生，尊重学生人格，平等公正对待学生。对学生严慈相济，做学生良师益友。保护学生安全，关心学生健康，维护学生权益。不讽刺、挖苦、歧视学生，不体罚或变相体罚学生。

4. 教书育人

遵循教育规律，实施素质教育。循循善诱，诲人不倦，因材施教。培养学生良好品行，激发学生创新精神，促进学生全面发展。不以分数作为评价学生的唯一标准。

随堂小练

4.（单项选择题）教师在履行教育义务的活动中，肩负的最主要、最基本的道德责任是（　　）。

A. 遵纪守法　　　　B. 爱岗敬业　　　　C. 教书育人　　　　D. 为人师表

【答案】C。

【解析】《中华人民共和国教师法》第 3 条明确规定："教师是履行教育教学职责的专业人员，承担教书育人，培养社会主义事业建设者和接班人、提高民族素质的使命。"

---

5. 为人师表

坚守高尚情操，知荣明耻，严于律己，以身作则。衣着得体，语言规范，举止文明。关心集体，团结协作，尊重同事，尊重家长。作风正派，廉洁奉公。自觉抵制有偿家教，不利用职务之便谋取私利。

[法规链接]

扫描本节二维码查阅相关文件：

1. 教育部《严禁中小学校和在职中小学教师有偿补课的规定》教师〔2015〕5 号

该《规定》共 6 条。违反规定的中小学校，视情节轻重，相应给予通报批评、取消评奖资格、撤销荣誉称号等处罚，并追究学校领导责任及相关部门的监管责任。违反规定的在职中小学教师，视情节轻重，分别给予批评教育、诫勉谈话、责令检查、通报批评直至相应的行政处分。

2. 教育部《中小学教师违反职业道德行为处理办法》教师〔2014〕1号

第四条 教师有下列行为之一的,视情节轻重分别给予相应处分:

(一)在教育教学活动中有违背党和国家方针政策言行的;

(二)在教育教学活动中遇突发事件时,不履行保护学生人身安全职责的;

(三)在教育教学活动和学生管理、评价中不公平公正对待学生,产生明显负面影响的;

(四)在招生、考试、考核评价、职务评审、教研科研中弄虚作假、营私舞弊的;

(五)体罚学生的和以侮辱、歧视等方式变相体罚学生,造成学生身心伤害的;

(六)对学生实施性骚扰或者与学生发生不正当关系的;

(七)索要或者违反规定收受家长、学生财物的;

(八)组织或者参与针对学生的经营性活动,或者强制学生订购教辅资料、报刊等谋取利益的;

(九)组织、要求学生参加校内外有偿补课,或者组织、参与校外培训机构对学生有偿补课的;

(十)其他严重违反职业道德的行为应当给予相应处分的。

法学论坛

请扫描本节二维码,进入法学论坛,结合《中小学教师职业道德规范》中为人师表的要求,及上述规定的要求,谈谈你对教师有偿补课和教师收礼的看法,这里的法律风险何在?如何杜绝这种现象?

6. 终身学习

崇尚科学精神,树立终身学习理念,拓宽知识视野,更新知识结构。潜心钻研业务,勇于探索创新,不断提高专业素养和教育教学水平。

[法规链接]

扫描本节二维码阅读《教育部关于印发〈幼儿园教师专业标准(试行)〉〈小学教师专业标准(试行)〉和〈中学教师专业标准(试行)〉的通知》(教师〔2012〕1号)。

法学论坛

请扫描本节二维码,进入法学论坛,结合《中小学教师职业道德规范》中终身学习的要求,及上述教师专业标准的要求,谈谈你的人生学习计划。

> **案例链接**
>
> 【案情简介】 教育家张伯苓的身体力行
>
> 本案例主要介绍了我国著名教育家张伯苓身体力行地对学生进行文明礼貌教育。(请扫描二维码查阅详细案例)
>
> 【问题探讨】 张伯苓在教育学生的过程中体现了怎样的教师义务？有哪些是值得我们学习的？
>
> 【案例分析】 本案例体现了《中小学教师职业道德规范》中提出的教师义务"为人师表。坚守高尚情操，知荣明耻，严于律己，以身作则。衣着得体，语言规范，举止文明。关心集体，团结协作，尊重同事，尊重家长。作风正派，廉洁奉公。自觉抵制有偿家教，不利用职务之便谋取私利。"

四、教师权利与义务的关系

权利和义务是相对而言的，没有无义务的权利，也没有无权利的义务。教师的权利与义务也是相辅相成的，共同构成法律关系的内容。

(1) 教师的权利，往往也就是另一方的义务，反之亦然。

(2) 教师的权利和义务具有相对性，如教师为了提高思想政治觉悟和教育教学业务水平参加进修、培训的行为，对教师来说既是权利，也是义务。

(3) 教师权利和义务的转换性。教师行使权利过度，可能会带来相应的义务。

(4) 教师权利和义务发生的同时性，教师在取得权利的同时，也应承担义务。

另外，教师的权利和义务既有权利义务的一般特点，也有基于教师的特定职业性质产生的特殊之处。教师的权利和义务同履行教育教学职责有密切联系。教师的权利和义务存在于从教师取得教师资格并在学校及其他教育机构任职，到教师被解聘或退休的全过程。教师的权利和义务是教师履行教育教学职责，维护国家和社会公共利益的根本保证。

> **随堂小练**
>
> 5. (单项选择题)下列说法错误的是( )。
>
>   A. 教师的权利和义务是统一的，不可分割的
>
>   B. 在不同场合下，教师的权利和义务是互相交叉的，并可以相互转化
>
>   C. 没有无权利的义务，也没有无义务的权利
>
>   D. 权利和义务是绝对的
>
> 【答案】 D。
>
> 【解析】 权利和义务不是绝对的，在某些方面，权利和义务是不可分割的。
>
> 6. (单项选择题)1993年10月，第八届全国人民代表大会常务委员会第四次会议通过了规范我国师资队伍建设、明确教师权利与义务的法律，该法律是( )。

A.《中华人民共和国教师法》　　　　B.《中国教育改革和发展纲要》
C.《中华人民共和国高等教育法》　　D.《教师任职资格条例》；

【答案】 A。

【解析】 1993年10月31日第八届全国人民代表大会常务委员会第四次会议通过中华人民共和国主席令第15号,自1月1日起施行。

7.(单项选择题)教师应当关心、爱护全体学生,尊重学生人格,促进学生在品德、智力、体质等方面全面发展;应当不断提高思想政治觉悟和教育教学业务水平等。这是教师的(　　)。

A. 权利　　　　B. 义务　　　　C. 自由　　　　D. 策略

【答案】 B。

【解析】《中华人民共和国义务教师法》中第8条规定教师应"关心、爱护全体学生,尊重学生人格,促进学生在品德、智力、体质等方面全面发展"。

8.(单项选择题)下列不是1993年通过的《中华人民共和国教师法》规定的教师的义务(　　)。

A. 按时获得薪水和报酬
B. 遵守宪法、法律和职业道德,为人师表
C. 贯彻国家的教育方针,遵守规章制度,执行学校的教学计划,履行教师聘约,完成教育教学工作任务
D. 不断提高思想政治觉悟和教育教学业务水平

【答案】 A。

【解析】 选项A是教师的权利。

第四节　教师的违法与犯罪

近年见之于报端的教师体罚学生事件屡见不鲜,人们惊讶于教师是人类灵魂的工程师,为什么会如此粗暴、残忍,变成摧残孩子们心灵和身体的恶人。当然有些老师也感到委屈,"是为了学生好,是恨铁不成钢"。除了师德修养不够,重要原因还在于一些教师的法律意识淡薄,法律知识贫乏,不能依法从教。

学习指南

1. 观看本节"微课视频",查阅本节"演示文稿""教学导案"和"法规链接"等。
2. 通过本节"案例链接""视频视点"进行案例学习和研究。
3. 欢迎你踊跃参与本节"法学论坛",围绕主题畅所欲言。
4. 学完本节内容,请点击本节"随堂测试",测一测学习效果。
5. 基于本节的"核心概念",希望你丰富本节"参考文献",加入研究项目,进行研究性学习。
6. 学习的过程,应是师生共同进行课程资源开发的过程,欢迎加入"课程建设"项目,为本课程资源更优更好,贡献你的智慧。

微信扫一扫

知识结构

教师的违法与犯罪
- 违法行为与犯罪行为的含义
- 教师常见的违法行为
  - 教师教学工作中的违法行为
  - 班主任工作中的违法行为
- 教师常见的犯罪行为
  - 非法拘禁罪
  - 过失致人重伤罪
  - 侮辱罪
  - 强奸罪、猥亵儿童罪
  - 侵犯通信自由罪
- 教师违法行为的主要法律责任
- 教师违法行为的预防措施

以案说法

【视频视点】 地震了教师先跑,违法吗?

请扫描本节二维码观看视频,该视频主要介绍了地震发生时,作为教师的范某弃学生不顾第一个跑出教室,被网友取名"范跑跑",这里是在电视台节目中进行的辩护视频。

【问题探讨】 (请扫描本节二维码,欢迎进入法学论坛发表你的观点)

1. 什么叫违法?范跑跑有没有违法?
2. 教师在学科教学和班主任工作中有哪些行为是违法行为?试举例说明。
3. 教师在教育教学中面临哪些法律风险?如何防范法律风险?

【案例分析】 关于"范跑跑"的很多观点是对社会道德底线的公开挑战。如宣称不救母亲,如宣称"你没有冒着极大生命危险救助的义务,如果别人这么做了,是他的自愿选择,无所谓高尚。如果你没有这么做,也是你的自由,你没有错"等。人们对"范跑跑"的批评大多基于"范跑跑"的道德水准可能会贻误他的学生,不能为人师表等师德层面进行剖析,而很少从教育法学视角对这一现象进行反思。

"范跑跑"有没有违法?违反了什么法的规定?教师在学科教学和班主任工作中有哪些行为是违法行为?教师工作中面临哪些法律风险?如何防范法律风险?希望通过本节的学习对你法治意识的提升有所帮助。

知识点解读

一、违法行为与犯罪行为的含义

(一)违法行为的含义

违法行为是指一切违反国家的宪法、法律、法令、行政法规和行政规章的行为,其外延极为广泛。在法理上,违法行为可以分为民事违法行为、行政违法行为和刑事违法行为,此外还有诉讼违法行为。违法行为的共同特征为违反法律规定,因此,法律规定是违法行为产生的法律原因。"违法"一词可以做广义和狭义两种解释。广义的违法,包括刑事违法(犯罪)、民事违法和行政违法等;狭义的违法则指犯罪以外的一般违法。

违法行为的构成要素:

(1)违法是一种危害社会的行为。单纯的思想意识活动不能构成违法。
(2)违法必须具有社会危害性,对社会造成了一定的危害。
(3)违法必须侵犯了法律所保护的社会关系与社会秩序。
(4)违法必须是行为人有过错,行为者有故意或过失的行为。
(5)违法的主体应是法定责任者。即必须是达到法定责任年龄和具有责任能力的自然人或法人。

(二)犯罪行为的含义

犯罪行为是犯罪人所实施的违反刑法规定构成犯罪的行为,是刑法学中犯罪构成的基础和行为人承担刑事责任的根据。而犯罪必须符合我国《刑法》关于犯罪的规定,具备以下特征:

(1)犯罪是危害社会的行为。行为对社会的危害性,是犯罪最本质的特征。
(2)犯罪是触犯刑律的行为。也就是说危害社会的行为必须同时是触犯《刑法》规定的行为,才构成犯罪。
(3)犯罪必须是应受刑罚处罚的行为,只有应受刑罚处罚的危害社会的行为,才被认为是犯罪。

上述特征是确定任何一种犯罪必须具备的缺一不可的条件。《刑法》同时还规定,情节显著轻微、危害不大的,不认为是犯罪。这就说明,行为的情节和对社会危害的程度是区分违法和犯罪的界限。

(三) 违法行为和犯罪行为的区别

可以从以下几个方面来加以区分:

1. 违反法律的情节不同

违反法律的情节主要指行为的主观恶性、行为危害程度等不同。犯罪是一类行为危害性相对较大、行为人主观恶性相对较深的行为,一般违法行为只有达到法定的严重程度才可能构成犯罪。

2. 触犯法律类别、范围不同

法律可以分为民事法律、刑事法律、行政法律等类别。犯罪是违反了刑事法律中的刑法中规定的行为,每一种犯罪行为对应一个具体明确的罪名和不同档次的量刑标准;违法范围要宽泛得多,既包括违反刑事法律也包括违反民事法律、行政法律等。一般违法行为虽然也违反了法律的禁止性规定,但其并没有达到刑法所规定的犯罪的程度,因此不作为犯罪看待。

3. 法律责任不同

犯罪行为一律应受到刑法的处罚,虽然某些犯罪行为因其自身的一些原因和刑法的特别规定,刑法不进行刑罚处罚,但其具有的应受刑法处罚的性质是没有改变的。而一般违法行为由于没有触犯刑法规范,因此刑法不将其作为犯罪来惩处,故也就不具有应受刑法处罚的性质。犯罪是一种处罚极其严酷的行为,从罚金、没收财产到限制人身自由、剥夺生命权;而除犯罪外的一般违法行为处罚较轻,可能只是警告、赔礼道歉等精神上的法律责任,可能是赔偿金钱、返还财产,最重的是罚款和拘留,且有严格的适用限制。

二、教师常见的违法行为

(一) 教师教学工作中的违法行为

1. 教师违反课程标准规定造成伤害

案例链接

【案情简介】 体育课用板凳做跨栏①

某镇中心小学四年级三班学生在学校上体育课时,体育老师在教学中因怕麻烦,没有按教学计划和教学大纲的要求选用教学器材,擅自决定用板凳代替正规体育器材来让学生进行障碍跑,造成某学生当场摔倒在地,受伤较重不能行走。经诊断为膝关节十字韧带断裂,胫骨平台骨折。

【案例分析】《义务教育法》第5条规定:"依法实施义务教育的学校应当按照规定标

---

① 张维平,石连海.教育法学[M].北京:人民教育出版社,2008:222.

准完成教育教学任务,保证教育教学质量。"第29条规定:"教师在教育教学中应当平等对待学生,关注学生的个体差异,因材施教,促进学生的充分发展。"义务教育的教学内容的难度和强度一定要符合儿童、少年的年龄特征,不能超过大多数未成年学生的身心发展所能达到的程度。为此,国家专门制定和颁发了教学计划和课程标准,对各科教学做了明确规定。但在具体教学中,个别教师不按照课程标准等教学规范文件上课,一旦出现教学意外事故,损害学生的身心发展,相关教师难免法律责任。

2. 教师擅离课堂,让学生干部管理,导致伤害

案例链接

【案情简介】 7岁班干部维持纪律造成伤害,学校承担赔偿

上午第四节课,某小学一年级(1)班学生在没有教师在场的情况下做作业。教师在上课前曾到教室给该班学生布置作业,并让各小组组长维持纪律。7岁的陈某在写作业时,多次与同桌说话。陈某所在小组组长郭某(7岁)便拿起课本击打陈某的头部数下,致使陈某当场昏倒在地。事故发生后,学校立即派人把陈某送往医院,经诊断为癫痫病(击打行为系诱发因素)。陈某住院45天,其间花去医疗费、住宿费、交通费等各项费用共计7600元。后因赔偿问题未达成协议,陈某将学校和郭某及监护人诉至法院。

【案例分析】 学校应对教师疏于管理、安排未成年班干部维持课堂纪律的职务行为承担侵权责任。郭某是无民事行为能力人,是按教师的指示维持课堂纪律的,对此造成的后果应由学校承担。受害人陈某虽有违纪行为,但不成为他人实施侵权的理由,陈某本人没有责任。

根据《教师法》第7条规定,教师有管理学生的权利,但这是一种职权,只能依法行使而不能随意转让。教师在上课期间不到课堂维持秩序,应告知学校安排其他教师代管班级,而不能将管理学生的职责交给未成年的班干部。

3. 教师随意停课,扰乱了教学秩序

案例链接

【案情简介】 教师停课打麻将[①]

某小学的教师在上课时间打麻将,并指派学生轮流站岗放哨。这所小学长期以来管理十分松散。据了解,只要工作时间教师凑够人数,就至少有两个班级因教师打麻将而停课,出现了教师在办公室里打麻将、学生没课上的现象。更令人气愤的是,为防止校长突然出现,教师们在打麻将时竟指派学生轮流站岗放哨。

【案例分析】 教师的职责是教书育人。《教师法》第8条规定教师应"贯彻国家的教育方针,遵守规章制度,执行学校的教学计划,履行教师聘约,完成教育教学工作任务"。

---

① 张维平,石连海.教育法学[M].北京:人民教育出版社,2008:223.

《义务教育法》第55条规定:"学校或者教师在义务教育工作中违反教育法、教师法规定的,依教育法、教师法的有关规定处罚。"然而个别中小学教师不忠于职责,没有按照教学计划进行教育教学活动,随便停止上课,扰乱了教学秩序。这些教师随便停课打麻将,不认真教学,扰乱了教学秩序;同时也侵犯了学生的受教育权,误人子弟,给学生的身心发展带来不良影响,应给予惩处。

4. 上课时,学生打架致死,教师不管,承担何责

【案例链接】

【视频视点】 杨不管事件

请扫描本节二维码观看视频,该视频讲述:在6月12日,某中学七年级二班上午的最后一堂课是地理。当课上到大概一半的时候,坐在第三排的陈某和杨某两同学不知为什么突然发生了争执,随后两个人在课堂上打了起来,当时杨老师写完板书说了句:"要是有劲下课到操场上打去。"这时候,打架学生身边的两人把他们拉开,打闹才停止。

被同学拉开后,杨回到座位上后突然头部向后仰起,搭在后排同学的课桌上,同时全身颤抖、口吐白沫。几位同学将杨某抬起来,送到学校附近的第四人民医院某分院,当然杨老师也叫学生去通知了班主任。但是晚了,年仅14岁的杨离开了人世。

【问题探讨】(请扫描本节二维码,进入法学论坛,探讨下列问题)
1. 该案例中杨老师的不管行为有没有违法?违反了什么法?
2. 该案例中的当事人谁承担法律责任?承担什么法律责任?
3. 如果是你,怎样避免承担法律责任?

【案例分析】 "杨不管"事件由教育行政部门调解处理:共补偿杨某家人20.5万,其中打人学生家赔3万,学校赔7.5万,而杨老师赔10万。校长行政记大过,免去校长职务。杨老师行政记大过,调离教学岗位。这里用"补偿"对不对,这里杨老师直接赔10万,法律有这个规定吗?由本案可见,教师教学中的法律风险无处不在,但只要每位教师不触及道德和法律的底线,天马行空,都可大展身手。

5. 教师偷取泄露考题,违法吗①

【案例链接】

【案情简介】 某小学三年级教师梁某,由于会驾驶,经常晚上加班开车,有时白天不能给学生上课。由于梁某不负责任,学生的成绩急剧下降。在期末考试前,梁某为了让学生们考个好成绩,竟偷来了考题,做出答案并让学生抄下来牢记。

【案例分析】 教师应严格遵守学校各项规章制度,执行并完成学校的教学任务。个别教师由于不能按照教学计划进行教育教学活动,扰乱了教学秩序,降低了教学质量。为了弥补教

---

① 张维平,石连海.教育法学[M].北京:人民教育出版社,2008:224.

育过失,取得好的教学成绩,该教师偷取考题并泄露给学生,这是严重的违法违纪行为。

6. 课上讲"读书为了挣大钱娶美女",违法吗

案例链接

【案情简介】 教师在课堂上讲"读书为了挣大钱娶美女",有没有违法

尹某系某中学高级教师,在课堂上公然鼓吹"学习的目的是为了娶美女、挣大钱"。尹某将其近百篇杂文、随笔、散文收编成集,取名《人世老枪》公开出版。《人世老枪》一书中有一些言论:"天下最大的谎话,就是'毫不利己,专门利人'。我的真心话就是'专门利己,毫不害人'"等。

【案例分析】 作为教师,尹某提出的"读书是为了挣大钱娶美女"的观点及行为违反了我国《宪法》和《教师法》中的有关要求和规定。我国《宪法》第24条规定:"国家通过普及理想教育、道德教育、文化教育、纪律和法制教育,通过在城乡不同范围的群众中制定和执行各种守则、公约,加强社会主义精神文明的建设。国家倡导社会主义核心价值观,提倡爱祖国、爱人民、爱劳动、爱科学、爱社会主义的公德,在人民中进行爱国主义、集体主义和国际主义、共产主义的教育,进行辩证唯物主义和历史唯物主义的教育,反对资本主义的、封建主义的和其他的腐朽思想。""读书就是挣大钱娶美女"这种观点没有遵循《宪法》的规定。

此外,我国《教师法》第8条第1项规定教师应当"遵守宪法、法律和职业道德,为人师表";第2项规定教师要"贯彻国家的教育方针";第3项规定教师要"对学生进行宪法所确定的基本原则的教育和爱国主义、民族团结的教育,法制教育以及思想品德、文化、科学技术教育,组织、带领学生开展有益的社会活动"。尹某明显违反了《教师法》中该条规定。此后,教育部专门发布中小学教师违反师德行为处理办法,其中,对违反党和国家方针政策的言行做出了规制。

作为教师应该自觉地对学生进行正确的思想政治教育和合乎《宪法》及《教师法》要求的社会主义核心价值观教育和爱国主义教育。个别教师不能提高自己的思想觉悟,反而在课堂上散布对国家和政府的不满言论,对学生造成了负面的影响。

(二) 班主任工作中的违法行为

1. 班主任曝光学生日记,侵权吗

案例链接

【案情简介】 小帅哥早恋日记被老师曝光

1米79的小余是个小帅哥,同班女生王某用餐巾纸为他擦汗。班主任汪老师看见,她认为两个学生"恋"上了,她递给王某一张写满字的纸——这是汪老师私下从小余放在课桌内的笔记本上撕下的两页日记,上面记录了小余对另一名女生的好感。劝诫:"小余对你不是真心的,他很花,脚踏两只船。"第二天,汪老师不准小余进教室上课。小余的家

长多次到学校,恳求让孩子上课,都被汪老师拒绝。家长和学生以名誉侵权告到法院。

汪老师觉得挺冤——自己是履行班主任之责。

庭审中,汪老师在法庭上表达了自己的主要观点:她履行班主任之责,检查学生笔记,从而知晓该生早恋违反校规的行为,不具有侵犯他人隐私的过错。

汪老师说,小余日记不具有隐私权的保密性;隐私内容是早恋,严重违反了《中学生守则》,这种隐私内容受公共利益的限制,是不诚实的表现,且看小余笔记是班主任知情权的一部分……

汪老师还认为,自己和小余间形成纠纷的主要原因在学生家长,因为家长不配合学校教育、纠正小余吸烟、上课不专心及早恋等不良习性。因此,汪老师认为她以校方身份对小余进行全面教育,对其违反校规进行批评、停课、写检查等方式,是正当教育范畴,是善意的,不具有贬损小余名誉权的性质。

【案例分析】 小余的代理人、律师认为,汪老师对隐私权的辩解是自创法律。

他们认为,小余作为一名未成年人,在其年龄段对异性产生爱慕的感情或一种向往是非常正常的健康心理,作为一名教师,对这种现象应该是正确引导并理解这一行为,而不是以肆意侮辱、歧视性语言四处宣扬,并告诫其他学生孤立小余。另外,汪老师以知情权对自己偷看学生日记的行为进行辩解,把纠纷责任推到学生家长身上,是曲解法律,没有任何法律依据。

法院经审理认为:

(1)汪老师未经学生小余同意,撕看小余的日记并向他人传阅,还在学生中讲有损小余名誉的话,其行为已损害了小余的名誉和隐私权。

(2)汪老师以小余早恋要求其写检讨等为由,不准小余上课学习的行为,侵害了小余的受教育权。

虽然汪老师教育帮助学生的出发点是好的,但由于采取方式不当,致使小余精神受到损害,导致其离家出走的严重后果,使其身心艰苦和学习受到严重影响。

重庆市一中院终审判决:班主任汪老师行为已侵害了学生的名誉权,被判向学生公开赔礼道歉,并赔偿精神损失费 2 000 元。

【案例启示】 教师要坚守法律的底线,学会保护自己!班级管理应由"人治"走向"法治"。

---

2. 班主任对在校生未尽管理责任[①]

案例链接

【案情简介】 学生上课被外人接走,班主任何责

4月28日上午,张某送儿子上学。中午放学时,张某提前来到校门口接孩子。可是等到学生们都被家长接走了,也不见自己的孩子。她急忙到办公室问教师,教师说孩子已

[①] 张维平,石连海.教育法学[M].北京:人民教育出版社,2008:226.

被别人接走了。据教师说,上午有一个自称张某亲戚的人打电话来,说张某儿子的姑姑过生日,想提前一会儿把他接走,于是教师就让张某的儿子收好书包离开了教室。张某立刻与其亲戚联系,对方说没接过。张某随即报案。后经侦破,其子被一个与其父亲有纠纷的人绑架并被杀害。该教师没有征得学生家长同意,并且在没有见到要带走学生的人的情况下,就将学生放走,显然没有履行管理的职责,应承担一定的责任。

【案例分析】 未成年的中小学生在校求学期间,学校和教师具有对未成年学生承担教育与管理的责任。一般来说,学校的管理职责包括:保护学生的身体健康,对学生进行管理和教育。为了保护学生的身体健康,学校不得将未成年学生置于有害于学生身体健康的环境之中。这其中包括在没有取得家长同意的情况下,不得将未成年学生交给不认识的人带走,不得带领未成年学生救火,不得未经过家长同意带领未成年学生出去旅游等。

3. 班主任体罚学生致使其得精神病

案例链接

【案情简介】 班主任体罚迟到学生致使其得精神病

某初中学生潘某上课迟到被其班主任周某罚站两天半,板凳也被周老师拿走,强迫她下课也站着,并在下午实行罚跑。此后潘某因迟到、回答不出问题等原因多次被周老师罚站、罚跑。这期间,周老师把潘某安排在第一排单独一个人坐,孤立、侮辱潘某,伤害潘某的身心健康,其成绩急剧下降,身心受到严重的伤害,患上了"儿童精神分裂症",学习被迫中断。

【案例分析】

(1) 尊师重教是中华民族的传统美德,许多家长"望子成龙,望女成凤",将孩子送入学校,希望他们能多学知识,将来在事业上有所作为。作为家长他们都希望学校、老师加强对学生的学习管理,甚至认同老师的某些体罚或变相体罚学生的行为,认为只要有利于学生努力学习,只要有助于学习成绩的提高,老师采取何种手段都是可以的,家长的这种赞同观念,"鼓励"了许多体罚和变相体罚学生的行为。其实,家长的这种观念是错误的,学生到学校,不仅仅要学习各种科学文化知识,而且要学会如何做人,对学生来说,他们不仅需要掌握文化知识,更重要的还要保持身心的健康成长。试想,长期受体罚或变相体罚而长大的孩子,怎会感觉到学校大家庭的温暖,他们怎么会善意地对待老师和同学?

(2) 教师肩负重任。教师加强对学生的教育无疑是正确的,但是老师教育学生一定要讲究方式,不能以体罚或变相体罚学生的行为对待这些未成年的孩子。体罚学生和变相体罚学生是一种违法行为。我国《未成年人保护法》明确规定,学校、幼儿园、托儿所的教职员工应当尊重未成年人的人格尊严,不得对未成年人实施体罚、变相体罚或者其他侮辱人格的行为,对实施此种行为,情节严重的,其所在单位或者上级主管机关应给予行政处分。如果学校、幼儿园的教职员对学生实施体罚、变相体罚,给学生的身体造成伤害的,则可能构成故意伤害罪或过失致人重伤罪、过失致人死亡罪,行为人要承担相应的刑事责任。所谓故意伤害罪,是指故意非法损害他人身体健康的行为。该罪表现为行为人明知自己的行为会对他人的身体造成伤害,并希望或放任这种结果发生的行为。过失致人重伤罪,是指因过失造成他人身体健康受到严重伤害的行为,该罪表现为行为人应当预见到自己的行为会造成他人伤害的结果,由于疏忽而未预见到,或者虽然预见到却轻信能够避免,结果使他人重伤的犯罪形态。

4. 班主任泄露学生隐私损害赔偿

案例链接

【案情简介】 学生诉班主任擅拆信件致伤赔偿

原告杨某向天津市河北区人民法院提起诉讼称:我因故未上第二节课,班主任王老师来教室,随意翻弄我的书包,从钱夹里翻出校外女生给我的信件,并将信件和书包拿到办公室。我得知后,前去索要,王老师令我将信件说清楚,否则不给我书包。为防信件内容扩散,我拿起信和书包欲走,王老师不让走。学校团队书记陈某赶来,揪住我抢夺信件。我急忙将信塞入口中。陈某即拳击我面部,并抠我嘴,因未能抢到信,便将我挟持到三楼阅览室内,反锁屋门。为摆脱教师对我的殴打,我跃上窗台,想从窗户逃脱。此时,听到一教师惊叫,我慌忙中从三楼窗户坠落楼外,造成多处骨折、肺出血等严重后果。除被告已垫付部分医疗费用外,仍有父母因陪伴误工减少收入及营养费等计1300余元的损失。要求被告负担我治伤支出的一切费用,补偿我丧失部分劳动能力带来的经济损失,并负责解决我今后的生活出路问题。

天津市中级人民法院认为:私人的信件,任何组织和个人不得开拆。王某擅自拆杨某信件,违反有关法律规定和社会对未成年人的保护。依据《中华人民共和国民法通则》第119条、第121条及第131条之规定,判决如下:(1)维持一审法院判决第三条;(2)变更一审法院判决第一条为:杨某因伤花用医药费、住院费、营养费2天陪伴费等共计3 867.99元,天津市某中学负担2 707.59元,杨某负担1 160.40元;(3)加判:天津市某中学一次性付给杨某伤残补助费3 000元,减除已给付的2 698.89元,余款在判决生效后1个月内付清。

【案例分析】 本案引发的讨论不局限于涉案双方就是否赔偿和赔偿数额等问题进行的争论,还将人们的视点聚集在一个比较普遍而敏感的问题上:教师对学生隐私权的侵犯。《未成年人保护法》规定,任何组织和个人不得披露未成年人的个人隐私;对未成年人的信件、日记、电子邮件,任何组织或者个人不得隐匿、毁弃;除因追查犯罪的需要,由公安机关或者人民检察院依法进行检查,或者对无行为能力的未成年人的信件、日记、电子邮件由其父母或者其他监护人代为开拆、查阅外,任何组织或者个人不得开拆、查阅。

法学论坛

视频视点:教师补课违法吗?如何杜绝教师补课?

该视频讲述了一位学生给上课不讲、课后补课教师的一封信。

当前,学校教师违法现象时有发生,这对我国教育事业的发展十分不利。教师的违法行为,不仅伤害了学生,也伤害了家庭和社会,更损害了教师形象,同时践踏了国家法律的尊严,其社会影响是恶劣的,也是教师职业道德规范所不容许的。究竟是什么原因造成教师的违法行为呢?请扫描本节二维码,进入法学论坛讨论。

三、教师常见的犯罪行为

(一)非法拘禁罪

非法拘禁,是指故意以拘留、捆绑、禁闭或者其他强制手段,非法剥夺人身自由的行为。

案例链接

【案情简介】 女教师留学生做作业被判有期徒刑10年

23日12时许,某小学女教师张某以本班学生张某某未完成作业为由,放学后,将其反锁在教室内补做作业,并将门锁钥匙交给本班值日学生后离去。13时许,该校学生发现年仅7岁的张某某被书包带系在教室南侧中间的钢筋护窗上,缢颈死亡。张某某被送医院抢救无效死亡。当晚6时许,县公安局对被害人尸体进行了检验,鉴定结论为:张某某系缢颈窒息死亡。当地人民法院以非法拘禁罪一审判处女教师张某有期徒刑10年。

【案例分析】《刑法》规定:"非法拘禁他人或者以其他方法非法剥夺他人人身自由的,处3年以下有期徒刑、拘役、管制或者剥夺政治权利。具有殴打、侮辱情节的,从重处罚。""致人重伤的,处3年以上10年以下有期徒刑;致人死亡的,处10年以上有期徒刑。"

教师要警惕的教育行为,如怀疑学生偷了财物,强行使学生不能上课或回家,长时间拘留在学校或者禁闭在其他场所,采取逼供的形式使学生承认偷了东西;教师长时间留学生在校补习功课或者不准出校门,这些行为会产生严重后果。该案以非法拘禁学生构成非法拘禁罪,应引起教师们警惕!

有些情况可以留置学生,但务必在留置学生时注意:

(1)留置的原因要合理。不能简单地只将留置作为一种惩戒方式使用。

(2)要照顾到学生的正常生理需求。如不要影响学生的正常就餐时间,应当保障学生的正常睡眠,不能限制学生在留置期间上厕所等。

(3)时间应当适宜。例如,一名学生因没有完成作业而被留置,而他的作业要四五个小时才能补完,这时如果教师强令其在放学后完成作业才能回家就不恰当了。

(4)教师应当负责监管被留置的学生。如果教师只是简单将学生留置学校,而自己却回家了,也没有其他教师负责对该生的监管,一旦学生发生一些意外,教师就极有可能要承担责任。

(5)教师应将留置学生的情况及时通知家长。以便家长了解自己孩子的去向,安排学生的接送。

（二）过失致人重伤罪①

过失致人重伤罪是指过失伤害他人身体,致人重伤的行为。根据《刑法》第235条的规定,犯过失致人重伤罪,处三年以下有期徒刑或者拘役。过失致人重伤,包括疏忽大意的过失致人重伤和过于自信的过失致人重伤。前者是指行为人应当预见自己的行为可能造成他人重伤的结果,由于疏忽大意而没有预见,以致造成他人重伤。后者是指行为人已经预见到其行为可能会造成他人重伤的结果,但由于轻信能避免以致造成他人重伤。

案例链接

【案情简介】 教师失手造成学生失明,被判有期徒刑一年

某小学教师李某在课堂上给学生授课时,因学生张某精力不够集中,李某为了提醒,随手拿起一根小竹棍向张某掷去,竹棍一端刚好刺中张某左眼球,造成左眼失明,经鉴定构成重伤,为七级伤残。张某向法院提起刑事自诉,请求追究教师李某的刑事责任。法院以过失致人重伤罪判决被告人李某有期徒刑一年,缓刑两年。

【案例分析】 本案例中,教师李某在课堂上过失造成张某重伤,其行为已构成过失致人重伤罪。教师对学生在课堂上做小动作的行为,应当采取适当方式予以制止,切勿把教鞭、粉笔、黑板擦等物品作为惩罚学生的武器。当前类似事故在各地时有发生,学校要予以高度重视,采取措施规范教师在教学过程中的行为,避免类似事故的再次发生。

（三）侮辱罪②

侮辱罪是指以暴力或者其他方法公然侮辱他人,情节严重的行为。根据《刑法》第246条规定,犯侮辱罪,处三年以下有期徒刑、拘役、管制或者剥夺政治权利。所谓侮辱,是指以暴力或者其他方法公然诋毁他人人格,破坏他人名誉的行为。所谓暴力,是指以强制方法来损害他人的人格和名誉,如教师当众指使学生脱女学生的裤子、强迫学生吞大便、在学生脸上刺"贼"字等。所谓"其他方法"是指以语言、文字等暴力以外的方法侮辱他人,如当众嘲笑、辱骂、贴传单或者漫画来侮辱他人。所谓公然侮辱他人是指当众或者利用能够使多人听到或者看到的方式对他人进行侮辱。侮辱他人的行为必须是公然进行,如果不是公然则不构成本罪。

案例链接

【案情简介】 班主任骂学生坐台资格都没有,被判一年徒刑

丁某(15岁)是某实验中学初三学生。因起床迟了点,某日上午第一节课已经耽误了。班主任王某将她叫到办公室,严厉地批评了她,还用木板打了她。随后,王某责骂丁某"你不看看你自己,又矮、又丑、又肥,你只能当一辈子老处女,你连坐台的资格都没

---

① 马英志.教师法律知识巧读[M].长春:东北师范大学出版社,2012:183.
② 马英志.教师法律知识巧读[M].长春:东北师范大学出版社,2012:184.

有……"当时办公室里还有一位教师和同学。回到教室里,丁某一直都坐在座位上,很痛苦。快到吃中午饭时,丁某带着一支笔和一个本子,怀着绝望的心情,从五楼自己的教室上到了八楼,越过栏杆从八楼纵身而下。经抢救无效,丁某死亡。后丁某的父母以侮辱罪将王某告上法庭。因王某是在对学生进行教育时实施的侮辱犯罪行为,其主观恶性不深,且丁某跳楼自杀确系多因一果,因此法院一审判处王某有期徒刑一年,缓刑一年。

【案例分析】 案例中王某作为一位从教多年的教师,应当知道体罚学生和对学生使用侮辱性语言会使学生的人格尊严和名誉受到损害,但仍实施该行为,足见其主观故意。客观方面,王某当着第三人的面实施侮辱行为,具有法律规定的"公然性",且所引发的后果严重属"情节严重",因此王某的行为符合侮辱罪的主客观要件。纵观全案,丁某之所以跳楼自杀,除了来自家庭和社会的各种压力外,班主任王某当着其他教师和同学嘲笑她的言行是引发丁某自杀的直接诱因。王某的行为不仅贬损了丁某的人格尊严和名誉,而且产生了严重的后果,造成了恶劣的影响,其行为已构成侮辱罪。

(四) 强奸罪、猥亵儿童罪[①]

近几年来,少数教师对学生实施性犯罪的现象呈上升态势,情节日趋恶劣,社会危害性大,被侵害对象绝大部分是 14 周岁以下的中小学生,其中最主要的性犯罪案件是强奸罪和猥亵儿童罪。

根据《刑法》第 236 条和有关司法解释,强奸罪是指违背妇女意志,以暴力、胁迫或者其他手段强行与妇女发生性关系的行为。行为人明知是不满 14 周岁的幼女而与其发生性关系的,不论采用什么手段,不论幼女是否同意,均依强奸罪定罪处罚。强奸不满 14 周岁的幼女,从重处罚。

根据《刑法》第 236 条规定,猥亵儿童罪是指猥亵不满 14 周岁儿童的行为。"猥亵"主要是指以抠摸、指奸、鸡奸等淫秽下流的手段猥亵儿童的行为。构成本罪并不要求以暴力、胁迫或者其他方法强制进行,只要对儿童实施猥亵行为就构成本罪。实施中,应注意区分猥亵与一般的对儿童"亲昵"的行为。

案例链接

【案情简介】 教师强奸和猥亵学生被判处死刑

刘某是某小学教师。刘某在自己任教的一年级教室或办公室内,利用白天上课时间,以检查作业和辅导学生为名,对李某等 7 名幼女多次实施强奸和猥亵。因刘某在几年前嫖娼时染上性病未愈,导致被害人中 6 名均患上淋球菌性尿道炎。案发后刘某被法院以强奸罪和猥亵儿童罪判处死刑,剥夺政治权利终身。

【案例分析】 案例中,刘某的行为不但给幼女的身体造成了严重的损伤,还给被害人造成了极大的心理恐惧,败坏了教师队伍的形象,造成了极其恶劣的社会影响。同时,刘某为满足自己的欲望,在明知自己有性病的情况下仍对幼女实施奸淫和猥亵,且公然在课堂上

[①] 马英志.教师法律知识巧读[M].长春:东北师范大学出版社,2012:185.

作案,情节特别恶劣,其犯罪行为已构成强奸罪和猥亵儿童罪,被判处死刑,罪有应得。

(五) 侵犯通信自由罪①

未成年学生的隐私和通信自由受法律保护。《未成年人保护法》规定,任何组织或者个人不得披露未成年人的个人隐私。对未成年人的信件、日记、电子邮件,任何组织或者个人不得隐匿、毁弃;除因追查犯罪的需要,由公安机关或者人民检察院依法进行检查,或者对无行为能力的未成年人的信件、日记、电子邮件由其父母或者其他监护人代为开拆、查阅外,任何组织或者个人不得开拆、查阅。侵犯未成年人隐私,构成违反治安管理行为的,由公安机关依法给予行政处罚。《刑法》第252条规定,隐匿、毁弃或者非法开拆他人信件,侵犯公民通信自由权利,情节严重的,构成侵犯公民通信自由罪,处一年以下有期徒刑或者拘役。

案例链接

【案情简介】 某日,某中学初三某班班主任胡某代收到一封给学生霍某的信,胡某曾听人说霍某在和邻校高一某男生早恋,遂找霍某谈过话,但霍某矢口否认。胡某见这封信的寄信人地址正是邻校高一某班,为了抓住霍某早恋的证据,就私自将信拆开,内容是一封情书。胡某怒气冲冲地来到教室,当面质问霍某为什么违反学校规定,读书期间早恋。霍某当时否认,见霍某不承认,胡某就拿出那封寄给她的信,当着学生的面大声宣读,并阴阳怪气地将一些句子高声朗读,霍某即刻捂着脸跑出教室。第二天,人们在附近水库里发现了这位女生的尸体。

【案情分析】 案例中,胡某未经学生本人同意,非法拆阅学生信件并在全班公开宣读,侵犯了学生的通信自由权,造成了严重后果,其行为已构成侵犯通信自由罪。

法学论坛

视频视点:教师节收礼。该视频介绍了香港地区、澳大利亚及有关学校,如何对待教师收礼问题的。

请你阅读下面这封一名小学四年级学生曾经写给电视台的匿名信"呼唤人间真爱",透过那一行行酸楚的文字,我们不难感受出这位小朋友是带着受伤的心灵在向世人倾诉他心中的烦恼和秘密,我们也不得不反思教师在师德方面出现的问题。

"在一些节日的晚上,望子成龙的父母常常提着大包小包的礼物像幽灵一样鬼鬼岁岁(祟祟)地给教师行会(贿)。因而成绩'充其量是中下的他,备受教师的关心,要是他,与谁吵嘴打架,教师往往会偏袒他,以致同学们都不与他玩,使他(周围)只剩下几个与他(有着)一样命运的朋友,内心蒙上一层惭愧的阴影,他不想让教师这神圣的称呼沾(染)上污点,也不渴望成为虚假的三好学生,更不想当神气的体育委员,他,只想得到属于自己的师

---

① 马英志.教师法律知识巧读[M].长春:东北师范大学出版社,2012:186.

生情、同学爱……我希望你们帮我也帮许许多多和我一样困惑的中小学生把这个日益严重的问题向有关部门反映……让那些在梦中的家长醒来，让还沉迷在金钱物质中的教师看到这世上还有比钱更重要的东西。"

"给教师送礼"这股浊流，搅浑了一向清澈、纯净的校园：望子成龙——家长主动送。为了子女出人头地，家长都希望得到教师的特别关照，或为了分个好位子，或分个好宿舍，或能"开小灶"，一些家长就把社会上惯用的"礼尚往来"的法则运用到校园中来，一些教师就心安理得地对送上门来的礼逐一笑纳。旁敲侧击——教师逼着送。一些教师已感觉到了"空负"人类灵魂工程师盛名的孤独与失藩，他们改变了知识分子的"清高"，头脑变得灵活了，有意无意地进行旁敲侧击，点拨学生和家长"迷津"。例如，挪位子，"以礼定位"；对一些常年没有表示的家长或者有钱人家的孩子时常找一些"茬子"，让学生回家告诉家长要"配合"教育，"启发"家长送礼等。过节过生日——学生比着送。

（1）"送礼"这股教育浊流给教育造成的危害是不言而喻的，你认为作为一位教师，应如何面对学生及家长的尊师之"礼"？请扫描本节二维码，欢迎进入法学论坛，谈谈你的观点。

（2）上面这封"呼唤人间真爱"的匿名信，反映了当前不少地方的部分教师不能抵御拜金主义思想的侵蚀，接受学生家长的贵重礼品或宴请的从教不廉的现象。这违背了廉洁从教的职业道德要求，严重影响了青少年学生的健康成长，是必须加以反对和制止的。教师收礼是否是受贿？教师如何杜绝给教师送礼之风？请扫描本节二维码，欢迎进入法学论坛，谈谈你的观点。

四、教师违法行为的主要法律责任

一般来说，教师在教育教学过程中违反教育法律法规的行为主要有三种情况：

（一）故意不完成教育教学任务给教育教学工作造成损失的行为

这里的教育教学任务，是指依照聘任合同的约定或岗位职责所明确的教师应当完成的教育教学工作。构成此项违法责任必须具备两个条件：

第一，主观上是"故意的"，即明知会对教育教学工作造成损失，但却放任这种行为的发生。不是出于故意，而是疏忽或水平有限给教育教学工作造成损失的，不构成违法。

第二，客观上要有"给教育教学工作造成损失"的后果。虽是主观上故意，但经采取补救措施未造成损失的，不构成违法。

（二）体罚学生，经教育不改的违法行为

体罚学生是指教师以暴力的方法或以暴力相威胁，或以其他强制性手段，侵害学生的身体和精神健康的侵权行为。

（三）品行不良、侮辱学生，影响恶劣的违法行为

这主要指教师的人品或行为严重有悖于社会公德和教师职业道德，严重有损为人师

表的形象和身份,在社会上和学生中产生恶劣影响的行为。

按现行教师管理权限,由所在学校、其他教育机构或教育行政部门给予行政处分或者解聘。解聘包括解除岗位职务聘任合同,由学校或其他教育机构另聘做其他工作;也包括解除教师聘任合同,被解聘者另谋职业。

教师有上述违法行为中的后两种行为,情节严重,构成犯罪的,由人民法院追究刑事责任。

对学校、其他教育机构和学生造成损害或损失的,应当依照我国《民法通则》的有关规定赔偿损失、消除影响、恢复名誉等。这既可由学校或教育行政部门处理,也可由人民法院强制执行。

随堂小练

1.(单项选择题)《教师法》规定教师有下列情形之一的,由所在学校、其他教育机构或者教育行政部门给予行政处分或者解聘。下列说法哪一项不是"情形之一"的是(　　)。

A. 体罚学生,经教育不改的
B. 不关心集体的
C. 故意不完成教育教学任务,给教育教学工作造成损失的
D. 品行不良、侮辱学生,影响恶劣的

【答案】 B。
【解析】《教师法》明确规定三种行政处分或解聘情形:故意不完成教育教学任务给教育教学工作造成损失的行为;体罚学生,经教育不改的违法行为;品行不良、侮辱学生,影响恶劣的违法行为。

五、教师违法行为的预防措施

(一)建立完善的教育法规体系

我国诸多法律法规都对保护未成年人做了明确规定,这为中小学生的身心发展提供了法律上的保障,但我们也要看到大部分地方教育立法还比较薄弱。中央、各省的法律法规只提出了一些大的框架、一些总的原则,各级地方应从实际出发,尽快将大框架、总原则地方化、具体化,使之在教育改革和发展的实践中发挥作用。

(二)建立严格公正的教育执法制度

建立教育事故仲裁委员会,严格教育执法制度。教育执法制度要求各级人民政府及其有关部门应当严格依法行政,正确地规范和引导教育的改革与发展,不得滥用权力。同时建立完备的有关教育行政处罚制度、行政复议制度、教育申诉制度等一系列教育法律救济制度,对违法侵害公民教育合法权益的责任人,国家行政机关或司法机关应当予以追究,真正做到有法必依、执法必严、违法必究。

(三)建立全面的教育法律监督机制

监督是法律得以实施的一项重要保证。教师侵权行为之所以没有做到违法必究,很大程度上是由于缺少有效的法律监督约束。监督机制和高素质的执行队伍是依法治教的根本保证。我们在建立严格公正的教育执法制度的同时,还应建立和完善法律法规执法监督机制,教育执法人员同样应当依法接受国家权力机关的监督和人民群众的监督。

(四)增强法治观念,宣传、普及教育法规

教育法律的实施,不仅要有执法队伍来执行,更重要的是靠全体公民自觉去遵守,这就要提高全体公民的教育法律意识。加强教育法律的宣传,让广大教师和学生认识教育法律的预防和保护作用。

通过广播站、宣传栏等进行宣传,召开各种座谈会、讨论会,促进师生员工的学习与交流,使教师树立依法治教的观念。

(五)加强学校的规范管理

各级教委和学校应严格执行党的教育方针,彻底扭转教育过程中重智育轻德育、片面追求升学率等偏离党的教育方针的局面。注重提高教师的业务素质和职业道德修养,树立正确的学生观。学校可将依法治教的目标和工作内容分解细化,形成责任共同体,使责任共同体依法完成各自的职责,从而使学校工作规范化。同时各级教委和学校应结合实际制定出切实可行的考核评比的规章制度。

(六)加强学生对自己法定权利的认识,培养学生的自我保护意识

中小学教师的侵权对象多数是未成年学生,有相当多的学生还不具有完全行为和能力责任,因此,要加强学生对自己法定权利的认识。例如,在小学开设教育法规图片展、开设各种讲座;在中学开设法律课程,重点教授学生权利的知识等,让每个学生都能运用法律武器捍卫自己的合法权利。

(七)加大安全教育力度

大力推行社会安全教育,加强学校内师生的安全观念。首先,要健全规章制度,切实落实安全工作责任制,依靠群众和社会各方面,建立严密的安全防范体系;其次,要加强学生的安全观念,使学生学会自我防范,防止因为教师的违法行为造成学生的身心伤害。

(八)增强教师的法律意识,减少侵权行为的发生,坚守依法从教

增强教师的法律意识,是减少侵权行为发生、促进学生健康发展的主要途径。首先要加强教师对学生权利的认识,让每位教师都深刻体会学生的法定权利以及侵害学生权利应负的责任,从而减少侵权行为的发生;其次要加强教师对相关案例的学习;最后,教师要依法从教。

(1)依法从教,就是要求教师要依据法律法规履行教书育人的职责。其含义有两点:

一是教师的教育教学行为要在法律法规所允许的范围内进行;二是教师要善于利用法律手段来维护自身的合法权益。依法从教是我国教育法治建设逐步完善的需要;是公民法律意识不断增强的要求;是教师以德执教的必然要求;是教师依法维权的迫切需要。

(2)依法从教要求教师的主体资格要合法。教师主体资格的合法性是衡量教师是否依法执教的首要标准。

(3)依法从教要求教师的教育教学活动符合法律规定的培养目标。教育是一种有目的的活动。现代社会,多数国家对教育的法律控制首先表现在对教育要培养的人才目标进行不同层次的立法规定,一般包括:国家总的教育目标、不同类型学生的教育目标、课程的教育目标、教学课时的教学目标。这些不同层次的法定教育目标是教师教育教学行为必须严格遵循的法律准则。

(4)依法从教要求教师教育教学活动的内容符合法律规定的要求。教育是富有创造性的活动。为了实现法律所规定的教育目标,各国的教育法律往往允许教师在开展具体的教育教学活动时可以比较自由地选择教育教学的内容。但由于教育内容与教育目标之间存在不可分割的联系,所以,国家也往往对教育教学内容做某些法律的界定。这些界定包括对课程开设的法律界定,还有对课程计划和课程标准或者教学大纲和教材使用的法律界定。教师对教育教学内容的选择必须在法律界定的范围内进行,虽说教无定法,但许多国家一般也对教育教学的形式做出一些法律上的规定,如规定班级的规模;每周或每天的教学课时;每节课的时间等。所以,无论教师采用什么样的形式施教,上述这类法律规定都不得违反。

(5)依法从教要求教师依法行使教育教学改革权、对学生指导评价权学业成绩评定权等。教育必须随社会的发展变化而不断更新,因此,教师要确保教育教学活动的效果,需要时常进行教育教学改革。我国《教师法》第7条规定,教师有"开展教育教学改革和实验"的权利。但教师行使这项改革权要受到有关法律的约束,不是想怎么改就可以怎么改的。如对学生学业成绩评定权,教师在行使此项权利时必须合乎公正原则,并受必要的监督和约束。

(6)依法从教要求教师维护教育教学秩序。教师的教育教学活动要达到良好的效果必须是在一定的秩序中进行。因此,教师在实施教育教学这项本体性工作的同时,还有一项不可推卸的辅助性职责就是维护教育教学秩序。当教师教育教学的现场有扰乱教育教学秩序的行为出现,如校外人员进入教室干扰学生上课学习,或课堂上部分学生吵闹影响其他学生上课学习等,这时,教师应当采取必要的措施予以制止,保证教育教学活动得以正常进行。

法学论坛

请扫描本节二维码,欢迎进入法学论坛发表你的观点:
(1)什么叫犯罪?教师哪些行为会构成犯罪?试举例说明。
(2)请补充本节教师违法行为案例。
(3)教师的违法行为面将会面临哪些法律风险?如何防范这些法律风险?

随堂小练

2.（单项选择题）下列哪一个选项不属于教师依法执教的要求（   ）。

A. 教师的主体资格合法

B. 教师教育教学活动的内容符合法律规定的要求

C. 依法行使教育教学改革权、对学生学业成绩评定权等

D. 教师自主制定培养目标

【答案】 D。

【解析】 依法从教要求教师的教育教学活动符合法律规定的培养目标。

3.（单项选择题）根据《中华人民共和国教师法》，教师最基本的权利是（   ）。

A. 学术自由权   B. 民主管理权   C. 管理学生权   D. 教育教学权

【答案】 D。

【解析】 教育教学权是教师的核心权利。

4.（单项选择题）下列选项不属于教师权利的有（   ）。

A. 进行教育教学活动，开展教育教学改革和实验

B. 从事科研、参加学术团体

C. 遵守宪法、法律和职业道德，为人师表

D. 按时获取工资报酬，享受国家规定的福利及寒暑假的带薪休假

【答案】 C。

【解析】 遵守宪法、法律和职业道德，为人师表是教师应尽的义务。

5.（单项选择题）我国首次以法律形式明确规定"国家实行教师资格制度"的文件是（   ）。

A.《教师资格认定的过渡办法》

B.《教师资格条例》

C.《中华人民共和国教师法》

D.《〈教师资格条例〉实施办法》

【答案】 C。

【解析】 1993年《中华人民共和国教师法》明确规定"国家实行教师资格制度"。

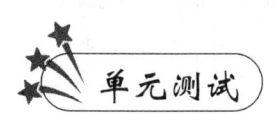

单元测试

单元测试：请扫描目录页二维码，参与本章单元测试，巩固知识点学习。

MOOC 链接：欢迎到"中国大学 MOOC 中心"《教师职业道德与教育政策法规》参阅本章不断更新的内容。中国大学 MOOC 中心网址：http://www.icourses.cn/home/

第三章
学生教育中的法规边界

从教育学的意义上讲，学生是以学习为主要任务的人。从法学的角度来看，学生是在依法成立的学校及其他教育机构中取得学籍，并在其中接受教育的公民。学生是教育法律关系的主体，学生的受教育活动是学校教育教学的中心，没有学生，学校、教育机构、教师及相关的行政机关，就失去了其存在的价值。学生的法律地位要在具体的社会关系中来加以界定。学生所处的社会关系概括起来可以分一般社会关系和教育法律关系两种。在这两种社会关系中，学生的法律地位是不同的，所取得的主体资格也是相异的，即分别为在一般社会关系中的公民地位和教育法律关系中的主体地位。学生作为一般社会关系中的公民，具有《宪法》和法律所赋予公民的各项基本权利。同时也享有教育法律所赋予教育法律关系主体的各项权利。另外，学生作为特殊年龄阶段的社会群体，越来越成为国际社会共同关注、干预和援助的对象。我国政府于1990年8月29日正式签署《儿童权利公约》，同时我国《未成年保护法》《预防未成年人犯罪法》等一系列法律法规都对未成年人在国家保护、社会保护、家庭保护以及学校保护方面做出了具体的规定。作为教师必须了解学生教育中的法规边界，明确学生的法律地位，掌握学生的权利与义务，贯彻学生保护的法规要求，这是保障教育的基础，也是教育工作者的职责和使命。

第一节 学生的权利

学生作为具有独立个性和主体意识的公民,同其他公民一样享有宪法规定的基本权利,同时,作为受教育者,又享有教育法律法规规定的不同于其他公民的权利。然而,由于种种原因,学生的权利常常被某些学校、教师所忽视,有的学校、教师甚至否认学生的某些权利,以至于被学生送上被告席,成为被告。随着学生及其监护人法律意识的增强,随着司法对教育的渗入与回应,教师务必重视对学生权利问题的研究,弄清学生究竟享有哪些权利,并采取措施保护学生的权利,避免对学生权利的侵害。让学生有尊严地学的同时,教师自己也防范了法律风险。

学习指南

1. 观看本节"微课视频",查阅本节"演示文稿""教学导案"和"法规链接"等。
2. 通过本节"案例链接""视频视点"进行案例学习和研究。
3. 欢迎你踊跃参与本节"法学论坛",围绕主题畅所欲言。
4. 学完本节内容,请点击本节"随堂测试",测一测学习效果。
5. 基于本节的"核心概念",希望你丰富本节"参考文献",加入研究项目,进行研究性学习。
6. 学习的过程,应是师生共同进行课程资源开发的过程,欢迎加入"课程建设"项目,为本课程资源更优更好,贡献你的智慧。

知识结构

学生的权利
- 学生权利的含义
- 学生的公民权利
  - 实体性权利
  - 程序性权利
- 学生的特定权利
  - 受教育权
    - 受教育的选择权
    - 入学权
    - 参加教育教学活动权
    - 使用教育教学设施设备权
    - 受教育的自由权(教育平等权)
  - 获取资助权
  - 获得公正评价权
  - 法律救济权
  - 其他权利
- 特殊学生群体的权利

以案说法

【案情简介】 学生因与老师顶嘴被赶出教室

该案例讲述了某中学初二(1)班的学生薛某因与老师顶嘴被赶出教室。(请扫描本节二维码查阅详细案例)

【问题探讨】 教师侵犯了学生哪些权利?

【案例分析】 本案例中,教师侵犯了学生的受教育权、人格尊严权。

案例中的语文老师将学生赶出教室是剥夺学生受教育权的行为。《教育法》第43条第1项规定,学生有"参加教育、教学安排的各种活动,使用教育教学设施、设备、图书资料"的权利,课堂教学是教育教学的主要活动,教师将学生赶出教室侵犯了学生的受教育权,是违反《教育法》的行为。

另外,语文老师说他"笨得像猪",这侮辱了学生的人格尊严,违反了《教师法》第8条第4项的规定:教师要"关心、爱护全体学生,尊重学生人格,促进学生在品德、智力、体质等方面全面发展"。同时也违反了《未成年人保护法》的规定,学校、幼儿园的教职员应当尊重未成年学生的人格尊严,不得对未成年学生和儿童实施体罚、变相体罚或者其他侮辱人格尊严的行为。语文老师应该向学生薛某道歉,并及时改正自己的行为。

【案例启示】 法治思维应是我们教师工作的第一思维。教师在与学生、家长交往过程中,都要思考自己的言行是否合法,有没有对学生构成侵权,过分的言行会有哪些法律风险?要有效防范这些法律风险,务必首先要了解学生有哪些权利。

知识点解读

一、学生权利的含义

学生的权利是指学生在教育教学活动中享有的各种权益。学生的权利经历了一个演变过程,与法律对公民权利的规定相比,法律对学生权利的规定要晚得多,直到17世纪中期,美国才有了对儿童受教育问题的规定,但那时尚未认识到儿童的其他权利。至于学生权利的概念直到20世纪60年代才被提出来。此前,美国的校生、师生纠纷很少诉诸法律,即使诉诸法律,司法机关也偏重于维护学校和教师的权利。20世纪60年代后,美国学生权利受到重视,有的州和地区还制定了关于学生权利和义务的法规,司法机关在处理学校和学生的纠纷中,也偏向于尊重和维护学生的权利。

在我国,无论是奴隶社会还是封建社会,在教育教学过程中,老师视学生为己出,学生尊称老师为"师长"。所谓"师徒如父子""一日为师,终身为父"就是对这种关系的概括。在这种情形下,老师可以像父亲对待儿子一样对待学生,甚至可以名正言顺、理所当然地体罚学生。在封建社会,父亲的权利对儿子来说是至高无上的,所以如父般的教师的权利对学生来说也是至高无上的,故而学生的人身自由、身心健康、言论自由等权利经常受到威胁。如果学生的学习和行为不符合老师的意愿,或学生对老师的管理不能俯首帖耳或表露不满,则被认为是犯上作乱,大逆不道,就会招致一顿毒打,甚至会因此丢掉性命。

清末民初,一些具有资产阶级革命思想的知识分子,如梁启超等人,对教育中的体罚、男女不平等提出了严厉批评,主张男女平等,反对对学生实施体罚。但直到辛亥革命后,1912年临时政府颁布的教育法律法规才首次规定初等小学可以男女同校,明令禁止体罚。北洋政府主张实施义务教育,并在《义务教育实施程序》中规定了实施义务教育的程序。南京国民政府颁布的教育法律法规进一步规定了义务教育,男女受教育机会一律平等,反对体罚,为品学兼优且无力升学的学生提供奖学金等有关学生的权利。但由于当时特殊的时代背景,这些规定多成了一纸空文。

新中国成立以后,特别是改革开放以来,我国陆续颁布了一系列教育法律法规。这些教育法律法规对学生的权利做出了明确、具体的规定。例如,《中华人民共和国教育法》规定了学生在教育教学活动中的多项权利,《中华人民共和国义务教育法》专门规定了适龄儿童、少年接受义务教育的权利,《中华人民共和国未成年人保护法》规定了对未成年的学生权利的保护,《中华人民共和国妇女权益保障法》规定了女性学生受教育的权利,等等。不仅如此,国家还采取相应的措施来保障学生充分享有这些权利。

然而,由于传统的学生权利观的影响,一些学校、教师、教育管理人员、家长的学生权利意识淡漠,还未树立正确的学生权利观。如有的教师认为体罚学生是天经地义的事,因此,随意体罚和变相体罚学生,侵犯学生的人身安全权;有的教师认为学生还是孩子,没有什么隐私权、名誉权,因此,随意私拆或采取强硬态度拆毁学生信件或日记,或随意宣扬学生隐私,或谩骂、侮辱学生,侵犯学生的隐私权、名誉权;有的教师认为学生是教育和管理的对象,必须绝对服从学校和老师的教育和管理,因此,对学生的建议不闻不问,甚至非常反感,处分学生时不认真查证,不经学生承认就做出处分决定,学生不服处分向学校或教育主管部门申诉,校方或教育主管部门或置之不理或久拖不决,侵犯学生的批评建议权和申诉权。以上观点和做法都是与现代学生权利观格格不入的,是违反我国教育法律法规有关学生权利的规定的。

二、学生的公民权利

学生的权利是法定的,这个权利可以分为两部分:一是指国家宪法和法律授予所有公民的权利;二是指教育法律、法规授予尚处于学生阶段的公民的权利。学生的权利与其身份是紧密相连的。在教育领域,学生具有双重身份:其一,他们是国家公民;其二,他们是正在接受教育的公民。同其他公民一样,学生享有宪法规定的基本权利(见第二章第二节"教师的公民权利")。

基于《宪法》《民法典》等法律,我国公民拥有实体性权利,如平等权,民主权,宗教信仰自由权,人身权(人格权、身份权),社会经济权(财产权、劳动权、社会保障权、财产继承权),文化教育权,著作权,科技发明权,专利权及其他知识产权等;特殊主体权(妇女、儿童、老人、残疾人等);程序性权利(求偿权、知情权、听证权、陈述和申辩权、申诉权、申请仲裁权、诉讼权等)。上述每一项权利都有丰富的内涵与外延。如人格权,可分为一般人格权(人格平等权、人格尊严权、人格自由权、人格独立权等)与具体人格权(生命权、健康权、身体权、姓名权、肖像权、荣誉权、隐私权和名誉权等)。学校和教师不能因为他们是学生而剥夺了他们的这些权利,相反,特别是"未成年"的学生,身心尚未发展成熟,行为能力受到限制,其权益容易受到侵害,因此需要获得更多更全面的法律保护。

[法规链接]

《民法典》第五章"民事权利"第109条:自然人的人身自由、人格尊严受法律保护。第110条:自然人享有生命权、身体权、健康权、姓名权、肖像权、名誉权、荣誉权、隐私权、婚姻自主权等权利。

法学论坛

请扫描本节二维码,欢迎进入法学论坛,请参照下列我国有关学者研究的我国大学生权利(见表3-1),回答下列问题。

(1) 项目研究:试研究未成年学生作为公民的权利有哪些?未成年学生的权利与成年大学生的权利有哪些区别?为了更有效地保护未成年学生的权利,请提出你的立法建议。

(2) 问题沙龙:我们的教育"只把学生当学生看,没有把学生当人看",这句话是否过分贬低了我们的教育,学校教育如何真正"把学生当人看",让学生有尊严地学习,让教师有尊严地教。

(3) 参照表3-1学生权利分类,你能讲讲你或你的同学关于学生作为公民的权利被侵权的故事吗?欢迎你用手机拍一段案例上传网站。

表3-1 大学生的权利

实体权利	程序性权利
1. 生活方式选择权 (1) 生活自由权;(2) 婚恋权;(3) 居所不受侵犯权;(4) 休息权;(5) 信仰及言论自由权 2. 人身物质保障权 (1) 人身保障权:人格保障权(保障健康权、姓名权、肖像权、荣誉权、隐私权和名誉权等);人身安全保障权 (2) 物质保障权:财产权;受益权 3. 民主权 (1) 平等权;(2) 民主管理权:选举权和被选举权;结社权;建议、批评、检举、监督、评价权;集会、游行、示威权 4. 文化教育权 (1) 学籍权;(2) 教育教学活动参与权(听课、讲座、课堂讨论、观摩、实验、实习、测验以及考试等);(3) 接受良好教育和服务权;(4) 获得公正评价权;(5) 获得学历、学位证书权;(6) 教育选择权;(7) 就业、就业指导和服务权;(8) 学术自由权;(9) 著作权、科技发明权、专利权及其他知识产权	1. 求偿权; 2. 知情权; 3. 听证权; 4. 陈述和申辩权; 5. 申诉权; 6. 申请仲裁权; 7. 诉讼权

随堂小练

1.（单项选择题）某小学生在课堂上吵闹不休，班主任一怒之下用胶带粘住该生的嘴巴。该班主任的做法（　　）。
　　A. 正确，班主任有维护班级秩序的职责
　　B. 正确，班主任有批评教育学生的权利
　　C. 不正确，违反了不得体罚学生的规定
　　D. 不正确，侵犯了学生的言论自由权
【答案】　C。
【解析】《义务教育法》第29条规定："教师应当尊重学生的人格，不得歧视学生，不得对学生实施体罚、变相体罚或者其他侮辱人格尊严的行为，不得侵犯学生合法权益。"该教师的做法损害了学生的身体健康，违反了不能体罚学生的规定。
出处：2014年下半年小学教师资格考试《综合素质》真题。

2.（单项选择题）班主任张老师按照学生的期中考试成绩调整座位，将考试成绩后5名的学生安排在教室的最后一排。张老师的做法（　　）。
　　A. 是管理班级的有效手段　　　　B. 侵犯了学生的受教育权
　　C. 侵犯了学生的人格尊严　　　　D. 是激发学生的重要手段
【答案】　C。
【解析】　教师的这种行为，构成人格侵权。
出处：2013年下半年小学教师资格考试《综合素质》真题。

三、学生的特定权利

学生的特定权利是指学生因特定的学生身份而享有的相关法律赋予的权利。学生既是教育和管理对象，处于受教育和被管理的地位，同时又是教育的主体，具有独立的人格。学生较之于其他教育主体，享有特定的权利，而且未成年学生享有的权利及其行使方式与成年学生又有所不同。在此，我们着重分析学生作为受教育者所享有的权利。

（一）受教育权

1. 受教育权的含义

受教育权是指依照法律规定，公民在受教育方面可以作为或不作为，或要求他人为其受教育权而作为或不作为的能力或资格。受教育权受国家强制力的保证。受教育权是我国宪法规定的公民的基本权利之一，也是学生作为受教育者的最重要、最核心的权利。

2. 学生受教育的法律保障

根据受教育权的产生、发展的时间顺序，可以将受教育权划分为三个阶段的"子权利"，即开始阶段的"学习机会权"；过程阶段的"学习条件权"；结束阶段的"学习成功权"。

受教育权在法律上的规定如下：

《宪法》第46条规定："中华人民共和国公民有受教育的权利和义务。"

《教育法》第9条规定："公民不分民族、种族、性别、职业、财产状况、宗教信仰等，依法享有平等的受教育机会。"

《教育法》的第五章"受教育者"特别规定了学生的相关权利。

《教育法》第37条规定："受教育者在入学、升学、就业等方面依法享有平等权利。学校和有关行政部门应当按照国家有关规定，保障女子在入学、升学、就业、授予学位、派出留学等方面享有同男子平等的权利。"在受教育权方面，《教育法》不仅强调了受教育权的平等，且特别强调了女子同男子平等的受教育权利。

《教育法》第40条规定："国家、社会、家庭、学校及其他教育机构应当为有违法犯罪行为的未成年人接受教育创造条件。"这是强调有违法犯罪行为的未成年人也享有"受教育权"。

《教育法》第43条规定受教育者享有下列权利：① 参加教育教学计划安排的各种活动，使用教育教学设施、设备、图书资料；② 按照国家有关规定获得奖学金、贷学金、助学金；③ 在学业成绩和品行上获得公正评价，完成规定的学业后获得相应的学业证书、学位证书；④ 对学校给予的处分不服向有关部门提出申诉，对学校、教师侵犯其人身权、财产权等合法权益，提出申诉或者依法提起诉讼；⑤ 法律、法规规定的其他权利。

位于《教育法》之下的其他具有法律效力的教育法律、行政法规、地方性法规、自治条例和单行条例以及规章等，也有保护公民受教育权的相应规定。

《义务教育法》第2条规定"国家实行九年义务教育制度"；第4条规定适龄儿童、少年依法享有平等接受义务教育的权利。

《未成年人保护法》规定，学校应当尊重未成年人的受教育权，不得随意开除未成年学生。

我国《宪法》《教育法》明确规定，公民享有平等的受教育权利。对女子受教育权的法律保障，对家庭经济困难儿童、少年、青年受教育权的法律保障，对残疾人受教育权的法律保障，对违法犯罪行为的未成年人受教育权的法律保障，对流动人口子女受教育权的法律保障等将在后面详细分析。

案例链接

【案情简介】 某教育局要求各小学腰鼓队助兴挂牌仪式

某县教育局实行机构改革，将原来的勤工俭学管理站改为县教育服务公司，并决定于6月18日上午（星期四）举行挂牌仪式。为了营造热闹氛围，县教育局提前半个月通知县城内各小学腰鼓队排练节目，届时到场助兴。6月18日上午，教育服务公司挂牌仪式如期举行，县城7所小学的小学生共计200多人次参加典礼，一时鼓乐喧天、歌舞翩翩，县教育局的领导们十分满意，感觉效果好极了。

【问题探讨】 本案例中，县教育局的行为侵犯了学校的哪项权利？侵犯了学生的哪项权利？县教育局应该为自己的行为承担哪些法律责任？

【案例分析】 县教育局的行为侵犯了学校的办学自主权以及学生的受教育权。从材料可知,在整个事件中,县教育局以行政机关的名义下发通知,让其所辖县城各小学学生在正常的学习时间内排练节目,参加商业庆祝活动。县教育局应当承担行政责任和民事责任,责任形式为赔礼道歉、赔偿损失。

3. 受教育权的具体内容

(1) 受教育选择权

受教育选择权是指学生有权选择接受什么样的教育。"什么样的教育"既指教育的形式,如学校教育、家庭教育、社会教育,又指教育的质量,学生可以根据自身的条件、需求选择接受哪种质量水准的教育。这样学生可以有权选择他认为是"好的"、适合其发展的教育,表现为选择学校、教师、课程等权利。

法学论坛

视频视点:课表也能"私人定制"

请扫描本节二维码观看视频,该视频讲述了四川某中学实行"走班制",课表也能"私人定制",学生自主选课,学校推出全课程体系。

请扫描本节二维码,在法学论坛中,对以下问题谈谈你的认识和建议:

(1) 研究项目:基于法理,应还学生选择学校、教师、课程的权利。但我们的学生,尤其是未成年学生,在入学选择学校,在学校分班,在对班主任和任课教师的选择上有多少权利?有兴趣的同学,可以做相关调查,在此发表你的研究体会和研究成果。

(2) 作为教师在学校尊重学生权利,实行教育综合改革的今天,如果学生可以根据自己的需要选择课程、选择教师,教师将会面临怎样的挑战?你准备好了没有?如何应对?

(2) 入学权

入学权,又称就学权,是指学生只要符合国家规定和学校依法确定的招生条件,不分民族、种族、性别、职业、财产状况、宗教信仰等,享有平等的入学接受教育的权利。在升学方面,每一个符合规定条件的学生都有权利、也有机会通过公平、客观、合理的考试竞争升入高一级的学校或其他教育机构继续接受教育。

法学论坛

视频视点:我为什么上不了我家附近的学校

请扫描本节二维码观看视频,该视频讲述了因上学片区的划分,自己家住的地方不是附近学校的学区房,上不了仅一路之隔的学校。

请扫描本节二维码,结合视频视点案例,谈谈"就近入学"与学区房有没有侵犯学生受教育的选择权和入学权？有兴趣的同学欢迎就"就近入学"与教育机会均等问题做一些深入探究，并在本节法学论坛中，对上述问题谈谈你的认识和建议。

案例链接

【案情简介】 责令在校读书的单亲家庭子女一律转学

秋季，某市一私立外国语学校宣布：责令在校读书的单亲家庭子女一律转学。在媒体的报道中，该学校的校长解释道："单亲家庭的子女或多或少给学校工作带来了不良影响，因为这些子女平时没有家长监督，心理问题较多，那些问题儿童多是单亲家庭子女。学校的这种做法是择优教育。我们师资有限，不能为了少数学生而影响了大多数学生。"

【问题探讨】 本案外国语学校侵犯了学生的什么权？家长和学生如何救济自己的权利？请扫描本节二维码，在法学论坛中，谈谈你的认识和建议。

(3) 享受教育资源权

根据《教育法》第43条第1项的规定，学生享有教育资源权是指学生享有"参加教育教学计划安排的各种活动，使用教育教学设施、设备、图书资料"的权利。学生享有教育资源权是保障学生参加学习、接受教育、享有实质性受教育权的前提和基础，是学生受教育权的具体体现。教育资源包括学校或其他教育机构的教学安排、教学设施、设备和图书资料，这些资源正是为保障学生接受教育的必要条件。根据《教育法》的规定，该项权利可以分为参加教育教学活动权和使用教育设施设备权。①

一是参加教育教学活动权。参加教育教学活动权主要指上课权，指学生入学后依法享有参加教学计划内的各种教育教学活动，这是学生作为受教育者的一项最基本的权利。学生参加教育教学计划安排的各种活动，是接受教育和完成学习任务的主要途径。学生是受教育的主体，学校、教师不得非法剥夺、限制学生行使参加教育教学活动、使用教学设备的权利。

该项权利具体表现：在课堂上听课和参加其他课堂教学活动的权利；参加班级或学校组织的课外活动的权利；参加班级或学校组织的各项社会实践活动的权利；按规定参加体育活动的权利；参加教学计划安排的考试的权利；等等。学生的这项权利是不能随意剥夺的。现在，有的学校和教师经常侵害学生的这项权利。例如，有的教师因为学生在课堂上轻微地违反课堂纪律就将学生推出教室，不让学生听课；有的教师只准学习成绩好的学生参加课外活动，不准学习成绩差的学生参加课外活动；有的学校随意停开体育课，甚至取消毕业班的体育课，致使学生不能参加国家教学计划规定的体育活动；有的学校为了提高升学率，不准学习成绩差的学生参加考试；等等。这些都是侵犯学生权利的行为，必须予以纠正。

---

① 张维平,石连海.教育法学[M].北京:人民教育出版社,2008:256.

> **随堂小练**
>
> 3.(单项选择题)某小学让学生乐队停课参加某公司庆典,公司给予学校一定的经济回报。该校做法(   )。
>   A. 正确,可以改善学校办学条件　　B. 正确,学校拥有管理学生权利
>   C. 不正确,侵犯了学生的受教育权　D. 不正确,侵犯了学生的人身权
> 【答案】 C。
> 【解析】 学校不得占用学生上课时间,侵犯了学生的受教育权。
> 出处:2016年下半年小学教师资格考试《综合素质》真题。

二是使用教育教学设施、设备、图书资料权。为了保障学生完成学习任务,学校应当按照规定向学生提供符合卫生安全标准的教育教学设施、设备、图书资料。《教育法》规定了学生使用这些设施设备的权利,如使用教室和课桌椅、电脑,查询和借阅图书资料,使用实验室及其配备的仪器设备、文体用具等。教育法律法规对这些设施、设备和图书资料的权属并未进行限制,也就是说,只要是为教育教学活动开展所需,学生都有权使用。

当然,在实践中主要是依靠举办者对学校或其他教育机构进行投入,购买或租赁教育设施、设备和图书资料,用以保障学生使用教育设施设备权的实现。为保证学校或其他教育机构具备基本的教育设施设备,《教育法》在学校及其他教育机构设立时就提出了这方面的基本条件,第27条规定,设立学校及其他教育机构必须"有符合规定标准的教学场所及设施、设备等"。

此外,为切实保障学生使用校外教育设施设备的权利,教育法律法规还对国家和社会的义务做出规定。《教育法》第52条规定:"国家、社会建立和发展对未成年人进行校外教育的设施。"《教育法》第51条规定:"图书馆、博物馆、科技馆、文化馆、美术馆、体育馆(场)等社会公共文化体育设施,以及历史文化古迹和革命纪念馆(地),应当对教师、学生实行优待,为受教育者接受教育提供便利。"《义务教育法》第37条也要求社会公共文化体育设施为"学校开展课外活动提供便利"。这些法律规定为保障学生使用更多的校外教育教学设施、设备和图书资料提供了法律依据,有助于促进素质教育的开展。[①]

> **案例链接**
>
> 【案情简介1】 学生状告教师不让上课胜诉
>
> 11月20日,某学校13岁的男学生小赵,上数学课时不遵守课堂纪律并与数学课老师顶撞,该老师把他交给班主任处理,班主任又把他交学校党支部书记处理,书记对小赵进行了批评后,班主任又把他送回其爷爷处。次日和第三日,小赵多次找学校要求返校上学,学校虽未明确表示不让小赵上学,但也未同意小赵立即上学,而是把小赵向数学老师认错作为上学的前提条件。小赵家长向县教育局上访,该校仍未明确表态让小赵上学。

---

① 张维平,石连海.教育法学[M].北京:人民教育出版社,2008:258.

次年春季,小赵将学校告上法庭。县法院判决学校向小赵书面赔礼道歉,赔偿小赵经济损失500元。本案受理费290元,其他诉讼费200元,原告负担190元,被告负担300元。

【案情简介2】 教学竞赛课让"呆头呆脑"的学生回家自习

某区组织青年教师进行教学竞赛,某小学数学任课老师A为了使教学效果更好,精心设计了一堂数学课,在"预演"过程中她发现有几个学生表现得"呆头呆脑",精心设计的课因此上得不够精彩。于是,她擅自通知这几个学生在竞赛课的那天在家自习,不准到校上课。这几名学生因此便被这样轻率地剥夺了接受学校教育的权利。

【问题探讨】 (请扫描本节二维码,在法学论坛中,对以下问题谈谈你的认识和建议)

1. 类似上述侵犯学生上课权的现象多不多?你能讲讲你或者他人的故事,欢迎拍一段类似的案例上传网站。

2. 上述案例给你带来什么启示?

(4)学生受教育的自由权

所谓自由,就是个人的自我主宰,它以个人的独立为前提,是人的自立、自主、自尊、自为;人只有在自由中才能成为人,而人的理性精神只有在自由中才能生成和发展。学生在学校学习享有:免于恐惧的权利;免受歧视的权利;免于控制的权利。学生最痛恨教师的教育教学歧视,如排座位、上课回答问题、选班干、评三好生、教师批改作业等教育教学行为中教师偏袒有家庭背景、送过礼的学生,这严重侵犯了学生的教育平等权。

案例链接

【案情简介】 学生诉学校人身伤害案

程某是某县的一名五年级小学生,性格内向,学习很好。他十分喜欢文学作品,甚至到了痴迷的程度。一次上数学课,他正专心致志地读小说,被老师叫起回答问题。由于回答不上来,老师把他拽到讲台前,打了他两个耳光,又让坐在前排的两名男同学接着打他的耳光,之后把他逐出教室。此后又连续三天,上数学课时老师让他在黑板前罚站。在以后的近一个月时间里,家长和班主任老师发现程某神情大变,目光涣散,反应迟钝,不爱讲话,常常盯着一个地方发呆……后经医院诊断,他患了心因性精神病,不得已,只好退学。在数学老师无力支付全部医药费的情况下,程某的家长找到了学校。他们认为学校对此负有责任。可校长却说此事与学校无关。后经媒体曝光,学校才不得不对程某进行了相关的赔偿。

【案例分析】 《未成年人保护法》规定,学校、幼儿园的教职员工应当尊重未成年人的人格尊严,不得对未成年人实施体罚、变相体罚或者其他侮辱人格尊严的行为。上述案例中,作为一名教师,在其学生程某有错误时,不是对学生进行引导教育,而是使用暴力对学生进行体罚,其行为侵害了学生程某的合法权益,应受到法律的制裁。同时,作为共同被告的程某所在的学校,未对在校学生起到保护作用,使学生的合法权益遭到侵害,也应对程某受到伤害承担相应的民事责任。

【问题探讨】 请扫描本节二维码,在法学论坛中,对以下问题谈谈你的认识和建议:

学生学习时享有免于恐惧、免受歧视、免于控制的权利,你能讲讲你或你的同学被教师恐怖威吓、被老师歧视或被老师严格控制的故事吗?欢迎你用手机拍一段类似的案例上传网站,与其他学习者共同探讨。

(二) 获取资助权

《教育法》第43条第2项规定,学生享有"按照国家有关规定获得奖学金、贷学金、助学金"的权利,即获取资助权。该项权利是为了保障公民实现受教育权、让贫困家庭学生获得均等的受教育机会和鼓励受教育者取得优异的学习成绩而设立的。奖学金、贷学金和助学金的来源以政府提供为主要渠道,同时学校、企业、社会团体以及个人在国家政策鼓励下,也可以对学生提供资助。社会各界通过设立奖学金、贷学金和助学金的形式帮助贫困学生完成学业。如希望工程、爱心行动等社会公益行为,使得成千上万的大、中、小学生得到资助。

获取资助权是宪法规定的公民享有获得物质帮助权利在学生身上的具体体现。获得奖学金、贷学金、助学金是学生的一项权利,凡符合规定条件的学生都有权申请,学校和教师不得拒绝。

(三) 获得公正评价和证书的权利

获得公正评价权是指学生在教育教学过程中,享有要求教师、学校对自己的学业成绩和品行进行公正评价并客观真实地记录在成绩档案中,在完成相应的学业后获得相应的学业证书、学位证书的权利。《教育法》第43条第3项规定,学生享有"在学业成绩和品行上获得公正评价,完成规定的学业后获得相应的学业证书、学位证书"的权利,即获得公正评价权。该项权利由两个方面的具体权利组成:一是学生在就学期间获得公正的学业成绩评价和品行评价的权利;二是学生在完成规定学业后,有获得相应的学业证书、学位证书的权利。

1. 获得公正的学业成绩评价和品行评价权

在现实教育教学过程中,学校中的"公正评价"主要包括学业成绩评价和品行评价。学习成绩评价是教育机构对受教育者的学习水平、知识能力所做的评价,包括考试成绩和对学习能力、知识结构的评述等。品行评价是教育机构对学生在学期间的思想品德、行为习惯、学习态度、劳动表现等所做的综合评价。

在中小学教育阶段,学生的学业成绩评价和品行评价不仅是对学生在一定时期内的学业成绩和品行的总结和判断,而且与他们能升入什么样的学校息息相关,会对他们一生的成长产生重大影响。所以,《教育法》明确规定学生有权在学业成绩和品行上获得公正评价。这就要求学校和教师在评价学生学业成绩和品行的过程中要做到客观、公正、准确,要按照规定的、统一的标准进行评价,对所有的学生一视同仁,不偏不倚,不依个人的主观印象和好恶以及与学生及其家长的关系进行评价,不得厚此薄彼,不打"人情分""面子分""印象分"。同时,要按照学籍管理的规定,如实将学生的学业成绩和品行评价结果记录在学生的档案里。在现实的教育教学过程中,有的学校和教师经常侵犯学生的这项权利,主要表现在:以个人的主观印象及与学生的关系对学生的学业成绩和品行进行评价,打"印象分""面子分";以学生家长送礼的情况决定学生分数的高低和品行的好坏,打"人情分";为升学、评奖之需,私自涂改学生的学业成绩表,涂改甚至伪造学生的操行评语;在考试前或考试中,向某些学生透露或泄漏考试内容,营私舞弊。学校考核机制的不健全侵犯学生的公正评价权,以上种种做法不仅玷污了教师在学生心目中的形象,不利于学生公平竞争观念的形成,而且侵犯了学生获得公正评价的权利。

学校对学生品行的评价一般通过对学生在校内外思想品德行为规范等表现的考察,以打评语的方式进行,这一评价是学生自评、学生间的相互评价与教师对学生的评价的综合。这种评价往往带有强烈的主观意愿。因此,在这一评价中应特别强调公平公正与客观。获得公正评价一般包含两层意思:其一,教育者需要本着客观、公正、公平原则评价学生的品行、学业和行为;其二,对学生学业成绩和品行的评价标准要统一,不能以多重标准来评价。由于缺乏科学的考评和监督体制,在对学生的教育评价过程中,有些教师受个人利益驱动不恰当地行使教育评价权,使学生获得公正评价的权利受到损害,教师评价学生成绩的随意性,对学生思想品德、学业成绩的不实评价,都会影响学生的升学、就业和社会对学生的评价,而学生在维护自己的权利时,常常面临着取证和诉讼上的困难。

《教育法》第30条规定,学校和其他教育机构应当"以适当方式为受教育者及其监护人了解受教育者的学业成绩及其他有关情况提供便利"。为此,学校和教师应当本着认真负责的精神,科学合理、公平公正地对学生进行学业成绩和品行评价。在中小学生及其监护人对学生的档案和成绩记录发生疑问时,学校有义务为他们提供适当形式的便利以查清事实和纠正失误。学生对评价中的失实和不公正问题,有权通过正当途径,依法要求学校和教育行政部门予以改正。

案例链接

【案情简介】 法院会不会管"试卷"的标准答案?

某年夏天,原告在毕业语文考试中都把"自作自受"一词中的"作"字的读音选择为四声,而校方规定的标准答案则为一声。这就使原告的毕业考试总分数差省重点中学的录取分数线一分。为此,原告必须向校方交纳6 000元的"捐资助学金"。

双方在经过多次协商无果的情况下,原告同被告展开了一场波澜起伏、高潮迭现的行政诉讼。本案大概是中国考试史上第一次为"1分分数"而诉诸法院,也是第一次因"标准答案"有异作为受教育者的学生起诉作为教育行政机关的教委。(详情请扫本节二维码)

【问题探讨】 (请扫描本节二维码,进入法学论坛,结合下列问题谈谈你的认识)

1. 试述该案学生胜诉的法理依据?

2. "标准答案"有异,学生起诉,法院也管起来了。本案对你未来做好教师工作有何启示?

【案例分析】 本案法院受理的法律依据是《教育法》第43条第3项规定学生享有"在

学业成绩和品行上获得公正评价,完成规定的学业后获得相应的学业证书、学位证书"的权利。《普通话异读词审音表》(1985 年 12 月 27 日国家语委、教委、广电部审定公布)明确规定:除在"作坊"中读一声外,其余都读四声,学生胜诉。

【案例启示】 由这案例给我们的启示:法治思维应是我们工作的第一思维。对这种观点你是怎么认识的? 希望在本节法学论坛中看到你的观点。

2. 获得学业证书学位证书权

《教育法》规定,国家实行学业证书制度和学位制度,学业证书包括毕业证书、结业证书或肄业证书等,根据学生所受教育的不同而有不同类型、等级或规格。因此,符合规定条件的学生有权获得学业证书和学位证书,学校不得以任何理由不向符合规定条件的学生颁发学业证书和学位证书,不得扣押学生的学业证书和学位证书,也不得滥发学业证书和学位证书。

(四) 申请学生法律救济权利

学生法律救济的权利是指学生享有对学校给予的处分不服而向学校或有关部门提出申诉,对学校、教师侵犯其人身权、财产权等合法权益的行为,提出申诉或依法提起诉讼的权利。具体可分为:

(1) 求偿权。学生的合法权益受到学校正当职务行为的损害时,有依法获得补偿的权利,受到学校及其教职员工的不法侵害时,有依法获得赔偿的权利。

(2) 知情权。即学生对学校管理活动的了解权。学生有权获知学校学籍管理和其他影响自己合法权益的有关资料和信息,有权了解学校管理的依据、范围、具体管理者的身份、权限以及管理的最终结果,有权了解学校的教学计划、各项规章制度、教师资历、教育培养经费的使用情况及其他与学生学习、生活有关的情况,等等。尤其在处分违纪学生时,学校应当以书面形式告知当事人受处分的事实、理由和根据,并告知当事人依法享有的权利。

(3) 听证权。在做出处分学生或者与学生利益关系重大的决定时,学校应当召开听证会,允许学生参与决定做出的过程,听取其意见和建议。同时学生也有申请举行听证的权利。

(4) 陈述和申辩权。学生在学校做出与其自身权益有关,特别是不利的行为时,有权陈述自己的意见、看法,提供有关证据材料,在学校做出与其具有利害关系的决定时应当说明理由,并给予学生申辩的机会,允许学生辩解和质证。

(5) 申诉权。在学校处分的过程中或不服学校的处分决定时,学生有向学校及有关部门申述理由、请求重新审查处理的权利。《教育法》已明确规定了受教育者享有申诉的权利。

(6) 诉讼权。即学生不服学校处分决定时,对属于司法审查范围事项的决定,可以向人民法院提起诉讼,寻求司法救济。在学校和学生的关系中,学生处于实际上的弱势地位,司法的介入可以为学生享有权利提供充分、有效的保护。

　　法律上的救济是指实体权利行使失败后的补救与补偿救济机制的运行,反映了权利实现的充分性与可能性,一项没有救济保障的权利不是一项真正的权利。救济使得权利的内涵与实现尽可能做到"名实相符",使权利的运行得到程序上的实施保障。就学生而言,除依法享有获得良好教育权等实体性权利外,还享有保障实体性权利实现的救济性权利。而法律救济性权利有多维视角的分类。基于教育法学视角,可分为一般法律救济性权利和教育法律救济性权利,教育法律救济性权利可分为教师法律救济性权利和学生法律救济性权利。

> **随堂小练**
>
> 4.(单项选择题)学生赵某上课玩手机,被班主任以代为保管的名义没收,赵某多次索要未果,对此,他可以争取的法律救济途径是(　　)。
> A. 复议和诉讼　　　　　　　　B. 复议和仲裁
> C. 申诉和诉讼　　　　　　　　D. 诉讼和仲裁
> 【答案】 C。
> 【解析】 学生申诉制度是指学生对学校给予的处分不服,或认为学校、教师侵犯了他们的合法权益,依法向有关部门提出申诉,请求处理的制度。法律救济的途径是指在社会活动中,侵权行为的相对人认为其合法权益受到侵害后,请求法律救济的渠道。法律救济一般通过司法救济、行政救济等渠道来实现。司法救济渠道是指通过法定诉讼制度寻求法律救济的途径。司法救济方式为行政诉讼、民事诉讼和刑事诉讼。
> 出处:2013年上半年小学教师资格考试《综合素质》真题。

(五)法律法规规定的其他权利

　　上述四大权利是《教育法》第43条明确规定的受教育者享有的具体权利,《教育法》第43条第5项规定学生享有其他法律法规规定的权利。如《义务教育法》对义务教育学生的权利;《未成年人保护法》和《预防未成年人犯罪法》对未成年人权利;《儿童权利公约》对儿童权利都做了明确的规定。

1.《义务教育法》对学生权利的规定

　　《义务教育法》第二章"学生",专门在义务教育范围内对学生的权利和义务进行了规定。在这一章里义务教育阶段学生权利的规定有:义务教育阶段适龄学生接受义务教育的权利;义务教育阶段适龄儿童、少年免试入学与就近入学的权利;给予农民工子弟在父母或者其他监护人工作地、居住地的接受义务教育的权利;还规定政府对在"本行政区域内的军人子女接受义务教育予以保障"。由此,义务教育阶段学生享有以下专有的权利:

　　(1)免试入学权。"凡年满六周岁的儿童,其父母或者其他法定监护人应当送其入学接受并完成义务教育。""适龄儿童、少年免试入学。"

（2）就近入学权。"地方各级人民政府应当保障适龄儿童、少年在户籍所在地学校就近入学。"

（3）不交学费权。"实施义务教育,不收学费、杂费。"这既是义务教育公益性的要求,也是义务教育义务性的要求。

研究项目

老百姓"法无禁止皆可为",《义务教育法》规定"就近入学",但没有禁止不就近入学,欢迎你对"就近入学"问题,就近入学与学区房问题,就近入学与教育平等入学权问题等做深入研究,为政府出谋划策。可以扫描本节二维码,在研究项目中报名研究。

随堂小练

5.（单项选择题）小学教师王某劝退了两个成绩比较落后的学生。教师王某的做法（　　）。

A. 合法,教师有管理学生的权力　　B. 不合法,侵犯了学生的荣誉权

C. 合法,教师有劝退学生的权力　　D. 不合法,侵犯了学生的受教育权

【答案】　D。

【解析】　在我国,作为社会权利主体,青少年儿童主要享有人身权、财产权、受教育权。年满6周岁的儿童应入学接受义务教育并受满法律规定年限的教育,学校和教师不能随意开除学生。

出处：2014年下半年小学教师资格考试《综合素质》真题。

2.《未成年人保护法》和《预防未成年人犯罪法》对未成年人权利的规定

《未成年人保护法》第3条规定,未成年人享有生存权、发展权、受保护权、参与权和受教育权。这条规定明确了以下几方面的权利：

第一,生存权。生存权就未成年人来说,是生命不可侵犯的权利,包括正常的自主生活的权利、人身得到安全保障的权利、人格尊严得到尊重的权利等。儿童的生存权是保障儿童生命存活、身体健康以及作为生命外围屏障的人格尊严的权利。儿童出生后即获得了生命权,享有生命安全不受侵害、不被剥夺和特殊保护的权利。此外,儿童有获得足够食物、一定住所以及其他生活保障的权利（对于成人而言是财产权和社会保障权）。

第二,发展权。发展权是保障儿童健康成长的各种权利。儿童的发展权具体包括：儿童有接受一切形式教育的权利,包括正规教育和非正规教育；儿童享有与其身体、心理、精神、道德与社交发展相适应的生活水平。就未成年人来说,这是个人生理的发展、心理的发展和文化素养的发展,一切自然和社会发展可能性都是不能剥夺的。

第三,受保护权。获得保护权是保障儿童获得国家、社会、家庭保护的权利。这是未成年人特有的权利。由于未成年人身心尚在发展之中,行为能力还受到限制,以及易受伤

害等,需要社会和成年人加以保护。

第四,参与权。参与权是保障儿童有获得参与社会活动的权利。儿童的社会性参与不仅是他们基本的权利,而且也是他们成长和发展的基本需要。这是未成年人参与那些同自身成长相关事件并发表意见的权利。

第五,受教育权。受教育权是未成年人获得成长,变得强大起来的最重要的保障。

《预防未成年人犯罪法》从预防犯罪方面确认了、也丰富了未成年人的受保护权。且这种保护权也适用于有不当行为、严重不当行为,甚至有违法犯罪行为的未成年人身上。

研究项目

未成年人享有生存权、发展权、受保护权、参与权和受教育权。对于《未成年人保护法》中的上述权利的落实和有效保护问题有待于深入研究。可以扫描本节二维码,在研究项目中报名研究。

随堂小练

6.(单项选择题)课间,小莉正在同学面前大声朗读小娟的日记,被走进教室的小娟发现,小娟找到班主任诉说此事,班主任最恰当的做法是(　　)。

　　A. 制止小莉这种行为　　　　B. 批评小娟总是告状
　　C. 劝说小莉不要声张　　　　D. 劝说小娟宽容小莉

【答案】　A。

【解析】《未成年人保护法》规定,任何组织或者个人不得披露未成年人的个人隐私,教师应保护学生的权利不受侵犯。面对小莉侵犯小娟隐私的行为,班主任应该及时制止。故本题选A。

出处:2013年下半年小学教师资格考试《综合素质》真题。

7.(单项选择题)教师对解除收容教育、劳动教养后回校复学的未成年学生,应当(　　)。

　　A. 限制其与其他同学接触　　B. 限制其使用学校的设施
　　C. 按其以往表现评价品行　　D. 允许参加学校各项活动

【答案】　D。

【解析】《预防未成年人犯罪法》规定,被解除收容教养、劳动教养的未成年人,在复学、升学、就业等方面享有与其他未成年人同等的权利。教育、劳动部门及有关单位应依法予以保障。

出处:2013年下半年小学教师资格考试《综合素质》真题。

3.《儿童权利公约》对儿童权利的规定

儿童权利的范围涉及公民权利、政治权利、经济权利、社会权利和文化权利,联合国《儿童权利公约》将这些权利概括为最基本的生存权、获得保护权、发展权和参与权,并规定任何儿童,不分性别、国籍、民族、种族、健康状况、文化背景、宗教信仰、居住地区和其他因素的影响,平等地享有这些权利。

[法规链接]

扫描本节二维码,阅读《儿童权利公约》,了解关于儿童权利的详细表述。

研究项目

对未成年学生的人身权等基本公民权利的特殊性研究及立法建议,以及基于这些特殊性对未成年学生的权利保护和教育特殊性的要求等问题有待于深入研究。可以扫描本节二维码,在研究项目中报名研究。

随堂小练

8.（单项选择题）同学们正在听孙老师讲课,乐乐却偷偷地扯了一下糖糖的头发,糖糖疼得大叫。孙老师立即大声呵斥道:"乐乐,你不想听就出去!""乐乐太坏了,以后同学们都别跟他玩。"孙老师的做法（ ）。

A. 合理,维护了老师的权威　　B. 不合理,侮辱了乐乐的人格
C. 合理,保护了糖糖的健康　　D. 不合理,破坏了课堂学习氛围

【答案】 B

【解析】 我国《教育法》《义务教育法》和《未成年人保护法》都明确规定了教师要尊重学生人格。

出处:2016年下半年小学教师资格考试《综合素质》真题。

9.（单项选择题）某校在期末考试后,将学生的考试成绩排名张榜公布,该校做法（ ）。

A. 体现了学校的管理权　　B. 体现了学校的教育权
C. 体现了学生的受教育权　　D. 侵犯了学生的隐私权

【答案】 D。

【解析】 学生的考试成绩属于学生的隐私,学校不应该张榜公布。

出处:2015年下半年小学教师资格考试《综合素质》真题。

案例链接

【视频视点】 老师,你为何要下如此狠手打你的学生?

请扫描本节二维码观看视频,该视频主要介绍了某男教师打学生巴掌,致学生眼角受伤。

【问题探讨】 该教师侵犯了学生的什么权利?

【案例分析】 学生作为公民享有生命健康权,该视频中教师打学生巴掌,致学生眼角

受伤,损害了学生的身体健康,侵犯了学生的生命健康权,违反了相关法律法规的规定。

观看视频后思考:学生的权利还有哪些?学校如何保护学生的权利不受侵犯?

四、特殊学生群体的权利

我国宪法除对一切公民所应普遍享有的权利和自由做出全面的明确规定外,还对具有特定情况的公民给予特别保护。宪法中的这些特定人具体是指妇女、退休人员、军烈属、母亲、儿童、老人、青少年、华侨等。在保障学生受教育权的一般性规定之外,为真正实现平等的受教育机会,《教育法》和《义务教育法》等教育法律法规还对少数民族学生、家庭经济困难的学生、异地务工人员的子女、女性学生、残疾学生以及违法犯罪的未成年人等特殊学生群体的受教育权保护做了专门规定。

(一)女学生群体享有的特殊教育权利

我国社会在一定程度上还存在男尊女卑的错误观念,影响了女性平等接受教育的机会。《中华人民共和国妇女权益保障法》(以下简称《妇女权益保护法》)规定:学校应当根据女性青少年的特点,在教育、管理、设施等方面采取措施,保障女性青少年身心健康发展。《妇女权益保护法》第17条明确规定:"父母或者其他监护人必须履行保障适龄女性儿童少年接受义务教育的义务。"我国的"春蕾计划"正是为专门资助贫困地区女童接受义务教育而设立的。

我国《教育法》第37条规定:"受教育者在入学、升学、就业等方面依法享有平等权利。学校和有关行政部门应当按照国家有关规定,保障女子在入学、升学、就业、授予学位、派出留学等方面享有同男子平等的权利。"这是与我国宪法和《妇女权益保障法》确立的基本原则相一致的,它有利于防止性别歧视,实现受教育权主体在受教育机会和受教育成就上的平等。

案例链接

【案情简介】 学校"重男轻女",对女生另眼相看

某县一重点中学,在公布初中升高中的录取分数线时,擅自对男女学生分别划定不同的分数线,男生是640分,女生是660分,女生的录取分数线比男生高20分。同时规定,女生的分数超过640分,未达660分的,如若要进该校高中部学习,要另交1万元的费用,属自费生。学校的这一做法,引起舆论一片哗然。许多家长,特别是女生家长表示无法理解,非常愤慨,认为学校的行为是对宪法规定的男女平等原则的公然践踏,并多方反映。该县县委、县政府及教育行政部门了解到这一情况,立即采取措施,责令该校立即停止违法行为,并限期改正,要求该校对男女学生统一划线;同时,对直接责任人员进行了严肃的批评,并责令该校公开检讨这一错误做法。

【问题探讨】 试分析该案例,并谈谈对女学生保护的启示。

[法规链接]

扫描本节二维码,阅读《中华人民共和国妇女权益保障法》。

研究项目

女同学的特殊教育权利及其立法建议。请扫描本节二维码,欢迎在研究项目栏目报名研究。你可以就女同学被侵权的案例,对新时代女同学保护提出研究建议。

(二)经济困难学生的特殊教育权利

为了保证家庭困难的学生也有平等受教育的机会,国家通过立法机关对这些学生进行经济资助。《教育法》第38条规定:"国家、社会对符合入学条件、家庭经济困难的儿童、少年、青年,提供各种形式的资助。"义务教育阶段,对于家庭经济困难的学生,尽管国家不收其学费,并将逐步免收杂费,但仍存在生活费用、购买学习用品等方面的经济困难。为解决这一问题,《义务教育法》规定了若干保障家庭经济困难学生受教育权的内容。如第44条规定,各级人民政府对家庭经济困难的适龄儿童、少年"免费提供教科书并补助寄宿生生活费"。由于我国区域间经济发展的不平衡,家庭经济困难学生的入学受到了影响,特别是在非义务教育阶段,缴费上学制度给学生增加了经济负担。对此,国家以奖学金、贷学金、助学金、勤工助学基金、减免学杂费,社会团体、组织、个人提供的助学金等资助方式,帮助经济困难学生,保障家庭经济困难的儿童、少年、青年的受教育权。

随堂小练

10.(单项选择题)学生刘某因家庭经济困难无法按规定完成义务教育。依据《中华人民共和国未成年人保护法》,对于刘某的受教育权利,具有保障责任的是( )。
　　A.刘某的监护人　B.当地教育机构　C.儿童福利机构　D.当地人民政府
【答案】D。
【解析】《未成年人保护法》规定:"各级人民政府应当保障未成年人受教育的权利,并采取措施保障家庭经济困难的、残疾的和流动人口中的未成年人等接受义务教育。"
出处:2014年上半年小学教师资格考试《综合素质》真题。

(三)残疾人的特殊教育权利

我国已经初步形成以宪法为依据,以刑事、民事、行政等法律为基础,以残疾人保障法为核心,以残疾人教育条例、残疾人就业条例、无障碍环境建设条例等行政法规为配套,以优惠和扶助残疾人的地方法规为补充,全面保障残疾人权利和促进残疾人事业发展的法律体系。

《宪法》第45条规定:"国家和社会帮助安排盲、聋、哑和其他有残疾的公民的劳动、生活和教育。"

《教育法》第39条规定:"国家、社会、学校及其他教育机构应当根据残疾人身心特性和需要实施教育,并为其提供帮助和便利。"

《义务教育法》第19条规定:"县级以上地方人民政府根据需要设置相应的实施特殊教育的学校(班),对视力残疾、听力语言残疾和智力残疾的适龄儿童、少年实施义务教育。特殊教育学校(班)应当具备适应残疾儿童、少年学习、康复、生活特点的场所和设施。普通学校应当接收具有接受普通教育能力的残疾适龄儿童、少年随班就读,并为其学习、康复提供帮助。"

《中华人民共和国残疾人保障法》(以下简称《残疾人保障法》)第21条规定:"国家保障残疾人享有平等接受教育的权利。各级人民政府应当将残疾人教育作为国家教育事业的组成部分,统一规划,加强领导,为残疾人接受教育创造条件。"《残疾人保障法》还规定,国家、社会、学校和家庭对残疾儿童、少年实施义务教育,设立助学金,帮助贫困残疾学生就学。

> **随堂小练**
>
> 11.(单项选择题)王某幼时患病,造成左脚跛瘸,到了入学年龄,附近小学以他是残疾儿童为由拒绝接收。学校的做法侵害了学生的(   )。
>
> A.平等的受教育权   B.享有教育资源权
> C.人格平等权   D.人身自由权
>
> 【答案】 A。
> 【解析】《义务教育法》第19条规定:"普通学校应当接收具有接受普通教育能力的残疾适龄儿童、少年随班就读,并为其学习、康复提供帮助。"

(四)少数民族学生受教育权

《教育法》第10条对于保护少数民族学生的受教育权做出原则性规定:"国家根据各少数民族的特点和需要,帮助各少数民族地区发展教育事业。国家扶持边远贫困地区发展教育事业。"据此,《义务教育法》第18条进一步做出具体安排,规定:"国务院教育行政部门和省、自治区、直辖市人民政府根据需要,在经济发达地区设置接收少数民族适龄儿童、少年的学校(班)。"此项规定对于保障少数民族学生平等接受教育,帮助少数民族地区文化、社会和经济的发展具有重要意义。

(五)流动人员的子女受教育权

随着社会经济生活的发展变化,异地工作和居住的人员不断增加,但其子女入学问题在实践中难以妥善解决。为保障这部分公民受教育权的实现,《义务教育法》第12条对此

135

做出了专门规定:"父母或者其他法定监护人在非户籍所在地工作或者居住的适龄儿童、少年,在其父母或者其他法定监护人工作或者居住地接受义务教育的,当地人民政府应当为其提供平等接受义务教育的条件。""县级人民政府教育行政部门对本行政区域内的军人子女接受义务教育予以保障。"

> **随堂小练**
>
> 12.(单项选择题)在外地打工的陈某向工作所在地教育行政部门提出申请,请求审批他年满七周岁的孩子晓宝在工作地附近的公立小学就读。对于这一申请,当地教育行政部门应当(   )。
>
> A. 拒绝,晓宝只能在户籍所在地的学校就读
> B. 批准,但要求陈某缴纳额外的学费和杂费
> C. 拒绝,晓宝只能选择在当地民办学校就读
> D. 批准,并为其提供平等接受义务教育的条件
>
> 【答案】 D。
> 【解析】《义务教育法》第12条规定:"适龄儿童、少年免试入学。地方各级人民政府应当保障适龄儿童、少年在户籍所在地学校就近入学。父母或者其他法定监护人在非户籍所在地工作或者居住的适龄儿童、少年,在其父母或者其他法定监护人工作或者居住地接受义务教育的,当地人民政府应当为其提供平等接受义务教育的条件。具体办法由省、自治区、直辖市规定。"
> 出处:2013年上半年小学教师资格考试《综合素质》真题。

(六)违法犯罪的未成年人受教育权

国家对有违法犯罪行为的未成年人这一特殊群体,实行教育、感化、挽救的方针,采取教育为主、惩罚为辅的原则。在对有违法犯罪行为的未成年人的教育方面,反对社会歧视,提倡为其提供相应的受教育机会。《教育法》第40条规定:"国家、社会、家庭、学校及其他教育机构应当为有违法犯罪行为的未成年人接受教育创造条件。"《义务教育法》第20条和第21条进一步对教育机构和经费做出专门规定:"县级以上地方人民政府根据需要,为具有预防未成年人犯罪法规定的严重不良行为的适龄少年设置专门的学校实施义务教育。""对未完成义务教育的未成年犯和被采取强制性教育措施的未成年人应当进行义务教育,所需经费由人民政府予以保障。"

> **研究项目**
>
> 我国《宪法》《教育法》明确规定,公民享有平等的受教育权利。但是,在学生平等受教育权利的实现和保障方面,我国还存在着体制性障碍,使一些群体的子女无法享受均等的教育机会。如城市新移民子女平等受教育权利的实现问题,关于"就近入学"

与教育机会均等问题,关于学业成就的平等问题,关于农村学生的学业成就问题等。你可以依据《教育法》和《义务教育法》等教育法律法规对少数民族学生、家庭经济困难的学生、异地务工人员的子女、女性学生、残疾学生以及违法犯罪的未成年人等特殊学生群体的受教育权保护的专门规定,做法律实施现状调查,分析和诊断后,提出立法建议。

法学论坛

请扫描本节二维码,在法学论坛中,谈谈你的认识和建议。

国家、社会、学校和家庭都应依法保障适龄儿童、少年接受义务教育的权利。在升学方面,每一个符合规定条件的学生都有权利、也有机会通过公平、客观、合理的考试竞争升入高一级的学校或其他教育机构继续接受教育。你或你的同学在中考或高考选择上有没有被侵权的现象?欢迎你用手机拍一段类似的案例上传网站,并请你分析原因和思考对策。

第二节　学生的义务

主体的权利与义务作为法律关系的基本内容,是法治理论的基本命题。从语义上说,权利是正当的,义务是应当的。权利所内含的"正当"是一种社会性价值判断,权利的诸种行为形式(做、不做、放弃)都对他人、对社会无害,并且可能有价值。义务所包含的"应当"意指:① 按义务要求不做或必做的行为分别被行为人所遵守,这就是"正确的""应当的";② 义务要求不做或必做的行为分别被行为人所违反,这就是"不正确的""不应当的"。义务中的"应当"包含着权利中的"正当",即一种义务行为,同时也是"正当"的行为。因此,"法治社会中权利和义务作为共生体,总是同时出现、相互对称的"。权利伴随着义务,义务制约着权利,权利与义务在本质上的关系就是"没有无义务的权利,也没有无权利的义务"。那么,在中小学教育中,学生的义务究竟有哪些?它们的依据是什么?本章我们来具体探讨这些问题。

学习指南

1. 观看本节"微课视频",查阅本节"演示文稿""教学导案"和"法规链接"等。
2. 通过本节"案例链接""视频视点"进行案例学习和研究。
3. 欢迎你踊跃参与本节"法学论坛",围绕主题畅所欲言。
4. 学完本节内容,请点击本节"随堂测试",测一测学习效果。
5. 基于本节的"核心概念",希望你丰富本节"参考文献",加入研究项目,进行研究性学习。
6. 学习的过程,应是师生共同进行课程资源开发的过程,欢迎加入"课程建设"项目,为本课程资源更优更好,贡献你的智慧。

知识结构

学生的义务
- 学生义务的含义
- 学生的民事法律义务
- 学生的行政法律义务
- 《教育法》规定的学生义务
  - 遵守法律、法规的义务
  - 遵规、尊师、养德、修行的义务
  - 努力学习的义务
  - 遵守校规的义务

以案说法

【视频视点】 10岁女孩劝大学生家教:好好学习不如嫁有钱人

请扫描本节二维码观看视频,该视频主要介绍了一个10岁女孩劝大学生家教不要找工作,好好学习还不如找个有钱人嫁了的事例,该女孩的观点引发了广大网友的热议。

【问题探讨】 你认为视频中这名女生的观点对不对?为什么?

【案例分析】 在此案例中,这个10岁女孩并没意识到学生具有接受教育、进行学习的义务。由于女孩年龄尚小,对学生的义务了解不够清晰。

【案例启示】 作为未成年人,更应该清晰地了解到作为学生的义务有哪些。家长和学校也有义务让学生明白在校学习的责任与义务。

📔 知识点解读

一、学生义务的含义

学生的义务是指学生依照教育法及其他有关法律、法规,在参加教育活动中必须履行的义务。学生作为权利主体和义务主体的统一,一定权利的享有对应着一定义务的履行。根据学生的法律地位,学生的义务分为两部分:一是宪法和法律赋予每个公民的义务,学生作为公民也应当承担;二是学生作为受教育者所应承担的特殊义务。在这些义务中,学生作为公民的义务和作为受教育者的义务两者有一定重合。

> **随堂小练**
>
> 1.(单项选择题)我国对学生的义务做出明确具体规定的法律是(　　)。
>   A.《宪法》   B.《教育法》   C.《义务教育法》   D.《未成年人保护法》
>
> 【答案】 B。
>
> 【解析】 我国现代教育基本法,即《教育法》第44条对各级各类学校及其他教育机构的学生的基本义务专门做了规定。

二、学生的民事法律义务

民事法律义务即学生在民事法律关系中应当履行的义务,主要包括爱护公私财物、保护校园公共设施的义务,按时交纳各种合法经费的义务和民事赔偿的义务。

1. 爱护公私财物,保护校园公共设施的义务

学校的公私财产、公共设施是学生进行学习、生活的物质基础,学生对其进行损坏,实质上是一种侵权行为,侵害了学校的财产权。因此,学生有爱护公私财物、保护校园公共设施的义务。

2. 按时交纳各种合法经费的义务

义务教育我国已经实行免学杂费,非义务教育学校学生有按照国家规定缴纳学费的义务。住宿费的金额是学校与学生双方意见达成一致的结果,学生应当按时上交。还有一些学生应交的合法、约定经费,学生也应当交纳。

3. 民事赔偿的义务

学生对学校的侵权行为及违约行为应当承担侵权责任和违约责任,承担责任的主要方式是进行民事赔偿,当然还有其他责任方式,如停止侵害、排除妨害、消除危险等。

三、学生的行政法律义务

行政法律义务即学生在行政法律关系中应当履行的义务,主要包括服从合法行政管理的义务，努力学习、完成规定的学习任务的义务，接受学校监督的义务。

1. 服从合法行政管理的义务

在行政管理法律关系中，学生的首要义务是服从学校合法的行政管理。具体指遵守法律法规（包括教育法律法规）的相应义务；遵守学生行为规范的义务，如遵守社会公德，尊敬师长，养成良好的思想品德和行为习惯的义务；遵守学校的合法行政管理制度的义务，如学生在考试中不能作弊、力戒剽窃他人学术成果的义务和遵守校训、维护学校声誉和形象的义务。

2. 努力学习，完成规定的学习任务的义务

这是学生应履行的基本义务，包括课程学习、课后作业、成绩考核、课外活动等，不仅完成教学计划规定的内容，还应当发挥主观能动性，并学会获取知识和运用知识的能力。同时努力上进，提高思想品德素质和培养良好行为习惯，完善自我，实现全面发展。

3. 接受学校监督的义务

学生在行政法律关系中应当接受学校依法实施的监督，但学校的监督权不能侵犯学生的合法权益。从法律角度而言，权利不是绝对的，而是与义务相伴相随的。因此，如果学生在享有权利的同时，忽视他人的存在，不履行法定义务，学校有权将其视为违纪违法，情节严重者，可要求学生承担相应的法律责任。

四、《教育法》规定的学生义务

学生是教育法律关系中的重要主体，享有法律规定的权利，同时为了保证正常的社会秩序和教育、教学活动的顺利进行，提高教育教学质量，学生必须履行相应的义务。《教育法》第44条对各级各类学校及其他教育机构的学生的基本义务专门做了规定，在教育法律关系中，学生所应履行的义务主要包括受教育义务，遵守法律、法规义务，养德修行义务，努力学习义务和遵守校规义务，见图3-1。

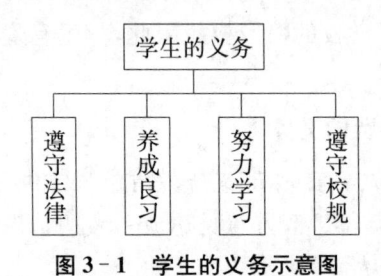

图3-1 学生的义务示意图

（一）遵守法律、法规的义务

根据《教育法》第44条第1项规定，学生有"遵守法律、法规"的义务。作为国家公民，学生首先要遵守国家的法律、法规，这是作为公民必须履行的基本义务。法律、法规是国家、社会组织和公民一切活动的基本准则，任何组织和公民都必须遵守。

此处的"法律、法规"是指宪法、法律、行政法规和依据法律、法规制定的规章。

学生作为国家公民之一员,遵守法律、法规是一项基本要求。《宪法》是我国的根本大法,是反映全国各族人民意志和根本利益的国家总章程(公民的基本义务也称宪法义务,请参见《宪法》第二章)。依据《宪法》制定的法律和依据法律制定的法规及相应的各部门规章,也是国家、意志的体现,符合国家和人民的共同利益,是国家、社会组织和公民一切活动的基本行为准则。

遵守法律、法规,对学生来说,还要强调另一层意思,就是要遵守有关教育的法律、法规和规章。我国已颁布、施行了《教育法》《义务教育法》《教师法》等有关教育的法律以及《学校体育工作条例》《学校卫生工作条例》等教育行政法规;此外,国务院教育行政部门单独或与其他部委联合制定、施行了若干有关教育的规章,地方立法机构也依法制定了大量的地方性教育法规和规章,这些教育法律、法规和规章都涉及了学生的权利和义务。作为最广泛的教育法律关系主体,学生必须同教育者一起加以遵守,做到"知法、守法"。

随堂小练

2. (单项选择题)适龄儿童、少年因身体状况需要延缓入学或者休学的,其父母或者其他法定监护人应当提出申请,由(　　)批准。

   A. 学校
   B. 市级人民政府或者县级人民政府教育行政部门
   C. 市级人民政府或者乡镇人民政府教育行政部门
   D. 乡镇人民政府或者县级人民政府教育行政部门

【答案】 D。

【解析】《义务教育法》第11条第2款规定:"适龄儿童、少年因身体状况需要延缓入学或者休学的,其父母或者其他法定监护人应当提出申请,由当地乡镇人民政府或者县级人民政府教育行政部门批准。"

3. (单项选择题)按照《教育法》的规定,对在校园内结伙斗殴,寻衅滋事,扰乱学校及其他教育机构教育教学秩序或者破坏校舍、场地及其他财产的,由(　　)来处罚。

   A. 学校　　　　　　　　　　B. 教育主管部门
   C. 家长　　　　　　　　　　D. 由公安机关给予治安管理处罚

【答案】 D。

【解析】《教育法》第72条规定:"结伙斗殴、寻衅滋事,扰乱学校及其他教育机构教育教学秩序或者破坏校舍、场地及其他财产的,由公安机关给予治安管理处罚;构成犯罪的,依法追究刑事责任。"

4. (单项选择题)初中生王某因犯罪,被法院判处有期徒刑1年,缓刑2年。下列说法正确的是(　　)。

   A. 王某不可能继续回学校读书　　B. 学校可以取消王某的学籍
   C. 王某只能到工读学校就读　　　D. 王某可由政府依法收容教养

【答案】 D。

> 【解析】根据《预防未成年人犯罪法》规定,未成年人因不满16周岁不予刑事处罚的,责令其父母或监护人严加管教;在必要时,也可以由政府依法收容教养。因此初中生王某可由政府依法收容教养。
>
> 出处:2015年下半年中学教师资格考试《综合素质》真题。

案例链接

【视频视点1】 刺向同学的"刀"!

请扫描本节二维码观看视频,该视频主要介绍了同学之间因下楼梯引起了小摩擦而冲动拿刀捅向同学的事件,该事件引起学校和社会的广泛关注。

【视频视点2】 "校园欺凌"埋下的种子到底有多可怕?

请扫描本节二维码观看视频,该视频主要介绍了同学之间校园欺凌现象。

推荐阅读:欺凌同学被判13年,父母怒斥无法用钱摆平

【问题探讨】

1. 案例中拿刀杀人的学生违反了什么法律法规规定?应当承担什么法律责任?
2. 学生在学校中应该如何与同学相处?校园欺凌与玩笑的边界在哪里?
3. 校园欺凌会带来什么后果?我们能做什么?怎么做?

欢迎进入法学论坛,参与校园欺凌主题的讨论。

(二)遵规、尊师、养德、修行的义务

根据《教育法》第44条第2项规定,学生应当履行"遵守学生行为规范,尊敬师长,养成良好的思想品德和行为习惯"的义务。这是我国培养学生成为在德、智、体等方面都得到发展的有社会主义觉悟的有文化的社会主义事业的建设者和接班人的教育方针的具体要求。对不同层次和类型的学校履行这方面义务的标准是不同的。例如,中小学生守则等,对不同层次和类型学校的学生的相关义务均有具体规定。这里的学生行为规范特指国家教育行政管理机关制定、颁发的关于学生行为准守的统一规定,它包括《小学生日常行为规范》《中学生日常行为规范》《小学生守则》《中学生守则》等。这些规章集中体现了国家对不同阶段的学生,即小学生、中学生政治、思想、品德等方面的基本要求,各级各类学校的学生应当遵守相应的行为规范。其他教育机构学生应参照这些学生规范,自觉养成良好的思想品德和行为习惯。

尊敬师长是遵守学生行为规范的具体要求,是良好的思想品德和行为修养的具体体现。在教育教学活动中,教师是文化知识的传播者,承担着教书育人、培养社会主义事业建设者和接班人、提高民族素质的使命,理应受到学生和全社会的尊重。尊敬师长是我国的传统美德,也是社会进步文明的重要标志,学生要养成良好的思想品德和行为习惯,提高自身素养,就应当继承发扬这一美德。

随堂小练

5.（单项选择题）下列关于教师与学生之间的法律关系的说法，不正确的是（　　）。

A. 教育与被教育的关系　　　　B. 管理与被管理的关系

C. 保护与被保护的关系　　　　D. 控制与被控制的关系

【答案】 D。

【解析】 我国《教育法》第29条在学校权利中明确规定：学校"对受教育者进行学籍管理，实施奖励或者处分"；《教育法》第45条规定："教育、体育、卫生行政部门和学校及其他教育机构应当完善体育、卫生保健设施，保护学生的身心健康。"

出处：2016年下半年中学教师资格考试《综合素质》真题。

6.（单项选择题）西安市某中学一周内连续发生两起学生殴打老师的事件，其中一起发生在一位教初一的女老师身上。该女老师在为一名转入该校的学生办理报名手续时，因言语不和与该学生及其家长发生冲突，结果招致该学生和其家长的联手暴打。该学生违反了什么义务？（　　）

A. 遵守法律、法规的义务

B. 遵守学生行为规范，尊敬师长，养成良好的思想品德和行为习惯的义务

C. 努力学习，完成规定的学习任务的义务

D. 遵守所在学校或者其他教育机构的管理制度

【答案】 B。

【解析】 根据《教育法》第44条第2项规定，学生应当履行"遵守学生行为规范，尊敬师长，养成良好的思想品德和行为习惯"的义务。

案例链接

【视频视点】 学生在办公室刺了班主任26刀

请扫描本节二维码观看视频，该视频主要介绍了某一中学16岁少年在办公室刺了47岁的中学班主任26刀，在被送往医院的路上，班主任已经没有生命体征。据悉该少年平时成绩不错，曾经多次在班上考第一名。根据通报，这起案件，系因两人在办公室发生争执。在此之前，该学生曾对班主任布置的作业产生抗拒。

【问题探讨】

1. 你如何看待该学生的行为？谈谈你的师生关系观。

2. 不少教师对学生学习尽心尽力，为什么学生不感恩？甚至教师遭杀身之祸？

3. 如何避免师生相处中悲剧的发生？

【案例分析】《教育法》第44条规定，受教育者应当履行下列义务：① 遵守法律、法规；② 遵守学生行为规范，尊敬师长，养成良好的思想品德和行为习惯；③ 努力学习，完成规定的学习任务；④ 遵守所在学校或者其他教育机构的管理制度。该案例中学生的行为毋庸置疑违反了上述规定，同时也是性质非常恶劣的犯罪行为。我们应该引以为戒，教师在进行教育时要育人为先，注重学生的心理发展、法律意识培养，保护自身安全。

请扫描本节二维码,欢迎进入法学论坛讨论:教育是师生生命的对话,那么教育的生命线是什么?教师和学生之间的关系如何界定?如何保持一个平衡?结合相关发言,探求解析结论。

(三)努力学习的义务

《教育法》第44条第3项规定,学生应当履行"努力学习,完成规定的学习任务"的义务。这也是学生区别于其他公民的一项特定义务。其具体内容主要是指学生应该明确学习目的,刻苦认真学习;遵守课堂纪律,按时到校,不迟到,不早退,不无故缺课;上课专心听讲,勇于提出问题,敢于发表自己的见解,积极回答教师的提问;认真复习,按时独立完成各科作业;遵守考试纪律,考试不作弊;完成各个阶段的必修课程,努力取得优良成绩等,不同层次和类型学校的学生的相关义务有所不同。

学习科学文化知识,完成规定的学业,以便使自己成为德智体等方面全面发展的社会主义事业的建设者和接班人,是学生的首要任务,也是学生区别于其他公民的一项主要义务。

学生"以学为主",学生作为专门的受教育者进入学校就意味着他的主要任务是学习,意味着承担接受教育、完成学业的义务。对于义务教育阶段的学生来说,这种义务是强迫的,具有强制性;对于非义务教育阶段的学生来说,这是自愿入学在享用受教育权利的同时应承担的义务。履行完成学业的义务是学生享有获得学业证书及学位证书的权利的前提。任何一个教育阶段的学习任务都包括两种:一是结果性的或称终结性的,即某一教育阶段教育计划规定的学生在该教育阶段结束时应完成的学习任务;一种是过程性的,是学生为完成某一教育阶段的学业或总的学习任务而要完成的日常的、大量的、具体的学习任务。这两种性质的学习任务是相辅相成的,过程性的学习是量的积累,其目的和结果是质的提高。因此,学生对学习任务都应认真对待,为完成既定的学习目标而努力。

随堂小练

7.(单项选择题)A同学因感觉英语老师布置的抄写作业无聊,拒绝做作业。A同学的行为违反了什么义务?(　　)

A. 遵守法律、法规的义务

B. 遵守学生行为规范,尊敬师长,养成良好的思想品德和行为习惯的义务

C. 努力学习,完成规定的学习任务的义务

D. 遵守所在学校或者其他教育机构的管理制度

【答案】 C。

【解析】 根据《教育法》第44条第3项规定,学生应当履行"努力学习,完成规定的学习任务"的义务。这也是学生区别于其他公民的一项特定义务。

案例链接

【视频视点】 老师发红包鼓励学生上课

请扫描本节二维码观看视频,该视频主要介绍了针对逃课现象,某校老师采取给上课签到按时上课的学生发红包的方式来激励学生准时上课。该做法引发广大议论。

【问题探讨】 视频中老师发红包的现象反映了什么问题?你怎么看?

【案例分析】 根据《教育法》第44条第3项规定,学生应当履行"努力学习,完成规定的学习任务"的义务,因此上课是学生必须履行的义务。面对不想学习的熊孩子,怎么办?欢迎扫描本节二维码进入法学论坛,结合相关发言,探求解析结论。

(四)遵守校规的义务

根据《教育法》第44条第4项规定,学生应当履行"遵守所在学校或者其他教育机构的管理制度"的义务。学校为了保证教育教学工作的顺利进行,需要制定有关的管理制度。学校管理制度包括学校教学、科研、德育、劳动、体育等各项工作的管理制度。对这些管理制度,学生有义务遵守,如果违反其所在学校的管理制度,会受到批评教育或相应的处分。

学校及其他教育机构的管理制度,也是国家教育管理制度的重要组成部分,是确保学校及其他教育机构教育教学活动正常有序进行的基本措施,也是国家为实现教育权利而赋权于学校及其他教育机构制定的必要的纪律。从广义上说,它是国家法律法规的具体化,遵守学校或其他教育机构的管理制度与遵守国家的法律法规,在实质上是一致的,学生作为广泛的教育活动主体之一,有义务加以遵守和服从。具体地说,主要包括以下几个方面:

(1)遵守其所在教育机构的思想政治教育管理制度。

(2)遵守其所在教育机构的教学管理制度。

(3)遵守其所在教育机构的学籍管理制度,包括入学注册、成绩考核、登记,对升级、留级、转学、复学、休学、退学的处理,考勤记录、纪律教育、奖励处分、毕业资格审查等的管理规定。

(4)遵守其所在教育机构的体育管理、卫生管理、图书仪器管理、校园及宿舍管理等方面。

随堂小练

8.(单项选择题)某中学上课时,高年级学生李某到教室外喊赵某,说有事让他出去一趟,班主任张某默许了。赵某走出教室后被李某殴打,导致右眼失明。对赵某所受伤害应当承担赔偿责任的主体是( )。

A. 李某　　　　B. 张某　　　　C. 学校　　　　D. 李某和学校

【答案】 D。

【解析】 根据《学生伤害事故处理办法》第8条,发生学生伤害事故,造成学生人身损害的,学校应当按照《中华人民共和国民法典》及相关法律、法规的规定,承担相应的事故责任。

出处:2016年下半年中学教师资格考试《综合素质》真题。

9.(单项选择题)请问逃课的学生违反了哪条义务?(　　)

  A. 遵守法律、法规的义务

  B. 遵守学生行为规范,尊敬师长,养成良好的思想品德和行为习惯的义务

  C. 努力学习,完成规定的学习任务的义务

  D. 遵守所在学校或者其他教育机构的管理制度

【答案】 D。

【解析】 根据《教育法》第44条第4项规定,学生应当履行"遵守所在学校或者其他教育机构的管理制度"的义务。

案例链接

【案情简介】 上课时,教师不能随意让学生出教室

涛涛爱淘气,经常在课堂上说话、做小动作,有时还不完成作业。一天,他又在课上说话、做鬼脸,被班主任老师发现了。老师非常生气,对涛涛说:"你的课不要上了,回家把家长找来,什么时候你爸爸来了,你再来上课。"涛涛不敢回家,只好在教室外面站着。这时,正好校长路过,问清了原因后,把涛涛送回教室。事后,校长把涛涛的班主任老师找去,提出了批评。

【问题探讨】 你认为校长批评的对吗?班主任和涛涛同学应该怎样做呢?

【案例分析】 校长的做法是对的。学校是少年儿童受教育的地方,为了保护中小学学生的受教育权利,法律还专门规定了在义务教育阶段学校不能随便开除学生。教育和帮助有缺点的学生是学校和老师的责任,学校、老师应当对学习有困难、品行有缺点的学生给予更多的关心和帮助,使他们改正错误、健康成长。

这位班主任应当认识到自己的错误。经过教育,涛涛也应当认识到自己不仅违反了学校纪律,而且在课堂上随便说话,也影响了别的同学听讲,实际上侵犯了其他同学受教育的权利。

案例链接

【案情简介】 波波被教师锁在教室,嗓子已经哭哑了

波波很贪玩,经常不完成作业。一天,波波又没做作业,班主任张老师很生气,放学后把他单独留在教室里补作业。这时,张老师突然想起家里有事要办。看见波波还没有补完作业,张老师说:"补完作业才能回家,我一会儿回来检查。"为防止波波自己偷偷跑了,临走时张老师把教室的门上了锁。由于家里的事很多,后来张老师就把波波的事忘了。天越来越晚,波波一个人在教室里越来越害怕。他想出去,但是门被锁上了,窗户上有铁

栏杆。他拼命地大喊,但学校里的人都走了,没人听得见。波波急得大哭了起来,天很晚了,波波的爸爸才找到学校,当他和张老师一起打开教室门的时候,波波的嗓子已经哭哑了。

【问题探讨】 请问张老师的做法对吗?张老师的教育行为有哪些法律风险?

【案例分析】 不对。《宪法》第37条规定:"中华人民共和国公民的人身自由不受侵犯。任何公民,非经人民检察院批准或者决定或者人民法院决定,并由公安机关执行,不受逮捕。禁止非法拘禁和以其他方法非法剥夺或者限制公民的人身自由,禁止非法搜查公民的身体。"少年儿童的人身自由同样受到法律的保护,无论是学校、老师,还是其他任何组织、个人都没有权利剥夺、侵犯未成年人的人身自由。张老师的行为实际上已经构成了非法拘禁,只是因为情节比较轻微,也没有造成严重后果,可以通过道歉的方式弥补,否则的话,非法拘禁他人要负刑事责任的。

案例链接

【视频视点】 "熊孩子";"不写作业的小女孩"

推荐阅读

1. 还教师合理的惩戒权,是对教育负责(来源:蒲公英评论网)
2. 跪着的老师,教不出站着的学生(作者:伊衣)
3. "把老师当学生管,把学生当祖宗供",这是当前教育的两大弊端(作者:遗君明珠)

【问题探讨】 (扫描本节二维码,欢迎进入法学论坛讨论下列问题)

1. 子不教,父之过;教不严,师之惰。面对"熊孩子",我们怎么办?
2. 请你谈谈你对视频中不写作业的小女孩的看法及其教育启示。
3. 每一个无法无天的"熊孩子"背后,一般都有一个无礼无节的熊家长。教育学生过程中如何与家长协调教育?
4. 在上述文章中摘录了下述部分观点,请谈谈你的看法。
① 当老师丢掉教鞭的时候,也一定会丢掉威严和责任。
② 在我看来,应该把教鞭还给老师,给每个老师配备一把标准戒尺,让他们揍得儒雅,揍得得体,揍得踏实。
③ 毕竟,说服不是万能的,今天不多配一些戒尺,明天就得多盖一些监狱。
④ 在学校里,学生应该受到最基本的规则约束,违反规则者要受到必要的惩罚。
⑤ 如果学生们享有太多的豁免权,可以藐视规则,甚至肆无忌惮,教育也不可能搞好。

研究项目

学生人格权的学校保护研究

扫描本节二维码,欢迎参与学生权利学校保护研究项目。

第三节 未成年学生权利的学校保护

学生权利保护是指以学生为群体,家庭、学校和教师、国家和社会及其他社会成员要履行好各自的职责和义务,对学生的各项权利实施保护,使其合法权益免受侵害。学生素养如何关系着国家民族的未来,而学生与其他成员比较而言是弱势群体,特别是未成年学生心智还很不成熟,所以对学生权利的保护尤其重要。依据我国《未成年人保护法》,学生权利的保护可以分为学校保护、家庭保护、网络保护、社会保护和司法保护,本章重点分析未成年学生权利的学校保护,特别是教师保护,其他保护的具体要求请参见第五章第一节《未成年人保护法》。

学习指南

1. 观看本节"微课视频",查阅本节"演示文稿""教学导案"和"法规链接"等。
2. 通过本节"案例链接""视频视点"进行案例学习和研究。
3. 欢迎你踊跃参与本节"法学论坛",围绕主题畅所欲言。
4. 学完本节内容,请点击本节"随堂测试",测一测学习效果。
5. 基于本节的"核心概念",希望你丰富本节"参考文献",加入研究项目,进行研究性学习。
6. 学习的过程,应是师生共同进行课程资源开发的过程,欢迎加入"课程建设"项目,为本课程资源更优更好,贡献你的智慧。

微信扫一扫

知识结构

未成年学生权利的学校保护
- 未成年学生权利学校保护的含义
- 未成年学生权利学校保护的意义
- 未成年学生权利学校保护的内容
  - 未成年学生受教育权的学校保护
  - 未成年学生人身权的学校保护
    - 未成年学生生命健康权的学校保护
    - 未成年学生人格尊严权的学校保护
    - 未成年学生人身自由权的学校保护
    - 未成年学生隐私权的学校保护
    - 未成年学生名誉权的学校保护
    - 未成年学生荣誉权的学校保护
    - 未成年学生姓名权的学校保护
    - 未成年学生肖像权的学校保护
    - 未成年学生著作权的学校保护
    - 未成年学生休息权的学校保护
  - 未成年学生财产权的学校保护
  - 教师不作为侵权的学校保护
- 《未成年人保护法》对学生权利教师保护的规定
- 《预防未成年人犯罪法》对学生权利教师保护的规定

以案说法

【案情简介】 教师推撞学生被民事制裁

4月8日,某中学语文张老师正在讲台上批改作业,这时,14岁的叶与同桌因为座位谁用得多少发生争吵,继而又动起手来。张老师很恼怒,在把他们推往教室外面的途中,二人的脑袋撞在了一起。11月5日,叶被送往市第二精神病医院,被诊断为反应性精神病,脑血管痉挛。

【问题探讨】

1. 张老师的行为只是教育方式不当问题,还是违法问题?

2. 张老师的行为与原告受到伤害的结果有没有必然的因果联系?张老师应当承担什么法律责任?

3. 针对学校尤其是教师,在未成年学生权利保护方面还存在哪些问题?本案给你带来什么启示?

【案例分析】 显然,张老师的教育方式是不当的,当他发现叶与同桌发生争吵后,采用极其简单粗暴的态度,让两个学生站在讲台上,并用手揪住两学生的头发,使两学生的头相撞,并反复地训斥,没有注意到原告,完全没有考虑到她的承受能力与情绪的变化,对两个学生体罚一直持续到下午放学。

由于原告精神上受到很大打击,心理上也受到极大的伤害,无法到学校读书,一直在家靠药物稳定情绪。被告的行为导致原告产生精神疾患,被告张的行为与原告受到伤害有着直接的因果联系,是导致原告产生这种心理疾病的直接诱因。当然,叶患病并非全部由张的行为所导致,因为据法院调查得知,原告心理承受能力差,一贯厌学,早已存在诱发精神病的隐患。故法院判决张承担70%的主要赔偿责任。由于张是在教学活动中履行教学职责时发生的侵权行为,故学校应承担赔偿责任。

【案例启示】 教师体罚或者变相体罚学生,不仅违背了职业道德,也是违法行为。体罚是我国有关法律明确禁止的行为。《教育法》《教师法》《未成年人保护法》《义务教育法》等多项法律都明令禁止教师体罚或变相体罚学生。不论教师出于什么动机或目的,都不得实施这种手段。对于体罚学生并造成学生伤害的教师,应当依照法律的规定,将给予行政、民事、刑事制裁。

知识点解读

一、未成年学生权利学校保护的含义

学校保护是指有关的学校、幼儿园及其他机构依照法律规定,对未成年学生和幼儿园儿童的身心健康和合法权益实施保护。我国《未成年人保护法》明确了保护未成年人的工作,应当遵循下列原则:尊重未成年人的人格尊严;适应未成年人身心发展的规律和特点;

教育与保护相结合。我国《未成年人保护法》和《未成年人学校保护规定》对学校保护提出了明确的要求。学校保护是未成年学生权利保护的主阵地,学校保护涉及学校的校长保护、教师保护、班主任保护以及校园后勤保护等方面。本节重点分析教师保护和班主任保护。

二、未成年学生权利学校保护的意义

1. 未成年学生权利学校保护是其身心健康发展的条件

未成年学生由于他们身体尚在成长之中,心智也还在成熟的过程之中,他们还没有经济上的能力,他们抵御各种诱惑和防止受到伤害的能力都还不足,所以未成年学生需要得到家庭、学校、社会及各个方面的保护,才能确保他们身心健康发展。未成年学生的身心发展,虽然需要社会全方位的保护,但是未成年学生日常大量时间是在学校中度过的,教师是他们每天接触最多的成年人。教师对未成年学生实施的保护,对未成年学生的成长具有特别的意义。

2. 未成年学生权利学校保护是实现中小学教育目标的要求

未成年学生作为成长中的人,是中小学教育活动的对象,要把他们培养成为德、智、体、美等各方面全面发展的社会主义事业的建设者和接班人,这不仅是由中小学教育目标所规定的,也是我国教育目的所要求的。

中小学教育目标的规定和我国教育目的的要求,对于未成年学生来说并不只是一种外在的要求,而是未成年学生自身健康发展的要求。因为我国的教育目的、中小学教育目标体现的是人成长发展的本源要求,是受教育者的利益所在,所以保障未成年学生能够按照我国教育目的和中小学教育目标的要求发展,就是中小学生的权利所在。

三、未成年学生权利学校保护的内容

(一)未成年学生受教育权的学校保护

受教育权是公民所享有的并由国家保障实现的接受教育的权利,是宪法赋予的一项基本权利,也是公民享受其他文化教育的前提和基础。对于未成年学生来说,受教育权是其在学校各项权利中最重要、最基本的权利。对未成年学生受教育权的保护主要体现在对就学的平等权、入学权、上课权、教学设施设备使用权保护以及对未成年学生受教育权侵犯的法律救济保护等方面。常见的侵犯学生受教育权的表现有:

1. 未成年学生受教育机会平等权的学校保护

我国《教育法》第 9 条规定了公民受教育机会平等的基本原则。受教育机会平等,是指公民在受教育方面的权利和义务具有平等的法律地位,不因民族、种族、性别、职业、财产状况、宗教信仰等方面的不同或者差别而受到不平等的对待。这包括对一些弱势群体受教育权的保护上,如女子享有与男子同等的受教育权利,为经济困难的学生提供资助,为残疾人接受教育提供帮助和便利,为违法犯罪的未成年人接受教育创造条件等。

受教育机会的平等权首先体现在对依法接受规定年限的义务教育的未成年学生,必须按照有关规定接纳他们入学,不得以任何理由将他们拒之于校门之外。《义务教育法》第2条规定:"国家实行九年义务教育制度。义务教育是国家统一实施的所有适龄儿童、少年必须接受的教育,是国家必须予以保障的公益性事业。实施义务教育,不收学费、杂费。国家建立义务教育经费保障机制,保证义务教育制度实施。"第4条与第5条规定,国家、社会、学校和家庭依法保障适龄儿童、少年接受义务教育的权利。第11条规定:"凡年满六周岁的儿童,其父母或者其他法定监护人应当送其入学接受并完成义务教育;条件不具备的地区的儿童,可以推迟到七周岁。"

案例链接

【案情简介】 盗窃被免于刑事责任的学生学校可否拒绝接受

该案例主要介绍了某校刚录取的高一新生中有5名男同学因初中时参与社会盗窃而被公安机关查获。5名学生犯罪情节也不是很严重,所以公安司法部门免于追究刑事责任,建议学校允许这些学生继续回校学习。对此,学校争议很大。

【问题探讨】 你认为该校到底该不该收这5名学生呢?

【案例分析】 学校应该收这5名学生。学校有维护受教育者的合法权益的义务,即学校不得侵犯受教育者的受教育权。《教育法》第40条规定:"国家、社会、家庭、学校及其他教育机构应当为有违法犯罪行为的未成年人接受教育创造条件。"《预防未成年人犯罪法》也规定,被免予刑事处罚的未成年人,在复学、升学、就业等方面与其他未成年人享有同等权利,学校应该予以保护。另外,这5名学生犯罪时未满18周岁,属于未成年人,按照我国《未成年人保护法》规定,对于品行有缺点的学生应当耐心教育、帮助,不得歧视,也不得随意开除。《义务教育法》第5条规定,实施义务教育的学校必须依法接受应该在本校就读的适龄儿童入学。因此,学校应该收这5名学生,在他们学习期间,不得歧视,而是要耐心进行引导和教育。

2. 未成年学生上课权、考试权、使用设施设备权的学校保护

我国《教育法》第43条规定,受教育者享有"参加教育教学计划安排的各种活动"的权利。这是学生在学校中享有的最基本的权利。在教育教学中,学生有权参加教学计划安排的授课、讲座、课堂讨论、观摩、实验、实习、考试等活动。教师在教育教学中的侵权表现如下:

(1) 随意停止学生上课。学生因为迟到,不遵守纪律,未完成作业,作业出错,甚至有时只是家长未在作业上签名,就被教师赶出教室,不允许听课。

(2) 教师随意占用学生的上课时间。随意改动教学计划,指派学生参加一些与教育教学无关的活动,如商业庆典、开幕式等。

(3) 放弃或终止许多课程的开设和教学。一些教师为让学生应付考试,不开设音乐课、美术课或随意挤占体育课等与应试无关的课程。

（4）直接或变相不允许学生参加升学考试。学校为提高升学率，采取办法劝成绩不好的学生退学或班主任采取各种手段让其自动退学。

（5）随意开除或变相开除学生。我国《未成年人保护法》规定，学校应当尊重未成年学生的受教育权，不得违反法律和国家规定开除未成年学生。一些学校随意开除学生或变相采取手段甚至勒令未成年学生退学的行为，都侵犯了未成年学生的受教育权。

案例链接

【案情简介】 学生穿奇装异服，教师不让上课导致学生自杀

陕西省某中学高一学生王某，6月2日到学校上课时，内套一件被青年们称为"一把火"的红衬衫。班主任孙某发现后，当即命令其在教室里脱掉。自尊心很强的王某坚持不脱并回到自己的座位坐下。孙某走过去将王某拉出座位，并把他的语文书和本子从后窗扔到楼下，还大声喊道"出去！我这个班不要你，以后别来了。"此后，班主任和学校一直未向家长通报情况，数天后王某投湖身亡。孙某因学生穿衣服问题，在未履行任何手续的情况下，不让学生上学，这一做法无疑违反了有关规定，侵犯了学生的受教育权。

【问题探讨】（扫描本节二维码，欢迎进入法学论坛，讨论以下问题）

1. 学生有穿奇装异服的权利吗？
2. 教师有管学生穿衣服的权利吗？
3. 学生违纪，教师随意停课的法律风险在哪里？本案的教训在哪里？

【案例分析】 我国实行九年制义务教育，受教育是每个处于义务教育阶段的学生的基本权利。《宪法》明确规定我国公民有受教育的权利和义务。《义务教育法》第2条也明确规定，义务教育是国家统一实施的所有适龄儿童、少年必须接受的教育。这里所指的受教育权主要包括学生有权参加学校为贯彻教育方针而依法组织的各种教育教学活动，其中包括有权按照课程表听教师讲课。如果无正当理由不让学生到课堂听课，或随意将学习有困难、违反纪律的学生停学、开除，就是随意剥夺了学生的受教育权，是一种侵权行为。该案例教师严重侵犯了学生的上课权，并且对学生的心理异常表现极为不负责任，应承担相应责任。学生有生活方式选择的自由，学校和教师基于教育，对学生的生活方式进行教育引导也是教育的义务与责任的要求，但应基于尊重学生权利的基础上，通过完善学校规章制度建设等教育措施来实现。

案例链接

【案情简介】 老师辱骂学生并将其赶出教室（详情请扫描本节二维码）

【问题探讨】

1. 本案中所涉及的法律关系主体有哪些？
2. 当事人违反了什么法律？应当承担什么责任？
3. 本案对我们有哪些启示？

【案例分析】 本案中所涉及的法律关系主体有语文老师和学生薛某。

这是一起中小学广泛存在的教师侵犯学生权益的案件。案例中的语文老师将学生赶出教室是剥夺学生受教育权的行为。《教育法》第43条第1项规定，学生有"参加教育教学计划安排的各种活动，使用教育教学设施、设备、图书资料"的权利，课堂教学是教育教学的主要活动，教师将学生赶出教室侵犯了学生的受教育权，是违反教育法的行为。另外，语文老师让学生在教室门口罚站，说他"笨得像猪"，这既是对学生的一种变相体罚，又侮辱了学生的人格尊严，违反了《教师法》第8条第4项关于教师义务的规定："关心、爱护全体学生，尊重学生人格，促进学生在品德、智力、体质等方面全面发展"，同时也违反了《未成年人保护法》第21条的规定："学校、幼儿园、托儿所的教职员工应当尊重未成年人的人格尊严，不得对未成年人实施体罚、变相体罚或者其他侮辱人格尊严的行为。"语文老师应该向学生薛某道歉，并及时改正自己的行为。

随堂小练

1.（单项选择题）下列不属于侵犯学生受教育权的是（　　）。
   A. 侵犯学生受教育机会的平等权　　B. 侵犯学生参加考试的权利
   C. 侵犯学生的人格尊严权　　　　　D. 侵犯学生的入学权

【答案】 C。

【解析】 侵犯学生的人格尊严权是对学生人身权的侵犯。

2.（单项选择题）下列选项中既属于教师的权利又属于义务的是（　　）。
   A. 参加继续教育培训，不断提高自身素质和教育教学水平
   B. 关心爱护学生，尊重学生人格
   C. 遵守宪法、法律和职业道德，为人师表
   D. 贯彻国家教育方针，遵守规章制度

【答案】 A。

【解析】 根据《教师法》，进修培训既是教师的权利，也是教师的义务。

3.（单项选择题）小学教师王某劝退两个成绩比较落后的学生，教师王某的做法（　　）。
   A. 合法，教师有劝退学生的权力　　B. 不合法，侵犯了学生的受教育权
   C. 合法，教师有管理学生的权力　　D. 不合法，侵犯了学生的荣誉权

【答案】 B。

【解析】《义务教育法》《未成年人保护法》明确规定不得开除或变相劝学生退学。题干中教师变相侵犯了学生的受教育权。

4.（单项选择题）张老师责令考试成绩不及格的小强停课半天写检查。张老师的做法（　　）。
   A. 合法，有助于警示其他学生　　　B. 合法，教师有管理学生的权利
   C. 不合法，侵犯了小强的人身权　　D. 不合法，侵犯了小强的受教育权

【答案】 D。
【解析】 题干所述是教师侵犯学生上课权的具体表现。

5.(单项选择题)下列不属于国家为保证学生的受教育权而做的努力的是(   )。
   A. 关注贫困生,设立帮助基金
   B. 允许学校惩罚甚至轻微体罚学生
   C. 关注残疾学生,设立特殊教育机构
   D. 为所有的学生提供正常教育机会

【答案】 B。
【解析】 此项不属于国家保障学生受教育权而做的努力,体罚学生侵犯的是学生的人格尊严权。

(二)未成年学生人身权的学校保护

人身权是指民事主体依法享有的,以在人格关系和身份关系上所体现的与其自身不可分离的,以利益为内容的民事权利。人身权是公民权利中最基本、最重要的一项权利。由于人身权的享有对公民具有不可或缺的重要性,《宪法》《民法典》等法律都有关于人身权的规定。公民享有的人身权可分为人格权和身份权,包括生命健康权、人格尊严权、姓名权、肖像权、名誉权、荣誉权、隐私权、人身自由权、信用权、婚姻自主权、著作权、监护权等多项具体权利。国家以法律的形式对未成年学生规定了特殊保护的手段和途径。但在现实生活中,各种侵犯未成年人人身权利的现象还时有发生,在对未成年学生权利学校保护方面要注意以下几点:

1. 未成年学生生命健康权的学校保护

生命健康权是公民享有的维护其生命安全、身体健康、机能完整,并予以支配的权利。生命健康权是生命权、健康权、身体权的统称。生命权是以自然人的生命安全的利益为内容的权利,是公民的最高人格利益。健康权是自然人依法享有的以保持其身体机能安全为内容的权利,健康包括肉体组织、生理与心理机能三个方面,无论对哪一方面的侵害,都构成对自然人健康的侵害。身体权是以自然人保持其身体组织器官的完整性为内容的权利。学校侵犯学生生命健康权的主要表现如下:

(1)教师体罚或变相体罚学生。学生作为公民享有法律赋予的生命权、身体权和健康权。在学校教育中,这类侵害主要是由体罚或变相体罚,校舍、教育教学设施设备不安全以及学校、教师的不作为侵权等造成的。目前仍有很多教师对学生生命健康权的认识不够清晰,特别值得我们重视的是仍然有体罚或变相体罚行为。

关于体罚的含义,目前尚无统一公认的表达,根据《教育大辞典》和《现代汉语词典》解释为:体罚是以损伤人体、侮辱人格为处罚手段的错误教育方法。一般理解就是:体罚是指学校教育工作者在进行教育过程时,采取同时损害受教育者人格尊严和机体健康的手段以达到教育学生目的的惩罚措施。

关于体罚的特征,主要有以下几个方面:

一是体罚的主体特征:必须是学校中直接承担对学生的教育和管理职责的教师或其他人员,并且与所体罚的对象之间具有特定的教育关系。

二是体罚的职业特征:是教育工作者在履行教育职责过程中对学生所实施的违法行为,即体罚属于职务违法行为。

三是体罚的后果特征:同时造成学生身体和人格的双重损害。

四是体罚的主观特征:只能是出于行为人的故意。

关于体罚的种类,主要如下:

一是直接体罚:如殴打,即采取造成受教育者身体痛苦的手段。

二是变相体罚:如罚站、罚饿、罚冻、罚做作业、罚打扫卫生、罚重复抄作业、写检查、罚学生抄班规、罚学生超量运动等。

苏霍姆林斯基在《给教师的100条建议》中指出:"体罚不仅是对人的肉体的恶行,而且是对人的精神世界的摧残,皮带不仅会使脊背失去知觉,而且会使心灵和情感麻木不仁。"

案例链接

【案情简介】 教师体罚学生影响极坏

该案例主要介绍了中学初二班主任马某,因该班学生刘某未完成家庭作业,非常生气,把学生刘某叫到其办公室训话,他越说越着急,顺手拿起在其旁边的热炉钩子将刘某脸部烫伤有三处之多。马某体罚学生的恶劣行为,在当地造成极坏的影响。

【问题探讨】 根据学生权利保护的相关知识,分析上述材料。

【案例分析】 该案例中马某因学生刘某未完成家庭作业,就用炉钩将该生脸部烫伤,并有三处之多,是一种明显的故意伤害行为,严重侵犯了学生的生命健康权,应承担法律责任。

《未成年人保护法》规定,学校、幼儿园、托儿所的教职员工应当尊重未成年人的人格尊严,不得对未成年人实施体罚、变相体罚或者其他侮辱人格尊严的行为。学校、幼儿园的教职员工对未成年人实施体罚、变相体罚或者其他侮辱人格行为的,由其所在单位或者上级机关责令改正;情节严重的,依法给予处分。未成年人的合法权益受到侵害的,被侵害人或者其监护人有权要求有关主管部门处理,或者依法向人民法院提起诉讼。该案例中的马某教育学生不讲究方式,采取了如此极端的行为对待未成年的孩子,对其生命健康造成了伤害,已经属于违法犯罪行为,应承担刑事责任,并依法予以严惩。

随堂小练

6.（单项选择题）学生李某因在上课时嬉戏打闹,被班主任罚打手心30下。班主任的这种做法（   ）。

A. 正确,有利于维护课堂教学秩序

B. 错误,不能对学生实施体罚或变相体罚

C. 正确,这是教师惩戒学生的权利

D. 错误,对学生的体罚应当适度

【答案】 B。

【解析】《未成年人保护法》等明确规定:不讽刺、挖苦、歧视学生,不体罚或变相体罚学生。

法学论坛

请扫描本节二维码,欢迎进入法学论坛,共同研讨以下问题:

(1) 请找一找,教师体罚学生违反的法律条款。

(2) 教师体罚学生的法律责任,请找一找法律依据。

(3) 没有惩罚的教育是不完整的教育,体罚与惩罚有何区别？

(4) 试分析教师体罚学生行为产生的原因及其后果,提出你的立法建议与对策思考。

作为人类灵魂的工程师,教师要有良好的思想道德品质、过硬的教育教学技能,更应具备完美的个性品质和心理素质,以完成教书育人的职责。但目前部分中小学教师不具备上述素质,以致出现体罚等伤害学生的违法行为。尤为严重的是由于教师的精神和心理问题、有些教师泄私愤,甚至个别教师为获钱财,绑架残害学生等,导致由一般违法到犯罪,因此,有必要了解一下我国《刑法》的有关规定。

《刑法》中,除了特殊规定以外,故意伤害他人身体的,处3年以下有期徒刑、拘役或者管制;致重伤者处3年以上10年以下有期徒刑;致死或以残忍手段导致严重残疾的处10年以上有期徒刑、无期徒刑或者死刑。以勒索财物为目的绑架他人的,处10年以上有期徒刑或者无期徒刑,并处罚金或者没收财产;致使被绑架人死亡或者杀害被绑架人的,处死刑,并处没收财产。

案例链接

【视频视点】 来自教师与学校的伤害

请扫描本节二维码观看视频,第一个视频介绍了某小学三年级学生不会背诵课文,英语老师用废弃铝合金清洁杆打学生屁股,致使学生五天后屁股仍然有瘀青;第二个视频介绍了小学食堂卫生不合格,开学首日被责令整改。

【问题探讨】
1. 棍棒教育惩罚了谁？体罚教育有什么危害？
2. 学校在保障学生生命健康权方面存在哪些问题？可能带来什么法律风险？如何改进？

【案例分析】 上述视频案例中教师体罚学生，用棍棒惩罚孩子；学校食堂卫生问题威胁学生健康。这些学校行为侵犯了学生的生命健康权，对孩子造成身心伤害，甚至产生厌学情绪。我国《义务教育法》规定，教师不得对学生实施体罚、变相体罚或者其他侮辱人格尊严的行为。学校、幼儿园、托儿所教职员工对未成年人实施体罚、变相体罚或者其他侮辱人格行为的，以及学校管理不善，给学生生命健康带来伤害的，由其所在单位或者上级机关责令改正；情节严重的，依法给予处分；特别严重的依法追究行政、民事、刑事责任。

（2）教师性侵害。近年来，少数教师对学生实施性犯罪的现象日趋严重，被侵害的对象绝大部分是 14 周岁以下的中小学生。其中最主要的性犯罪案件是强奸罪和猥亵儿童罪。

《刑法》第 236 条规定：以暴力、胁迫或者其他手段强奸妇女的，处三年以上十年以下有期徒刑。奸淫不满十四周岁的幼女的，以强奸论，从重处罚。强奸妇女、奸淫幼女，有下列情形之一的，处十年以上有期徒刑、无期徒刑或者死刑：① 强奸妇女、奸淫幼女情节恶劣的；② 强奸妇女、奸淫幼女多人的；③ 在公共场所当众强奸妇女的；④ 二人以上轮奸的；⑤ 致使被害人重伤、死亡或者造成其他严重后果的。

第 237 条规定："以暴力、胁迫或者其他方法强制猥亵他人或者侮辱妇女的，处五年以下有期徒刑或者拘役。聚众或者在公共场所当众犯前款罪的，或者有其他恶劣情节的，处五年以上有期徒刑。猥亵儿童的，依照前两款的规定从重处罚。"

教师不仅要向学生传授知识，更重要的是育人，因此教师应具备良好的道德素质。然而极个别品行不良的教师，做出了侮辱学生、影响恶劣的行为。这其中包括猥亵、奸污女学生，这些人枉为人师。

2. 未成年学生人格尊严权的学校保护

人格尊严权是法律赋予每一个民事主体保持其在法律上的独立人格所必须享有的权利，是一项最基本的权利。人格尊严权是基于民事主体人格产生，并由民事主体直接支配。在主体存在期间，人格尊严权始终与主体不可分离。

《宪法》第 38 条明确规定："中华人民共和国公民的人格尊严不受侵犯。禁止用任何方法对公民进行侮辱、诽谤和诬告陷害。"

《教师法》第 8 条第 4 项规定：教师应"关心、爱护学生，尊重学生人格，促进学生在品德、智力、体质等方面全面发展"。

《未成年人保护法》规定，尊重未成年人的人格尊严。学校、幼儿园的教职员工应当尊重未成年人的人格尊严，不得对未成年人实施体罚、变相体罚或者其他侮辱人格尊严的行为。

学校和教师不得对学生实施体罚、变相体罚或者其他侮辱人格尊严的行为；对品行有缺陷、学习有困难的儿童、少年应当给予帮助，不得歧视。每个人都有人格和尊严，人格尊严是公民的一项基本权利。教师应当尊重学生的人格尊严。但实际上，在教育教学中侵害学生人格尊严的行为还时有发生。主要表现如下：

(1) 讽刺、挖苦学生。

(2) 故意侮辱学生，随意谩骂学生。

(3) 给学生取一些歧视性的绰号或侮辱性的称号如"弱智""笨蛋"等。

(4) 借助教师在学生中的影响力，孤立学生，在公共场合随意议论学生的过错。

(5) 不给学生以合理的解释权和辩护权，以记档案威胁学生。

教师如果做出上述污辱学生人格的行为，会造成学生精神上的痛苦和心理上的创伤，使他们的名誉受损，得不到他人的尊重和信赖，对于学生个人会造成心理健康严重受损，甚至会影响人生；对于家庭会使家庭失去100%的未来期望。

案例链接

【案情简介】 教师诬蔑学生盗窃导致学生自杀，教师被判刑

某中学初二学生张某曾两次偷同学的钢笔，受到班主任王老师的批评，并在班里做了公开检讨。事隔不久，班里的两支日光灯管被盗，而当天正好是张某值日，负责看教室。王老师认定是张某所为。第二天王老师把张某家长找到学校，不听家长的解释，并要求家长赔偿损失，否则就停止张某上课。家长无奈，只得赔钱。王老师在班里有意无意流露出该生偷东西的意思，说：如果不偷，怎么能赔呢？几天后，整个学校搞得满城风雨。最后，张某承受不了这样的压力自杀身亡。

【案例分析】 王老师未做细致调查，盲目认为该生有前科便予以歧视，甚至有污辱人格的言语行为，已严重违反了《未成年人保护法》。由于后果严重，已构成犯罪，被判有期徒刑1年，缓期1年执行。

3. 未成年学生人身自由权的学校保护

《宪法》第37条规定："中华人民共和国公民的人身自由不受侵犯。"人身自由权是我国公民最基本的权利，教师应当保护学生的人身自由权。人身自由权所保护的范围可理解为两个方面的含义，一个是身体的自由；二是意志的自由或叫意思的自由。

身体自由权也称作运动的自由权，是指公民按照自己的意志和利益，在法律规定的范围内作为和不作为的权利，它所包含的是公民自由支配自己外在身体运动的权利。非法限制或剥夺公民的身体自由，即为侵权行为。

而意志的自由亦称为精神的自由权。在现代社会，公民按照自己的意志和利益从事正当的思维活动，观察社会现象，是进行正当的民事活动的前提，法律应予以保障。因而，精神自由权是公民按照自由的意志和利益，在法律规定的范围内自主思维的权利。

人身自由的内容包括：

（1）人身自由不受侵犯：指公民享有人身不受任何非法搜查、拘禁、逮捕、剥夺、限制的权利。

（2）人格尊严不受侵犯：指与人身有密切联系的名誉、姓名、肖像等不容侵犯的权利，具体体现为人格权，如姓名权、肖像权、名誉权、荣誉权、隐私权等。禁止侮辱、诽谤和诬告陷害。

（3）公民住宅不受侵犯：即住宅安全权，指公民居住、生活的场所不受非法侵入和搜查。

（4）通信自由：指公民通过书信、电话、电信及其他通信手段，根据自己的意愿进行通信，不受他人干涉的自由。具体指通信秘密受法律保护，属私生活秘密与表现行为的自由。包括公民的通信他人不得扣押、隐匿、毁弃，公民通信、通话的内容他人不得私阅或窃听。

教师常常自觉不自觉地侵害学生的人身自由，主要表现如下：

（1）非法拘禁和限制学生。以未完成作业或不守纪律为由，罚站，或不让学生按时放学，或剥夺学生课外自由活动时间。

（2）非法搜查学生。有时学生的财物丢失，班主任为了搜寻被盗财物，自己或由学生干部对班里学生进行非法搜身。

（3）非法限制学生表达自由的权利。

4. 未成年学生隐私权的学校保护

隐私是指不愿让他人知道或不愿公开的个人的事。隐私包括个人私生活、个人日记、照片、储蓄及财产状况、生活习惯及通信秘密等。

（1）隐私权的含义

隐私权作为一种民事权利，是人格权的一种。隐私权是指公民生活中不愿为他人公开或知悉的个人秘密的不可侵犯的人身权利。公民的个人秘密，如存款、生理、社交、家庭等均属隐私。未成年学生的隐私权是指未成年学生有权要求他人尊重自己个人的、不愿让或不方便让他人获知或干涉的、与公共利益无关的信息或生活领域的权利。

（2）隐私权在法律上的规定

《世界人权宣言》中规定，干扰人的隐私、家庭、住宅或通信的行为是侵犯人权的行为。

《宪法》第40条中规定："中华人民共和国公民的通信自由和通信秘密受法律的保护。"

《未成年人保护法》第39条规定："任何组织或者个人不得披露未成年人的个人隐私。对未成年人的信件、日记、电子邮件，任何组织或者个人不得隐匿、毁弃；除因追查犯罪的需要，由公安机关或者人民检察院依法进行检查，或者对无行为能力的未成年人的信件、日记、电子邮件由其父母或者其他监护人代为开拆、查阅外，任何组织或者个人不得开拆、查阅。"

《行政诉讼法》第45条、《民事诉讼法》第66条、《刑事诉讼法》第142条规定，不得公开审理"个人隐私"的案件。

《治安管理处罚法》《民法典》等法律对隐匿、毁弃或者私自开拆他人邮件、电报等都做出了相应的处罚规定。

《教育法》第 30 条第 4 项规定：学校有"以适当方式为受教育者及其监护人了解受教育者的学业成绩及其他有关情况提供便利"的义务，这是我国教育史上第一次以法律的形式规定了学生的学业成绩受法律保护。

《未成年人保护法》规定："对未成年人犯罪案件，新闻报道、影视节目、公开出版物、网络等不得披露该未成年人的姓名、住所、照片、图像以及可能推断出该未成年人的资料。"

《预防未成年人犯罪法》第 45 条第二、三款也规定："对于审判的时候被告人不满十八周岁的刑事案件，不公开审理。对未成年人犯罪案件，新闻报道、影视节目、公开出版物不得披露该未成年人的姓名、住所、照片及可能推断出该未成年人的资料。"

（3）学校和教师侵犯学生隐私权的表现

① 故意隐匿、毁弃或者非法开拆学生信件。如个别教师借口防止学生早恋，私拆或扣留学生信件；② 披露、宣扬学生自身及家庭成员的资料；③ 在课堂上揭露学生男女生交往等问题；④ 公布学生的考试成绩及其排名；⑤ 翻看学生的日记、短信等。

案例链接

【案情简介】 教师随意透露学生隐私

该案例主要介绍了某学校初一学生宋同学性格活泼好动，一次因宋同学又和同学打架，班主任老师在全班面前严厉地批评了宋，并说："宋你就这样做吧，早晚有一天你和你爸爸一样也进监狱。"以后同学们经常羞辱宋。之后虽然宋的同学很少再羞辱宋，但宋还是感到心理压力巨大，宋母亲不得不将宋转到其他学校学习。

【问题探讨】 试对上述材料进行分析。

【案例分析】 在本案例中，班主任老师批评宋同学的做法违反了《未成年人保护法》的规定。我国《未成年人保护法》明确规定，任何组织或者个人不得披露未成年人的个人隐私。未成年人的隐私包括个人隐私，也包括未成年人的家庭隐私。班主任老师侵犯了宋的人身权益，违反了教育法律的规定，构成了教师教育违法。未成年人还处在心理的发育期，教师的一句话可能对孩子造成巨大的影响，甚至影响一个学生以后的发展。所以，教师要慎重使用自己的语言，尊重保护学生。教师不仅要加强职业道德修养，还要加强个人的道德修养。

5. 未成年学生名誉权的学校保护

名誉权是公民或法人对其自身的社会评价所享有的专有支配权。名誉是社会公众对公民和法人的品德、声望、信誉等方面的行为而形成的社会舆论或观念。名誉权包括：① 专有利用其名誉权。公民和法人的良好名誉为其顺利取得、行使民事权利提供了可能性。② 维护名誉不受破坏。侵犯名誉，伤害公民的人格尊严和法人的社会信誉，破坏社会对公民或法人的信赖程度，会直接导致受害人的名誉、精神损失和财产损失。学生名誉权是指学生有权根据其日常生活行为、作风、观点和工作表现获得关于思想品德、学业表现或其他方面形成的积极社会评价的权利。未成年学生的名誉权受到法律保护，他人不得诽谤、诋毁。否则，就构成了对学生名誉权的侵犯。

《民法典》规定，公民、法人享有名誉权，公民的人格尊严受法律保护，禁止用侮辱、诽谤等方式损害公民、法人的名誉。所谓侮辱是指故意以暴力、语言、文字等方式贬低他人人格，毁损他人名誉的行为；所谓诽谤是指行为人因故意或过失而散布某种虚假的事实，损害他人名誉。

这里务必注意关于"侮辱学生人格"的问题。侮辱学生人格主要表现为两种形式：

一是言语侮辱，即责骂学生是"笨蛋""畜生""畜生生的"等。

二是对学生进行行为上的侮辱性惩罚，如在学生胸前挂黑牌，让其在教室里"游街示众""亮相"，或在学生脸上贴纸条、涂阴阳脸、刻侮辱性的文字等。

案例链接

【案情简介】 学生以恢复名誉为由状告教师[①]

市某学校学生小莉与同校女同学袁某发生冲突。市公安局某派出所接警后，鉴于双方未发生严重后果，通知学校及小莉家长将小莉带回教育处理。为此，小莉给学校写了一份检查，认识到自己的行为不对，并表达了改正的决心。学校研究决定给予小莉开除学籍留校察看的处分决定。接到处分决定后，小莉给学校写了一份保证书。

几天之后，学校通知小莉所在班级的家长在教学楼五楼开家长会。开会过程中，小莉与一些同学在教室外走廊上与学校学生科老师李某交谈，谈到了学校给予小莉处分的问题。此时，学校老师彭某也走过来，对在场的人说：她（小莉）是一个开除学籍，拿刀杀人的学生，不该留她……小莉听后情绪激动，扑向走廊的护栏欲跳楼，后被在场的同学及时劝阻。小莉向学校申请办理了退学手续，并将学校告上法院，诉求学校和老师彭某公开赔礼道歉、消除影响、恢复名誉，并请求对方赔偿精神损失费10 000元。

法院在审理后认为，小莉作为在校学生有接受学校管理的义务，学校也有管理学生的权利，但必须遵守法律、法规；作为老师，彭某对小莉的过错夸大了事实，并在公众场所传播，使得小莉的名誉受到较大损害；由于彭某的行为属职务行为，责任主要由学校承担。因而，法院做出了学校在学校范围内向小莉公开赔礼道歉，并承担相关案件审理费的判决。

【案例分析】 名誉权是公民对自己在社会生活中所获社会评价享有的不可侵犯的权利。《教育法》第43条规定：学生有权对学校给予的处分不服向有关部门提出申诉，对学校、教师侵犯其人身权、财产权等合法权益，提出申诉或者依法提起诉讼。《未成年人保护法》规定，学校、幼儿园的教职员工应当尊重未成年人的人格尊严，不得对未成年人实施体罚、变相体罚或者其他侮辱人格尊严的行为。因此，教师应当尊重未成年学生的名誉权等人身权利，如果侵犯学生的名誉权，则要承担相应的法律责任。

[①] 案例来源：吴华.老师当众诋毁学生法院判学校赔礼道歉[EB/OL]. http://www.36726.htm，2006-09-12.

6. 未成年学生荣誉权的学校保护

荣誉是一种正式的积极的社会评价,是社会对民事主体的一种奖励,它是社会组织依据一定的程序对在某方面有突出表现或贡献的特定民事主体所给予的证明评价。荣誉的内容带有专门性,荣誉授予撤销、剥夺的形式必须遵循一定的程序。荣誉所包含的利益,既包括物质利益,又包括精神利益。荣誉是一个人受到外部给予的光荣称誉,每个学生在学校应有平等的机会获得。学生荣誉权是指学生有权获得特定社会组织授予的称号的权利。未成年学生的荣誉权受到法律保护,非法定程序,他人不得剥夺,否则就构成了对学生荣誉权的侵犯。

案例链接

【案情简介】 学生状告市教委侵害荣誉权案[①]

7月,贾某作为应届毕业生参加了当年的高考,毕业前她曾获市教委授予的市级"优秀学生干部"称号,按有关规定,她可享受加分提档奖励。而某市教委有关人员在办理过程中,把贾某"学生登记表"中优秀学生干部改成了"三好学生",并加盖了市教委的印章,而"三好学生"是不加分提档的,结果贾某以2分之差失去了她所期望的上一所重点大学的机会。

进入普通高校的贾某及其家人的身心因此都受到重创。贾某母亲曾多次找到市教委及有关部门希望寻求解决,均未得到满意答复。随后他们将某市教委告上法庭。法院经审判判决认为,某市教委的工作人员因过错行为,致使贾某在报考某重点大学的录取中未能享受到市级"优秀学生干部"降10分投档的待遇,丧失了可能被录取的期待权,对贾某造成了经济和精神损失,构成了荣誉权的侵犯,判决某市教委以书面形式向贾某赔礼道歉,并在其高考档案中做出书面更正;赔偿贾某经济损失11 733.60元,精神损失费3万元。

【案例分析】 案例中的贾某,按正常入学年龄应已满18岁。但在其荣誉权受到侵害时,受到了法律救济。当然,在未成年学生的荣誉权受到侵害时,同样会依法受到救济或保护。

对未成年学生人身权的保护是多方面的,除了上述提及的具体方面外,在管理和教育学生的过程中,还应该注意保护学生的劳动成果,尊重他们的著作权、人身权,维护其肖像权等。由于学校或教师的故意或过失而造成对学生这些具体权利的侵害,学校或者教师都要承担相应的法律责任。

7. 未成年学生姓名权的学校保护

公民的姓名权是指公民依法决定、使用和改变自己姓名的权利,是公民作为民事主体不可缺少的一项权利。姓名权的内容包括自我命名权、使用权、姓名变更权,以及禁止他人侵犯自己姓名权的权利。公民的姓名权受法律保护,他人不得侵犯,任何滥用、假冒、干

---

① 唐德华. 最高人民法院《关于确定民事侵权精神损害赔偿责任若干问题的解释》的理解与适用[M]. 北京:人民法院出版社,2001.

涉他人姓名的行为都是违法的。

8. 未成年学生肖像权的学校保护

一些特殊情况除外,学生有权禁止他人未经允许制作和使用自己的肖像,有权禁止他人对自己肖像进行毁损、玷污、丑化或歪曲。

> **研究项目**
>
> 扫描本节二维码,在研究项目中选择报名参加以下项目研究:
> (1) 什么叫肖像权?
> (2) 未成年学生肖像权保护的法律条款依据有哪些?
> (3) 学校或教师侵犯未成年学生肖像权的表现有哪些?欢迎收集案例举例说明。

9. 未成年学生著作权的学校保护

根据有关规定,只要是自己独立完成的,体现了自己的思想、情感、构思和表达方式的,属于文学、艺术和科学领域内,并能以某种有形形式复制的智力成果,都是我国《著作权法》所称的作品。构成作品并不需要达到一定的文学、艺术或者科技水准。著作权人对其作品享有发表权,任何人不得未经许可发表其作品。中小学生的作文也是作品,是受《著作权法》保护的文字作品。

> **研究项目**
>
> 扫描本节二维码,在研究项目中选择报名参加以下项目研究:
> (1) 什么叫知识产权?
> (2) 未成年学生知识产权保护的法律条款依据有哪些?
> (3) 学校或教师侵犯未成年学生知识产权的表现有哪些?欢迎收集案例举例说明。

10. 未成年学生休息权的学校保护

休息权是公民的一项基本权利。教师应保护学生的休息权。保护学生的休息权有利于学生的身体健康,有利于提高学生的学习效率。

但实际上,教师侵害学生休息权的现象比较普遍。主要表现为:
(1) 一些老师不能按时下课,经常拖堂。
(2) 一些学校不能按时放学,占用课余时间给学生集体补课或训练。
(3) 还有一些学校占用学生午饭后的休息时间,组织诸如比赛、大扫除等活动。
(4) 还有少数学校占用学生周末时间组织大型活动等。

(三) 未成年学生财产权的学校保护

1. 财产权的含义

财产所有权是指财产所有人依法对自己的财产享有占有、使用、收益和处分的权利。

占有:指法人或个人对财产的实际控制或管理。使用:指依财产的性质或用途作营利或非营利的运用,发挥财产的使用价值。收益:指通过财产的占有、使用、经营、转让等取得的经济收益。处分:指财产所有人对其财产在事实上和法律上的最终处置。财产所有权的主要类型有国家财产所有权、集体财产所有权和个人财产所有权三种。

2. 学生财产权在法律上的规定

《民法典》规定,财产所有权是指所有人依法对自己的财产享有占有、使用、收益和处分的权利。公民的个人财产,包括公民的合法收入、房屋、储蓄、生活用品、文物、图书资料、林木、牲畜和法律允许公民所有的生产资料以及其他合法财产。公民的合法财产受法律保护,禁止任何组织或者个人侵占、哄抢、破坏或者非法查封、扣押、冻结、没收。

《教育法》《义务教育法实施细则》中均有规定,学校有义务遵照国家有关规定并公开收费项目、收费标准、收费办法,学校不得向学生乱收费。

《未成年人保护法》中规定,国家保障未成年人的人身、财产和其他合法权益不受侵犯。

3. 教师侵犯学生财产权的表现

个人的财产所有权是指公民对个人所有的财产依法进行占有、使用、收益和处分的权利。学生的合法财产受法律保护,教师不得侵占、破坏或非法扣押、没收等。学生对教师侵犯其财产权的行为可依法申诉或提起诉讼。教师侵犯学生财产权的表现形式:损坏学生财物、非法没收学生物品、乱罚款、乱摊派、推销商品等。

(1) 教师对学生乱收费。《义务教育法》第 2 条规定:"实施义务教育,不收学费、杂费。"任何其他行政机关和学校不得违反国家有关规定,自行制定收费的项目及标准,不得向学生乱收费。有些学校和教师利用一些借口向学生非法收取费用,如教师乱收取班费等,有些教师对学生迟到、早退、不按时完成作业、考试不及格、打架、骂人等违反校规校纪的行为不能进行正确的教育,而是采取收押金的方式。这样做虽然暂时起到规范学生行为的作用,但实际上已触犯了法律。

(2) 非法没收。一般学校都禁止学生将与学习无关的物品带到学校。若有学生携带这些物品入校,学校和教师一般都会对其进行没收。值得注意的是,这里的"没收"并不是法律意义上的没收,而是暂时扣留。除了一些管制刀具、淫秽物品等可以没收上交外,其他物品应在合理的时间内返还给学生或学生家长,否则就有侵犯学生财产权的嫌疑。

从严格的法律意义来说,在没有本人同意的情况下,老师是没有权利没收学生物品或"代为保管"的。没收,是对个人所有权的剥夺,只有有权机关在法律的明文规定下,才能够针对相对人的违法犯罪行为做出此项处罚。除此之外,任何人都不得侵犯他人的财产所有权,老师当然也不能例外。同理,没有当事人同意的"代为保管"是强行转移财产的占有,亦是对个人合法财产所有权的侵犯。

老师习惯没收或"代为保管"学生物品,但在法治社会,是没有法律依据的。所有权是绝大多数权利的基础,几乎可算是权利之王,确立所有权神圣不可侵犯的意识是非常重要的。所以,学生可以积极向老师主张自己的合法权利。

【案例链接】

【案情简介】 教师没收学生手机并当众摔毁(请扫本节二维码查阅案例详情)

【问题探讨】 老师应该没收学生手机吗？老师摔毁学生手机侵权了吗？

【案例分析】 学校、教师对于没收的学生手机，只有临时保管和控制权，没有最终处置权。案例中，老师砸毁没收的学生手机的行为是违法的。《民法典》规定，公民、法人由于过错侵害国家、集体的财产，侵害他人财产、人身的，应当承担民事责任。因此，老师对于砸毁学生手机的行为应当承担民事赔偿责任。如果被砸毁的学生的手机价值巨大，则老师还可能触犯《中华人民共和国刑法》故意损坏公私财物罪的规定，应承担刑事责任。另外，老师如果强迫学生自己砸毁手机，因老师的行为属于强制胁迫行为，所以也应当承担民事赔偿责任。

(3) 非法罚款。一些教师对于违纪的学生进行罚款，如迟到罚1元，不按时完成作业罚1元等。应当说，教师甚至学校都是没有罚款权的，因为在法律上，只有法律授权的机关和单位才有罚款权。在我国，有权设定行政处罚(包括罚款)的包括：① 法律(全国人大及其常委会制定的规范性文件)；② 行政法规(国务院制定的规范性文件)；③ 地方性法规(省、自治区、直辖市的人大及其常委会制定或批准的适用于本地区的规范性文件)；④ 规章(国务院各部委制定的部门规章及地方政府制定的地方政府规章)等几类规范性文件。学校规章制度无权设定罚款，学校和教师也无权实施罚款。

(4) 强令或暗示学生购买商品。一些地方的学校存在强行或变相推销物品、变相或公开地向学生索要钱物的情况。一些学校和教师暗示学生购买某种商品，或引导学生购买某种商品。如一些学校强迫学生购买校服，统一征订教辅资料、订阅报刊等。

(5) 教师收礼。一些教师在过节的时候收受学生或家长的礼品或金钱，在言语、行动中暗示学生送礼等。

【案例链接】

【案情简介】 教师对学生罚款是经济管理手段吗？

某中学为整顿教学秩序，搞了一次日常教学秩序检查评比活动。初三(1)班班主任金老师为严肃课堂教学秩序，争取在此次活动中夺得好成绩，于是便公开在课堂上宣布，从今以后，谁上课迟到影响了班级荣誉，除批评教育外，另罚款5元，充当班费，年底一律不能评为三好学生。一日，该班学生冯刚上课迟到了，课后即受到班主任金老师的当众批评，并被罚款5元。学生家长对教师罚学生款的做法很有意见，反映到学校，但学校却明确表示支持金老师的做法，理由是认为目前学生违纪现象严重，靠以往单纯进行批评教育的方法已很难起到良好的效果，辅以一定的经济管理手段应该是必要的。

【问题探讨】
1. 本案中所涉及的法律关系主体有哪些？
2. 当事人违反了什么法律？应承担什么法律责任？

3. 本案对你有哪些启示?

【案例分析】

(1) 本案中所涉及的法律关系主体为教师、学校、学生及其家长。

(2) 本案中学校和教师对违纪学生进行罚款的行为是一种违法行为,其违反了国家关于行政处罚的有关规定。因为学生上课迟到是一种违纪行为而不是违法行为,学校只有对违反校纪校规的学生予以处分(纪律处分)的权力,但却没有对学生进行行政处罚的权力。罚款是一种行政处罚方式,只能由国家特定的行政机关来实施,而该校教师的罚款行为超越了其法定的权限范围,学校应责令其如数退还所收的罚款,并撤销错误的规章制度。

(3) 由本案引发的思考主要包括以下两方面:① 学校和教师均有权加强教学管理,整顿教学秩序,但在进行此项工作时须采取正确的方法,依法而行,应加强对学生的批评教育,对个别屡教不改的学生也可进行纪律处分,但不能随意对学生进行行政处罚。② 学校和教师应依法行使自身的权利。在制定任何规章制度和管理措施时,都应以相关的法律法规为依据,学校不是企业,特别是对未成年人的教育更不能与企业管理混为一谈。

(四) 教师不作为侵权的学校保护

依性质不同,侵权行为可分为两类,即作为侵权行为和不作为侵权行为。作为侵权行为是指行为人以一定的作为致他人损害的行为,如体罚、侮辱学生等。不作为侵权行为是指行为人以一定的不作为致他人损害的行为。根据《教师法》《未成年人保护法》规定,学校和教师负有保护学生的法定义务。如果教师没有积极履行保护职责或阻止有害学生的行为即构成不作为侵权。学校和教师的不作为侵权行为表现形式有:

(1) 对学生身体状况关照不力。即学生有特异体质或特定疾病,不宜参加某种教育教学活动,教师应当知道或已经知道,但未予以必要注意。

(2) 教师对生病或受伤学生救护不力。即教师对学生在校期间突发疾病或者受到伤害,没有根据实际情况及时采取相应救治措施,而是消极的不作为,致使学生的疾病或者伤害因延迟治疗而加重。

(3) 在履行职责中违反工作要求、操作规程。即教师在教育教学活动中违反专业规范,包括对待工作岗位、工作期间的要求,如实验室教师在组织实验过程中不得擅离职守;特定教育教学活动中须遵循操作规范,如体育课应当按照课程标准要求首先组织学生热身。

(4) 学校活动组织失职。即学校违反有关规定,组织或安排未成年学生从事不宜未成年人参加的劳动、体育运动或其他活动。

(5) 饮食安全事故。即学校向学生提供的药品、食品、饮用水等不符合国家或者行业有关标准、要求。

(6) 未及时向学生监护人履行告知义务。即教师发现或知道未成年学生擅自离校等与学生人身安全直接相关的信息,但未及时告知未成年学生的监护人,导致未成年学生因脱离监护人的监护而发生伤害,学校负有管理责任,但学生自行外出或擅自离校期间发生的伤害,学校不负有管理责任。

> **研究项目**
>
> 扫本节二维码,在研究项目中选择报名参加以下项目研究:
> (1)教师不作为侵权的学校保护的法律条款依据有哪些?
> (2)"范跑跑"和"杨不管"就是典型的教师不作为侵犯未成年学生权利的案例,欢迎你收集类似案例。

四、《未成年人学校保护规定》对学生权利教师保护的规定

为了落实学校保护职责,保障未成年人合法权益,促进未成年人德智体美劳全面发展、健康成长,根据《中华人民共和国教育法》《中华人民共和国未成年人保护法》等法律法规,《未成年人学校保护规定》(中华人民共和国教育部令第50号,以下简称《规定》)已经2021年5月25日教育部第1次部务会议审议通过,自2021年9月1日起施行。

《未成年人学校保护规定》共8章63条,基于学校对未成年人的一般保护、专项保护、管理要求、保护机制、支持与监督、责任与处理进行了规定。《未成年人学校保护规定》第二章第6条至第17条对学校的一般保护进行了明确规定。

1. 学校应当保护每个学生的平等权

《未成年人学校保护规定》第6条规定:学校应当平等对待每个学生,不得因学生及其父母或者其他监护人(以下统称家长)的民族、种族、性别、户籍、职业、宗教信仰、教育程度、家庭状况、身心健康情况等歧视学生或者对学生进行区别对待。

2. 学校应当保护学生的人身安全(生命健康权)

《未成年人学校保护规定》第7条规定:学校应当落实安全管理职责,保护学生在校期间人身安全。学校不得组织、安排学生从事抢险救灾、参与危险性工作,不得安排学生参加商业性活动及其他不宜学生参加的活动。

学生在校内或者本校组织的校外活动中发生人身伤害事故的,学校应当依据有关规定妥善处理,及时通知学生家长;情形严重的,应当按规定向有关部门报告。

3. 学校应当保护学生的人身自由

《未成年人学校保护规定》第8条规定:学校不得设置侵犯学生人身自由的管理措施,不得对学生在课间及其他非教学时间的正当交流、游戏、出教室活动等言行自由设置不必要的约束。

4. 学校应当保护学生的人格权

《未成年人学校保护规定》第9条规定:学校应当尊重和保护学生的人格尊严,尊重学生名誉,保护和培育学生的荣誉感、责任感,表彰、奖励学生做到公开、公平、公正;在教育、管理中不得使用任何贬损、侮辱学生及其家长或者所属特定群体的言行、方式。

5. 学校应当保护学生的个人信息和隐私权

《未成年人学校保护规定》第10条规定:学校采集学生个人信息,应当告知学生及其

家长,并对所获得的学生及其家庭信息负有管理、保密义务,不得毁弃以及非法删除、泄露、公开、买卖。

学校在奖励、资助、申请贫困救助等工作中,不得泄露学生个人及其家庭隐私;学生的考试成绩、名次等学业信息,学校应当便利学生本人和家长知晓,但不得公开,不得宣传升学情况;除因法定事由,不得查阅学生的信件、日记、电子邮件或者其他网络通讯内容。

6. 学校应当保护学生的受教育权

《未成年人学校保护规定》第11条规定:学校应当尊重和保护学生的受教育权利,保障学生平等使用教育教学设施设备、参加教育教学计划安排的各种活动,并在学业成绩和品行上获得公正评价。

对身心有障碍的学生,应当提供合理便利,实施融合教育,给予特别支持;对学习困难、行为异常的学生,应当以适当方式教育、帮助,必要时,可以通过安排教师或者专业人员课后辅导等方式给予帮助或者支持。

学校应当建立留守学生、困境学生档案,配合政府有关部门做好关爱帮扶工作,避免学生因家庭因素失学、辍学。

《未成年人学校保护规定》第12条规定:义务教育学校不得开除或者变相开除学生,不得以长期停课、劝退等方式,剥夺学生在校接受并完成义务教育的权利;对转入专门学校的学生,应当保留学籍,原决定机关决定转回的学生,不得拒绝接收。

义务教育学校应当落实学籍管理制度,健全辍学或者休学、长期请假学生的报告备案制度,对辍学学生应当及时进行劝返,劝返无效的,应当报告有关主管部门。

7. 学校应当保护学生的休息权

《未成年人学校保护规定》第13条规定:学校应当按规定科学合理安排学生在校作息时间,保证学生有休息、参加文娱活动和体育锻炼的机会和时间,不得统一要求学生在规定的上课时间前到校参加课程教学活动。

义务教育学校不得占用国家法定节假日、休息日及寒暑假,组织学生集体补课;不得以集体补课等形式侵占学生休息时间。

8. 学校应当保护学生的财产权

《未成年人学校保护规定》第14条规定:学校不得采用毁坏财物的方式对学生进行教育管理,对学生携带进入校园的违法违规物品,按规定予以暂扣的,应当统一管理,并依照有关规定予以处理。

学校不得违反规定向学生收费,不得强制要求或者设置条件要求学生及家长捐款捐物、购买商品或者服务,或者要求家长提供物质帮助、需支付费用的服务等。

9. 学校应当保护学生的知识产权和肖像权

《未成年人学校保护规定》第15条规定:学校以发布、汇编、出版等方式使用学生作品,对外宣传或者公开使用学生个体肖像的,应当取得学生及其家长许可,并依法保护学生的权利。

10. 学校应当尊重学生的参与权和表达权

《未成年人学校保护规定》第 16 条规定：学校应当尊重学生的参与权和表达权，指导、支持学生参与学校章程、校规校纪、班级公约的制定，处理与学生权益相关的事务时，应当以适当方式听取学生意见。

11. 学校应当保护学生的申诉权

《未成年人学校保护规定》第 17 条规定：学校对学生实施教育惩戒或者处分学生的，应当依据有关规定，听取学生的陈述、申辩，遵循审慎、公平、公正的原则作出决定。

除开除学籍处分以外，处分学生应当设置期限，对受到处分的学生应当跟踪观察、有针对性地实施教育，确有改正的，到期应当予以解除。解除处分后，学生获得表彰、奖励及其他权益，不再受原处分影响。

12. 教职工应当及时制止的学生欺凌情形

《未成年人学校保护规定》明确学生欺凌的行为表现，归纳了侵犯身体、侮辱人格、侵犯财产、恶意排斥、网络诽谤或传播隐私等五类欺凌行为，为欺凌认定和处理提供具体指引。《未成年人学校保护规定》第 21 条规定：教职工发现学生实施下列行为的，应当及时制止：① 殴打、脚踢、掌掴、抓咬、推搡、拉扯等侵犯他人身体或者恐吓威胁他人；② 以辱骂、讥讽、嘲弄、挖苦、起侮辱性绰号等方式侵犯他人人格尊严；③ 抢夺、强拿硬要或者故意毁坏他人财物；④ 恶意排斥、孤立他人，影响他人参加学校活动或者社会交往；⑤ 通过网络或者其他信息传播方式捏造事实诽谤他人、散布谣言或者错误信息诋毁他人、恶意传播他人隐私。

《未成年人学校保护规定》明确了学生欺凌的概念。《未成年人学校保护规定》第 21 条第 2 款：学生之间，在年龄、身体或者人数等方面占优势的一方蓄意或者恶意对另一方实施前款行为，或者以其他方式欺压、侮辱另一方，造成人身伤害、财产损失或者精神损害的，可以认定为构成欺凌。这一概念强调了主体上的特定性、主观上的故意性、后果上的伤害性，有助于把学生欺凌和校园暴力、学生间正常的嬉闹等区别开来。①

13. 学校应当建立学生欺凌关注、干预和制止机制

《未成年人学校保护规定》第 22 条规定：教职工应当关注因身体条件、家庭背景或者学习成绩等可能处于弱势或者特殊地位的学生，发现学生存在被孤立、排挤等情形的，应当及时干预。教职工发现学生有明显的情绪反常、身体损伤等情形，应当及时沟通了解情况，可能存在被欺凌情形的，应当及时向学校报告。学校应当教育、支持学生主动、及时报告所发现的欺凌情形，保护自身和他人的合法权益。

14. 学校应当预防并制止的性侵害性骚扰行为

《未成年人学校保护规定》第 24 条第 2 款规定，学校应当采取必要措施预防并制止教

---

① 落实未成年人保护法 健全未成年人学校保护体系——教育部政策法规司负责人就《未成年人学校保护规定》答记者问 2021.6.

职工以及其他进入校园的人员实施以下行为:① 与学生发生恋爱关系、性关系;② 抚摸、故意触碰学生身体特定部位等猥亵行为;③ 对学生作出调戏、挑逗或者具有性暗示的言行;④ 向学生展示传播包含色情、淫秽内容的信息、书刊、影片、音像、图片或者其他淫秽物品;⑤ 持有包含淫秽、色情内容的视听、图文资料;⑥ 其他构成性骚扰、性侵害的违法犯罪行为。

15. 学校及教职工行为的禁止性要求

教师承担着教书育人的重要使命和塑造灵魂、塑造生命、塑造新人的神圣职责。教职工的一言一行会对学生产生直接的、重要的影响。教职工利用职务便利谋取利益,不仅侵害学生权益,而且严重损害教师形象,甚至构成违法犯罪。为规范教师行为,保护学生权益,《未成年人学校保护规定》第38条规定:学校应当加强对教职工的管理,预防和制止教职工实施法律、法规、规章以及师德规范禁止的行为。学校及教职工不得实施下列行为:① 利用管理学生的职务便利或者招生考试、评奖评优、推荐评价等机会,以任何形式向学生及其家长索取、收受财物或者接受宴请、其他利益;② 以牟取利益为目的,向学生推销或者要求、指定学生购买特定辅导书、练习册等教辅材料或者其他商品、服务;③ 组织、要求学生参加校外有偿补课,或者与校外机构、个人合作向学生提供其他有偿服务;④ 诱导、组织或者要求学生及其家长登录特定经营性网站,参与视频直播、网络购物、网络投票、刷票等活动;⑤ 非法提供、泄露学生信息或者利用所掌握的学生信息牟取利益;⑥ 其他利用管理学生的职权牟取不正当利益的行为。

五、教育惩戒过程中教师禁止性行为

中华人民共和国教育部令第49号《中小学教育惩戒规则(试行)》已于2020年9月23日教育部第三次部务会议审议通过,现予公布,自2021年3月1日起施行。

《中小学教育惩戒规则(试行)》(以下简称《规则》)第12条规定,教师在教育教学管理、实施教育惩戒过程中,不得有下列行为:① 以击打、刺扎等方式直接造成身体痛苦的体罚;② 超过正常限度的罚站、反复抄写,强制做不适的动作或者姿势,以及刻意孤立等间接伤害身体、心理的变相体罚;③ 辱骂或者以歧视性、侮辱性的言行侵犯学生人格尊严;④ 因个人或者少数人违规违纪行为而惩罚全体学生;⑤ 因学业成绩而教育惩戒学生;⑥ 因个人情绪、好恶实施或者选择性实施教育惩戒;⑦ 指派学生对其他学生实施教育惩戒;⑧ 其他侵害学生权利的。

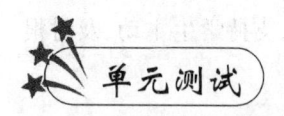

单元测试

单元测试:请扫描目录页二维码,参与本章单元测试,巩固知识点学习。

MOOC链接:欢迎到"中国大学MOOC中心"《教师职业道德与教育政策法规》参阅本章不断更新的内容。中国大学MOOC中心网址:http://www.icourses.cn/home/

第四章
我国主要的教育法律解读

没有规矩,不能成方圆。法律是由国家制定或认可的人们必须遵循的行为准则,是人类历史由荒蛮走向文明的主要标志。因其存在,一定的社会关系和社会秩序才得以维护和确立,社会的结构才能够完整和谐,人们的彼此活动和社会机体才能得到有效调节。一个社会各个层面的法律体系建设和运行如何,对其良性运转和进一步发展起着至关重要的作用。20世纪是教育走上法治的时代,这是现代社会和现代教育的必然要求。为了保证我国教育的健康发展,一系列教育法律法规应运而生。作为中小学教师,应了解掌握最重要的三部教育法律:《教育法》《义务教育法》和《教师法》。我们将在本章中和学习者共同曲径探幽。

第一节 《中华人民共和国教育法》

根据法律的制定机构和调整对象不同,法律分为基本法律和基本法律以外的法律两种。基本法律由全国人民代表大会制定和发布,它规定和调整的是某一方面社会关系的根本性、普遍性的问题。根据《宪法》制定的《中华人民共和国教育法》(以下简称《教育法》)是我国教育工作的基本法,其法律的地位和效力仅次于宪法。了解掌握《教育法》是教师职业生涯中的必修课程。

学习指南

1. 观看本节"微课视频",查阅本节"演示文稿""教学导案"和"法规链接"等。
2. 通过本节"案例链接""视频视点"进行案例学习和研究。
3. 欢迎你踊跃参与本节"法学论坛",围绕主题畅所欲言。
4. 学完本节内容,请点击本节"随堂测试",测一测学习效果。
5. 基于本节的"核心概念",希望你丰富本节"参考文献",加入研究项目,进行研究性学习。
6. 学习的过程,应是师生共同进行课程资源开发的过程,欢迎加入"课程建设"项目,为本课程资源更优更好,贡献你的智慧。

知识结构

《教育法》
- 《教育法》立法过程
- 《教育法》的地位
- 《教育法》的基本内容
  - 《教育法》立法宗旨
  - 我国教育的性质、方针与基本原则
  - 教育管理体制
  - 教育基本制度
  - 学校及其他教育机构的设立条件、权利义务及其管理体制
  - 教师和其他教育工作者的规定
  - 受教育者的权利与义务
  - 对社会组织和个人的规定
  - 教育投入与条件保障
  - 对外交流与合作
  - 法律责任

以案说法

【视频视点】 学校退考逼死学生

请扫描本节二维码观看视频,5月21日晚9时多,村民从村口的丰收水库里捞上两具少年尸体,经证实他们是本村的。这两个刚刚参加完初中毕业考试学生的死亡在当地引起轰动,死因被村民推测为"被学校动员放弃中考,想不开,跳水自尽"……

【问题探讨】

1. 两个少年既然决定退考,为什么还要自杀?
2. 学校有权利劝学生退考吗?
3. 如果这些学生确因被学校劝说退考而自杀,学校应负何种法律责任?

【案例分析】 在义务教育完成之后,学校无权硬性要求学生不参加中考。任何剥夺学生参加升学考试报名权利的事,一经查实,将严肃处理并追究当事人和学校领导的责任。

对学生而言,学校、教师处于强势地位,当学校动员学生"自愿"放弃他们的权利,这是对义务教育的亵渎,其实质是剥夺学生的受教育权。学生家长完全可以通过法律途径讨回公道。

知识点解读

一、《教育法》的立法过程

我国《教育法》,于1995年3月18日第八届全国人民代表大会第三次会议通过。2009年8月27日第一次修正;2015年12月27日第二次修正。

2021年4月29日,第十三届全国人民代表大会常务委员会第二十八次会议通过《全国人民代表大会常务委员会关于修改〈中华人民共和国教育法〉的决定》,第三次修改,自2021年4月30日起施行。

二、《教育法》的地位

《教育法》是教育的根本大法,是由全国人民代表大会审议通过的,是位于国家根本大法《宪法》之下的国家基本法律之一。我国的教育工作应当全面置于《教育法》的规范之中,它所规定的内容是我国全面依法治教的基本法律依据,是我国依法治教之本。

> **随堂小练**
>
> 1. (单项选择题)( )是我国教育的根本法。
> A.《中华人民共和国教师法》　　　　　　B.《未成年人保护法》
> C.《中华人民共和国教育法》　　　　　　D.《中华人民共和国义务教育法》

【答案】 C。
【解析】《教育法》是我国教育的根本大法,是我国教育法制建设的里程碑。

三、《教育法》的基本内容

《教育法》涉及面广,内容丰富,有关教育的全局性重大问题,如我国教育的性质和方针,教育基本制度,各类教育关系主体的法律地位和权利义务,教育与社会的关系,教育投入,教育对外交流与合作,法律责任等。全文共10章86条。

(一)《教育法》的立法宗旨

《教育法》总则第1条明确了教育法的立法宗旨:"为了发展教育事业,提高全民族的素质,促进社会主义物质文明和精神文明建设,根据宪法,制定本法。"

(二)我国教育的性质、方针与基本原则

1. 《教育法》确立了我国教育的社会主义性质

《教育法》第3条明确规定:国家坚持中国共产党的领导,坚持以马克思列宁主义、毛泽东思想、邓小平理论、"三个代表"重要思想、科学发展观、习近平新时代中国特色社会主义思想为指导,遵循宪法确定的基本原则,发展社会主义的教育事业。

《教育法》第4条明确规定:教育是社会主义现代化建设的基础,对提高人民综合素质、促进人的全面发展、增强中华民族创新创造活力、实现中华民族伟大复兴具有决定性意义,国家保障教育事业优先发展。全社会应当关心和支持教育事业的发展。全社会应当尊重教师。

2. 《教育法》规定了我国的教育方针

《教育法》第5条规定了我国的教育方针:教育必须为社会主义现代化建设服务、为人民服务,必须与生产劳动和社会实践相结合,培养德智体美劳全面发展的社会主义建设者和接班人。教育方针进一步规定了我国教育的社会主义性质:教育必须为社会主义现代化建设服务、为人民服务;规定了我国教育的目的:培养德智体美劳全面发展的社会主义建设者和接班人;规定了实现教育目的的途径:教育必须与生产劳动和社会实践相结合。

3. 《教育法》对发展我国教育事业必须遵循的基本原则做了法律规定

(1)重视思想道德教育。《教育法》第6条规定:"教育应当坚持立德树人,对受教育者加强社会主义核心价值观教育,增强受教育者的社会责任感、创新精神和实践能力。国家在受教育者中进行爱国主义、集体主义、中国特色社会主义的教育,进行理想、道德、纪律、法治、国防和民族团结的教育。"

(2)继承和弘扬优秀文化成果。《教育法》第7条规定:"教育应当继承和弘扬中华优

秀传统文化、革命文化、社会主义先进文化,吸收人类文明发展的一切优秀成果。"

(3)教育活动必须符合国家和社会公共利益。所有教育行政部门、各级各类学校和其他教育机构,应该以维护国家和公共利益为出发点,教育活动必须接受国家和社会的依法管理和合法监督,不得片面地追求经济利益而忽视国家和社会公共利益,更不能借办教育之名,损害国家、集体和他人的合法权益,侵害社会公共利益。《教育法》第26条规定:"国家制定教育发展规划,并举办学校及其他教育机构。国家鼓励企业事业组织、社会团体、其他社会组织及公民个人依法举办学校及其他教育机构。国家举办学校及其他教育机构,应当坚持勤俭节约的原则。以财政性经费、捐赠资产举办或者参与举办的学校及其他教育机构不得设立为营利性组织。"

(4)教育与宗教相分离。《教育法》第8条规定:"国家实行教育与宗教相分离。任何组织和个人不得利用宗教进行妨碍国家教育制度的活动。"

(5)公民受教育机会平等。《教育法》第9条规定:"中华人民共和国公民有受教育的权利和义务。公民不分民族、种族、性别、职业、财产状况、宗教信仰等,依法享有平等的受教育机会。"

(6)帮助扶持特殊地区和人群教育。《教育法》第10条规定:"国家根据各少数民族的特点和需要,帮助各少数民族地区发展教育事业。国家扶持边远贫困地区发展教育事业。国家扶持和发展残疾人教育事业。"

(7)促进教育公平。《教育法》第11条规定:"国家适应社会主义市场经济发展和社会进步的需要,推进教育改革,推动各级各类教育协调发展、衔接融通,完善现代国民教育体系,健全终身教育体系,提高教育现代化水平。国家采取措施促进教育公平,推动教育均衡发展。国家支持、鼓励和组织教育科学研究,推广教育科学研究成果,促进教育质量提高。"

(8)国家通用语言文字为学校及其他教育机构的基本教育教学语言文字。《教育法》第12条规定:"学校及其他教育机构应当使用国家通用语言文字进行教育教学。民族自治地方以少数民族学生为主的学校及其他教育机构,从实际出发,使用国家通用语言文字和本民族或者当地民族通用的语言文字实施双语教育。国家采取措施,为少数民族学生为主的学校及其他教育机构实施双语教育提供条件和支持。"

(9)奖励突出贡献。《教育法》第13条规定:"国家对发展教育事业做出突出贡献的组织和个人,给予奖励。"

(三)教育管理体制

对于我国教育工作的领导和管理,《教育法》第14条明确规定由国务院和地方各级人民政府根据分级管理、分工负责的原则进行,明确了国务院和地方各级人民政府对于教育工作具有义不容辞的法律责任。

《教育法》还对我国现阶段教育工作的分级管理、分工负责体制做了具体划分:一是中等及中等以下教育在国务院领导下,由地方人民政府管理;二是高等教育由国务院和省、自治区、直辖市人民政府管理;三是国务院教育行政部门主管全国教育工作,统筹规划、协调管理全国的教育事业。县级以上地方各级人民政府教育行政部门主管本行政区域内的教育工作。县级以上各级人民政府其他有关部门在各自的职责范围内,负责有关的教育工作。国务院和县级以上地方各级人民政府应当向本级人民代表大会或者其常务委员会报告教育工作和教育经费预算、决算情况,接受监督。

随堂小练

2.(单项选择题)国务院和地方各级人民政府领导和管理教育的原则是( )。
　　A. 分级管理,分工负责　　　　B. 统一管理,分工负责
　　C. 统筹规划,以县为主　　　　D. 统筹规划,协调管理
【答案】 A。
【解析】《教育法》第14条第1款规定:"国务院和地方各级人民政府根据分级管理、分工负责的原则,领导和管理教育工作。"
出处:2012年下半年小学教师资格考试真题。

3.(单项选择题)根据《教育法》的规定,中等及中等以下教育在国务院领导下,由( )管理。
　　A. 教育部门　　　　　　　　B. 学校自己
　　C. 地方人民政府　　　　　　D. 国务院行政部门
【答案】 C。
【解析】《教育法》第14条规定:"国务院和地方各级人民政府根据分级管理、分工负责的原则,领导和管理教育工作。中等及中等以下教育在国务院领导下,由地方人民政府管理。"

4.(单项选择题)在我国教育法律关系中,国家作为有权举办学校及其他教育机构的主体主要是指( )。
　　A. 国家立法机关　　　　　　B. 国家司法机关
　　C. 各级政府　　　　　　　　D. 各级党政机关
【答案】 C。
【解析】《教育法》第15条规定:"国务院教育行政部门主管全国教育工作,统筹规划、协调管理全国的教育事业。县级以上地方各级人民政府教育行政部门主管本行政区域内的教育工作。县级以上各级人民政府其他有关部门在各自的职责范围内,负责有关的教育工作。"

(四)教育基本制度

新中国成立以来,我国教育制度日臻完善,形成了一系列基本制度。《教育法》第2章对我国教育的基本制度做了法律规定。这些基本制度包括:

1. 学校教育制度

学校教育制度简称学制。它规定各级各类学校的性质、任务、入学条件、修业年限以

及它们之间的衔接和关系。《教育法》第 17 条规定:"国家实行学前教育、初等教育、中等教育、高等教育的学校教育制度。国家建立科学的学制系统。学制系统内的学校和其他教育机构的设置、教育形式、修业年限、招生对象、培养目标等,由国务院或者由国务院授权教育行政部门规定。"

2. 义务教育制度

《教育法》第 19 条规定:"国家实行九年制义务教育制度。各级人民政府采取各种措施保障适龄儿童、少年就学。适龄儿童、少年的父母或者其他监护人以及有关社会组织和个人有义务使适龄儿童、少年接受并完成规定年限的义务教育。"

此外,基本制度还包括学前教育制度、职业教育和继续教育制度、国家教育考试制度、学业证书制度和学位制度、扫除文盲制度、教育督导制度和评估制度,具体详见《教育法》第 2 章法规条文。

随堂小练

5. (单项选择题)下列选项中,哪一项不属于《教育法》所确立的我国基本教育制度?(　　)

　　A. 学业证书制度　　　　　　B. 教育考试制度
　　C. 教育督导制度　　　　　　D. 教师培训制度

【答案】 D。
【解析】 知识点:教育基本制度。

6. (单项选择题)根据《教育法》的规定,国家实行(　　)学校教育制度。

　　A. 学前教育、小学教育、中学教育、大学教育
　　B. 学前教育、初等教育、中等教育、职业教育
　　C. 学前教育、基础教育、高等教育、成人教育
　　D. 学前教育、初等教育、中等教育、高等教育

【答案】 D。
【解析】 根据《教育法》第 17 条,国家实行学前教育、初等教育、中等教育、高等教育的学校教育制度。

(五) 学校及其他教育机构的设立条件、权利义务及其管理体制

1. 学校及其他教育机构的设立条件

《教育法》第 27 条规定设立学校及其他教育机构,必须具备下列基本条件:① 有组织机构和章程;② 有合格的教师;③ 有符合规定标准的教学场所及设施、设备等;④ 有必备的办学资金和稳定的经费来源。

2. 学校及其他教育机构行使的权利

国家保护学校及其他教育机构的合法权益不受侵犯。《教育法》第 29 条规定学校及

其他教育机构行使下列权利：① 按照章程自主管理；② 组织实施教育教学活动；③ 招收学生或者其他受教育者；④ 对受教育者进行学籍管理，实施奖励或者处分；⑤ 对受教育者颁发相应的学业证书；⑥ 聘任教师及其他职工，实施奖励或者处分；⑦ 管理、使用本单位的设施和经费；⑧ 拒绝任何组织和个人对教育教学活动的非法干涉；⑨ 法律、法规规定的其他权利。

3. 学校及其他教育机构应当履行的义务

《教育法》第30条规定学校及其他教育机构应当履行下列义务：① 遵守法律、法规；② 贯彻国家的教育方针，执行国家教育教学标准，保证教育教学质量；③ 维护受教育者、教师及其他职工的合法权益；④ 以适当方式为受教育者及其监护人了解受教育者的学业成绩及其他有关情况提供便利；⑤ 遵照国家有关规定收取费用并公开收费项目；⑥ 依法接受监督。

4. 学校管理体制

《教育法》第31条规定："学校及其他教育机构的举办者按照国家有关规定，确定其所举办的学校或者其他教育机构的管理体制。学校及其他教育机构的校长或者主要行政负责人必须由具有中华人民共和国国籍、在中国境内定居、并具备国家规定任职条件的公民担任，其任免按照国家有关规定办理。学校的教学及其他行政管理，由校长负责。学校及其他教育机构应当按照国家有关规定，通过以教师为主体的教职工代表大会等组织形式，保障教职工参与民主管理和监督。"

5. 学校法人地位

《教育法》第32条规定："学校及其他教育机构具备法人条件的，自批准设立或者登记注册之日起取得法人资格。学校及其他教育机构在民事活动中依法享有民事权利，承担民事责任。学校及其他教育机构中的国有资产属于国家所有。学校及其他教育机构兴办的校办产业独立承担民事责任。"

随堂小练

7.（单项选择题）因经营不善，某学校兴办的校办产业负债20多万元。根据《中华人民共和国教育法》对这一债务，应当承担偿还责任的是（　　）。

A. 学校　　　　B. 校长　　　　C. 校办产业　　　　D. 政府

【答案】C。

【解析】在《教育法》第32条"教育机构的法人条件"中，学校及其他教育机构兴办的校办产业独立承担民事责任。

8.（单项选择题）教育行政部门取缔了一批违反国家规定、私自招收未成年人学生的私立学校。教育行政部门这一行政行为的法律依据是（　　）。

A.《中华人民共和国教育法》
B.《中华人民共和国教师法》
C.《中华人民共和国未成年人保护法》

D.《中华人民共和国预防未成年人犯罪法》

【答案】A。

【解析】《教育法》规定学校或者其他教育机构违反国家有关规定招收学生的，由教育行政部门或者其他有关行政部门责令退回招收学生，退还所收费用。

（六）教师和其他教育工作者的规定

1. 对教师的规定

《教育法》第33条规定："教师享有法律规定的权利，履行法律规定的义务，忠诚于人民的教育事业。"《教育法》第34条规定："国家保护教师的合法权益，改善教师的工作条件和生活条件，提高教师的社会地位。教师的工资报酬、福利待遇，依照法律、法规的规定办理。"《教育法》第35条规定："国家实行教师资格、职务、聘任制度，通过考核、奖励、培养和培训，提高教师素质，加强教师队伍建设。"

2. 对其他教育工作者的规定

《教育法》第36条规定："学校及其他教育机构中的管理人员，实行教育职员制度。学校及其他教育机构中的教学辅助人员和其他专业技术人员，实行专业技术职务聘任制度。"

（七）受教育者的权利与义务

1. 受教育者的权利

《教育法》第43条规定受教育者享有下列权利：① 参加教育教学计划安排的各种活动，使用教育教学设施、设备、图书资料；② 按照国家有关规定获得奖学金、贷学金、助学金；③ 在学业成绩和品行上获得公正评价，完成规定的学业后获得相应的学业证书、学位证书；④ 对学校给予的处分不服向有关部门提出申诉，对学校、教师侵犯其人身权、财产权等合法权益，提出申诉或者依法提起诉讼；⑤ 法律、法规规定的其他权利。

2. 受教育者的义务

《教育法》第44条规定受教育者应当履行下列义务：① 遵守法律、法规；② 遵守学生行为规范，尊敬师长，养成良好的思想品德和行为习惯；③ 努力学习，完成规定的学习任务；④ 遵守所在学校或者其他教育机构的管理制度。

《教育法》第45条规定："教育、体育、卫生行政部门和学校及其他教育机构应当完善体育、卫生保健设施，保护学生的身心健康。"

随堂小练

9.（单项选择题）我国对学生的义务明确做出具体规定的法律是（　　）。

A.《中华人民共和国教育法》

B.《中华人民共和国义务教育法》
　　C.《中华人民共和国未成年人保护法》
　　D.《中华人民共和国宪法》
【答案】　A。
【解析】《教育法》第44条规定了受教育者应当履行的义务。

（八）对社会组织和个人的规定

《教育法》第46条至第53条对教育与社会的要求做出了规定。

（九）教育投入与条件保障

1. 投入体制

《教育法》第54条规定："国家建立以财政拨款为主、其他多种渠道筹措教育经费为辅的体制，逐步增加对教育的投入，保证国家举办的学校教育经费的稳定来源。企业事业组织、社会团体及其他社会组织和个人依法举办的学校及其他教育机构，办学经费由举办者负责筹措，各级人民政府可以给予适当支持。"

2. 两个提高

《教育法》第55条规定："国家财政性教育经费支出占国民生产总值的比例应当随着国民经济的发展和财政收入的增长逐步提高。具体比例和实施步骤由国务院规定。全国各级财政支出总额中教育经费所占比例应当随着国民经济的发展逐步提高。"

3. 三个增长

《教育法》第56条规定："各级人民政府的教育经费支出，按照事权和财权相统一的原则，在财政预算中单独列项。各级人民政府教育财政拨款的增长应当高于财政经常性收入的增长，并使按在校学生人数平均的教育费用逐步增长，保证教师工资和学生人均公用经费逐步增长。"

《教育法》第57条至第66条对教育投入与条件保障的其他要求做出了规定。

（十）对外交流与合作

《教育法》第67条规定："国家鼓励开展教育对外交流与合作，支持学校及其他教育机构引进优质教育资源，依法开展中外合作办学，发展国际教育服务，培养国际化人才。教育对外交流与合作坚持独立自主、平等互利、相互尊重的原则，不得违反中国法律，不得损害国家主权、安全和社会公共利益。"

《教育法》第68条至第70条对对外交流与合作的其他要求做出了规定。

(十一) 法律责任

《教育法》第71条至第83条对违反教育法的违法行为及其法律责任做出了规定。

> **随堂小练**
>
> 10.（单项选择题）某县教育局长马某挪用教育经费，建造教育局办公大楼。对于马某，应当依法（　　）。
>
> A. 给予行政处分　　　　　　B. 给予行政拘留
> C. 责令其限期悔过　　　　　D. 责令其限期赔礼道歉
>
> 【答案】　A。
> 【解析】　根据《教育法》第71条"教育经费问题的法律责任"，违反国家有关规定，不按照预算核拨教育经费的，由同级人民政府限期核拨；情节严重的，对直接负责的主管人员和其他直接责任人员，依法给予处分。

1. 招生与入学中的法律责任

《教育法》第76条规定："学校或者其他教育机构违反国家有关规定招收学生的，由教育行政部门或者其他有关行政部门责令退回招收的学生，退还所收费用；对学校、其他教育机构给予警告，可以处违法所得五倍以下罚款；情节严重的，责令停止相关招生资格一年以上三年以下，直至撤销招生资格、吊销办学许可证；对直接负责的主管人员和其他直接责任人员，依法给予处分；构成犯罪的，依法追究刑事责任。"

《教育法》第77条规定：在招收学生工作中滥用职权、玩忽职守、徇私舞弊的，由教育行政部门或者其他有关行政部门责令退回招收的不符合入学条件的人员；对直接负责的主管人员和其他直接责任人员，依法给予处分；构成犯罪的，依法追究刑事责任。

盗用、冒用他人身份，顶替他人取得的入学资格的，由教育行政部门或者其他有关行政部门责令撤销入学资格，并责令停止参加相关国家教育考试二年以上五年以下；已经取得学位证书、学历证书或者其他学业证书的，由颁发机构撤销相关证书；已经成为公职人员的，依法给予开除处分；构成违反治安管理行为的，由公安机关依法给予治安管理处罚；构成犯罪的，依法追究刑事责任。

与他人串通，允许他人冒用本人身份，顶替本人取得的入学资格的，由教育行政部门或者其他有关行政部门责令停止参加相关国家教育考试一年以上三年以下；有违法所得的，没收违法所得；已经成为公职人员的，依法给予处分；构成违反治安管理行为的，由公安机关依法给予治安管理处罚；构成犯罪的，依法追究刑事责任。

组织、指使盗用或者冒用他人身份，顶替他人取得的入学资格的，有违法所得的，没收违法所得；属于公职人员的，依法给予处分；构成违反治安管理行为的，由公安机关依法给予治安管理处罚；构成犯罪的，依法追究刑事责任。

入学资格被顶替权利受到侵害的，可以请求恢复其入学资格。

2. 考试作弊的法律责任

《教育法》第79条规定:考生在国家教育考试中有下列行为之一的,由组织考试的教育考试机构工作人员在考试现场采取必要措施予以制止并终止其继续参加考试;组织考试的教育考试机构可以取消其相关考试资格或者考试成绩;情节严重的,由教育行政部门责令停止参加相关国家教育考试一年以上三年以下;构成违反治安管理行为的,由公安机关依法给予治安管理处罚;构成犯罪的,依法追究刑事责任:① 非法获取考试试题或者答案的;② 携带或者使用考试作弊器材、资料的;③ 抄袭他人答案的;④ 让他人代替自己参加考试的;⑤ 其他以不正当手段获得考试成绩的作弊行为。

《教育法》第80条规定:任何组织或者个人在国家教育考试中有下列行为之一,有违法所得的,由公安机关没收违法所得,并处违法所得一倍以上五倍以下罚款;情节严重的,处五日以上十五日以下拘留;构成犯罪的,依法追究刑事责任;属于国家机关工作人员的,还应当依法给予处分:① 组织作弊的;② 通过提供考试作弊器材等方式为作弊提供帮助或者便利的;③ 代替他人参加考试的;④ 在考试结束前泄露、传播考试试题或者答案的;⑤ 其他扰乱考试秩序的行为。

《教育法》第81条规定:"举办国家教育考试,教育行政部门、教育考试机构疏于管理,造成考场秩序混乱、作弊情况严重的,对直接负责的主管人员和其他直接责任人员,依法给予处分;构成犯罪的,依法追究刑事责任。"

3. 违法颁发证书的法律责任

《教育法》第82条规定:"学校或者其他教育机构违反本法规定,颁发学位证书、学历证书或者其他学业证书的,由教育行政部门或者其他有关行政部门宣布证书无效,责令收回或者予以没收;有违法所得的,没收违法所得;情节严重的,责令停止相关招生资格一年以上三年以下,直至撤销招生资格、颁发证书资格;对直接负责的主管人员和其他直接责任人员,依法给予处分。前款规定以外的任何组织或者个人制造、销售、颁发假冒学位证书、学历证书或者其他学业证书,构成违反治安管理行为的,由公安机关依法给予治安管理处罚;构成犯罪的,依法追究刑事责任。以作弊、剽窃、抄袭等欺诈行为或者其他不正当手段获得学位证书、学历证书或者其他学业证书的,由颁发机构撤销相关证书。购买、使用假冒学位证书、学历证书或者其他学业证书,构成违反治安管理行为的,由公安机关依法给予治安管理处罚。"

第二节 《中华人民共和国义务教育法》

义务教育发端于16世纪的欧洲。最早实施义务教育的是德意志。美国从1852年、英国从1870年、日本从1872年、法国从1882年相继开始实施普及义务教育。到20世纪二三十年代,西方主要发达国家已先后普及初等义务教育。1906年,清朝政府学部颁布的《强迫教育章程》是我国第一部强制就学法,被视为我国近代最早的义务教育法。1912年9月,孙中山领导的南京临时政府教育部颁布《学校系统令》,规定初等小学4年为义务教育期。此后民国时期的历届政府大都发布过义务教育的法令但多系一纸空文。1927年后,中国共产党领导人民建立的根据地和解放区,先后颁布和实施过一些重要的义务教育法令。1949年的《共同纲领》中规定了"有计划、有步骤地实行普及教育"。十一届三中全会以后,加快了普及教育的步伐。1986年4月12日,第六届全国人民代表大会第四次会议通过了《中华人民共和国义务教育法》(以下简称《义务教育法》)。该法确立了我国的义务教育制度。1992年3月14日《中华人民共和国义务教育法实施细则》发布施行。作为《义务教育法》的配套法规,该《细则》就义务教育的实施步骤、就学、教育教学、实施保障和管理监督等一系列问题做了具体规定。《义务教育法》的颁布,是我国教育发展史上的一个里程碑,标志着我国的基础教育步入一个新时期。

学习指南

1. 观看本节"微课视频",查阅本节"演示文稿""教学导案"和"法规链接"等。
2. 通过本节"案例链接""视频视点"进行案例学习和研究。
3. 欢迎你踊跃参与本节"法学论坛",围绕主题畅所欲言。
4. 学完本节内容,请点击本节"随堂测试",测一测学习效果。
5. 基于本节的"核心概念",希望你丰富本节"参考文献",加入研究项目,进行研究性学习。
6. 学习的过程,应是师生共同进行课程资源开发的过程,欢迎加入"课程建设"项目,为本课程资源更优更好,贡献你的智慧。

微信扫一扫

知识结构

《义务教育法》
- 《义务教育法》的立法过程
- 《义务教育法》的性质与地位
- 《义务教育法》的立法宗旨
- 《义务教育法》的颁行意义
- 《义务教育法》的基本内容
  - 义务教育的管理体制
  - 《义务教育法》规定的入学年龄与原则
  - 《义务教育法》对学校建设的要求
  - 《义务教育法》关于教师的规定
  - 《义务教育法》对教育教学的规定
  - 实施义务教育的经费保障
  - 违反《义务教育法》的法律责任

以案说法

【视频视点】 13岁男孩学校门口下跪求学

请扫描本节二维码观看视频,该视频主要介绍了学生李某小学毕业,因暑假回家探亲,加上对当地招生政策不了解,从而错过了初一的报名时间,后经考试,学校因李某分数太低,拒绝他入学。无奈之下,李某跪在学校门口求学。

【问题探讨】

1. 学校的这种做法有没有违法?
2. 目前,学生入学与平等接受教育,存在哪些问题?如何解决?

【案例分析】 在本案例中,家长对学校招生政策不了解,从而错过了招生时间,结果孩子无学可上,最后孩子跪在校门口向校方求情才得以入学。一个普通想要上学的孩子,却被过早地曝光在聚光灯之下,这件事情对他身心的伤害是不可磨灭的。我国出台了九年制义务教育的法规政策,该学校的做法是违背相关法规政策的。本案例更深层次上揭示的是平等接受教育的权利的问题。

【案例启示】 学校要保证学生的受教育的权利,要让学生平等接受教育。

知识点解读

一、《义务教育法》的立法过程

《义务教育法》是1986年4月12日第六届全国人大四次会议通过并于1986年7月1日起施行,2006年6月29日第十届全国人民代表大会常务委员会第二十二次会议修订通过并于2006年9月1日起施行。2015年4月24日第十二届全国人民代表大会常务委员会第十四次会议通过《全国人民代表大会常务委员会关于修改〈中华人民共和国义务教育法〉等五部法律的决定》,自公布之日起施行。2018年12月29日第十三届全国人民代表大会常务委员会第七次会议通过关于修改的决定。

二、《义务教育法》的性质与地位

《义务教育法》是教育法律之一,是关于教育的单行法,也是我国历史上第一部关于基础教育的法律。义务教育又称强迫教育。义务教育通常是指国家用法律形式规定对一定年龄阶段的儿童免费、强制普及实施特定年限的基础学校教育。《义务教育法》明确了我国义务教育的三个基本性质:

1. 公益性

《义务教育法》第2条规定:"国家实行九年义务教育制度。义务教育是国家统一实施的所有适龄儿童、少年必须接受的教育,是国家必须予以保障的公益性事业。实施义务教育,不收学费、杂费。国家建立义务教育经费保障机制,保证义务教育制度实施。"公益性和免费性是联系在一起的。对农村而言,从2006年到2007年全部免除学费、杂费;对城市而言,从2008年秋季学期开始,在全国范围内全部免除城市义务教育阶段学生学杂费。

2. 统一性

在《义务教育法》中,自始至终强调在全国范围内实行统一的义务教育,这个统一包括要制定统一的义务教育阶段学校设置标准、课程教学标准、经费标准、建设标准、学生公用经费标准等。

3. 义务性(强制性)

让适龄儿童、少年接受义务教育是学校、家长和社会的义务。谁违反这个义务,谁就要受到法律的制裁。家长不送学生上学,家长要承担责任;学校不接受适龄儿童、少年上学,学校要承担责任;学校不提供相应的条件,也要受到法律的规范。《义务教育法》第7条规定:"义务教育实行国务院领导,省、自治区、直辖市人民政府统筹规划实施,县级人民政府为主管理的体制。"

案例链接

【视频视点】 上学无用,不如下学赚钱

请扫描本节二维码观看视频,该案例主要讲述李某认为14岁女儿上学没用,就将女儿送至邻村个体户处打工,不听老师、领导、村干部的劝说,认为孩子读不读书是自家的事。

【问题探讨】

1. 该案例中有没有违法行为?
2. 违反了什么法律规定?
3. 违法主体是谁?应该承担什么法律责任?

【案例分析】 该案例中,李某以及个体户,违反了《义务教育法》和《未成年人保护法》。《义务教育法》第2条规定:"国家实行九年义务教育制度。义务教育是国家统一实施的所有适龄儿童、少年必须接受的教育。"义务教育是具有强制性的,并且李某的14岁女儿在这个年龄范围内,李某没有权利剥夺女儿的受教育权。《未成年人保护法》第49条规定:"企业事业组织、个体工商户非法招用未满十六周岁的未成年人,由劳动部门责令改正,处以罚款;情节严重者,由工商行政管理部门吊销执照。"李某女儿属于未成年人。

随堂小练

1. (单项选择题)义务教育是国家统一实施的所有适龄儿童、少年必须接受的教育,是国家必须予以保障的( )。

  A. 福利性事业　　　　　　　B. 营利性事业
  C. 公益性事业　　　　　　　D. 先导性事业

【答案】 C。

> 【解析】 依据《义务教育法》第2条规定,义务教育是国家统一实施的所有适龄儿童、少年必须接受的教育,是国家必须予以保障的公益性事业。

三、《义务教育法》的立法宗旨

《义务教育法》第1条明确规定我国义务教育法的立法宗旨:"为了保障适龄儿童、少年接受义务教育的权利,保证义务教育的实施,提高全民族素质,根据宪法和教育法,制定本法。"

《义务教育法》第3条明确规定我国义务教育发展的指导方针:"义务教育必须贯彻国家的教育方针,实施素质教育,提高教育质量,使适龄儿童、少年在品德、智力、体质等方面全面发展,为培养有理想、有道德、有文化、有纪律的社会主义建设者和接班人奠定基础。"

四、《义务教育法》的颁行意义

从教育法治建设角度讲,《义务教育法》的出台也是中国教育法治建设一个新的、重要的标志。从义务教育发展来看,《义务教育法》的颁行关乎整个民族素质的提高和民族的复兴,对整个教育的发展具有奠基性意义和深远的历史作用,是义务教育发展的一个里程碑。

五、《义务教育法》的基本内容

(一)义务教育的管理体制

《义务教育法》第7条规定:"义务教育实行国务院领导,省、自治区、直辖市人民政府统筹规划实施,县级人民政府为主管理的体制。县级以上人民政府教育行政部门具体负责义务教育实施工作;县级以上人民政府其他有关部门在各自的职责范围内负责义务教育实施工作。"

(二)《义务教育法》规定的入学年龄与原则

1. 入学年龄

《义务教育法》第11条规定:"凡年满六周岁的儿童,其父母或者其他法定监护人应当送其入学接受并完成义务教育;条件不具备的地区的儿童,可以推迟到七周岁。适龄儿童、少年因身体状况需要延缓入学或者休学的,其父母或者其他法定监护人应当提出申请,由当地乡镇人民政府或者县级人民政府教育行政部门批准。"

2. 适龄儿童、少年免试入学

《义务教育法》第12条规定:"适龄儿童、少年免试入学。地方各级人民政府应当保障适龄儿童、少年在户籍所在地学校就近入学。父母或者其他法定监护人在非户籍所在地工作或者居住的适龄儿童、少年,在其父母或者其他法定监护人工作或者居住地接受义务教育的,当地人民政府应当为其提供平等接受义务教育的条件。"

3. 禁止用人单位招用应当接受义务教育的适龄儿童、少年

《义务教育法》第14条规定:"禁止用人单位招用应当接受义务教育的适龄儿童、少年。根据国家有关规定经批准招收适龄儿童、少年进行文艺、体育等专业训练的社会组织,应当保证所招收的适龄儿童、少年接受义务教育;自行实施义务教育的,应当经县级人民政府教育行政部门批准。"

案例链接

【视频视点】 某服装厂雇佣童工

请扫描本节二维码观看视频,该视频主要讲的是某服装厂雇佣童工,这些童工大部分是云南大山里的应当接受义务教育的学生,他们辍学后来常熟打工。

【问题探讨】

1. 该案例中的服装厂违法了吗?
2. 应该怎样解决未成年人义务教育辍学的问题?

【案例分析】 该案例中的服装厂违反了《义务教育法》。《义务教育法》中规定:"禁止用人单位招用应当接受义务教育的适龄儿童、少年。"这些辍学的学生还处在义务教育的阶段,学校应该加强对学生的思想教育,家长要知道孩子接受教育的重要性,各个用人单位不可因利益违法雇佣未成年人。学校、政府应当采取有效的措施去解决未成年人义务教育辍学的问题,这是法定任务。

随堂小练

2.(单项选择题)《中华人民共和国义务教育法》规定,适龄儿童接受义务教育的入学年龄是( )。

　　A. 5或6岁　　　B. 6或7岁　　　C. 7或8岁　　　D. 8或9岁

【答案】 B。

【解析】《义务教育法》第11条规定:"凡年满六周岁的儿童,其父母或者其他法定监护人应当送其入学接受并完成义务教育;条件不具备的地区的儿童,可以推迟到七周岁。"

3.(单项选择题)张阿姨开了一家饭馆,由于人手不够,她把农村13岁的侄女小花叫来打工,每月工资500元,张阿姨的行为( )。

　　A. 属于正常的用工　　　　　　B. 违法
　　C. 招用自家亲戚,不违法　　　D. 说不清楚

【答案】 B。

【解析】《义务教育法》第14条规定:"禁止用人单位招用应当接受义务教育的适龄儿童、少年。"

(三)《义务教育法》对学校建设的要求

1. 学校规划要求

《义务教育法》第15条规定:"县级以上地方人民政府根据本行政区域内居住的适龄儿童、少年的数量和分布状况等因素,按照国家有关规定,制定、调整学校设置规划。新建居民区需要设置学校的,应当与居民区的建设同步进行。"

2. 特殊教育要求

《义务教育法》第19条规定:"县级以上地方人民政府根据需要设置相应的实施特殊教育的学校(班),对视力残疾、听力语言残疾和智力残疾的适龄儿童、少年实施义务教育。特殊教育学校(班)应当具备适应残疾儿童、少年学习、康复、生活特点的场所和设施。普通学校应当接收具有接受普通教育能力的残疾适龄儿童、少年随班就读,并为其学习、康复提供帮助。"

3. 均衡发展要求

《义务教育法》第22条规定:"县级以上人民政府及其教育行政部门应当促进学校均衡发展,缩小学校之间办学条件的差距,不得将学校分为重点学校和非重点学校。学校不得分设重点班和非重点班。县级以上人民政府及其教育行政部门不得以任何名义改变或者变相改变公办学校的性质。"

4. 安全保障要求

《义务教育法》第23条与第24条规定:"各级人民政府及其有关部门依法维护学校周边秩序,保护学生、教师、学校的合法权益,为学校提供安全保障。""学校应当建立、健全安全制度和应急机制,对学生进行安全教育,加强管理,及时消除隐患,预防发生事故。县级以上地方人民政府定期对学校校舍安全进行检查;对需要维修、改造的,及时予以维修、改造。学校不得聘用曾经因故意犯罪被依法剥夺政治权利或者其他不适合从事义务教育工作的人担任工作人员。"

5. 不得违法谋利

《义务教育法》第25条规定:"学校不得违反国家规定收取费用,不得以向学生推销或者变相推销商品、服务等方式谋取利益。"

6. 学校实行校长负责制

《义务教育法》第26条规定:"校长应当符合国家规定的任职条件。校长由县级人民政府教育行政部门依法聘任。"

7. 不得开除学生

《义务教育法》第27条规定:"对违反学校管理制度的学生,学校应当予以批评教育,不得开除。"

案例链接

【案情简介】 学校强收补课费,学生跳楼致残

该案例主要讲学生王某因没交"补课费",连续遭到校长和班主任的"批评教育",自尊心受伤,加上自己因说谎被父母责骂,一时想不开,从阳台跳下,导致自己残疾。(请扫描本节二维码查阅案例详情)

【问题探讨】 该案例中学校应承担什么法律责任?

【案例分析】 这是一个因为学校违规收取补课费引发的案件。在这个事件的发生过程中,正确分析认定导致学生致残的主要、次要和直接与间接原因,是划分责任的前提。

间接的诱发原因是学校乱收费和教育方式不当,学校有一定过错。关于不准收取补课费的问题,国务院和教育主管部门很早就有规定。《义务教育法》第56条规定:"学校违反国家规定收取费用的,由县级人民政府教育行政部门责令退还所收费用;对直接负责的主管人员和其他直接责任人员依法给予处分。"

案例链接

【视频视点】 家长反对乱收费,女儿在学校遭"穿小鞋"

请扫描本节二维码观看视频,该视频主要讲家长因在群里反对学校乱收费,结果被班主任踢出群,女儿在学校受到班主任的不公正对待,引起家长的不满。

【问题探讨】

1. 该视频中学校和班主任的行为违法吗?
2. 家长和学生如何维权?

【案例分析】 在该视频中,学校以美化学校的理由向学生家长收取费用,这违反了《义务教育法》。《义务教育法》第25条规定:"学校不得违反国家规定收取费用,不得以向学生推销或者变相推销商品、服务等方式谋取利益。"班主任因学生家长没交费,就对学生进行不公正的对待,这违背了《义务教育法》中的教师行为要求。《义务教育法》第29条规定:"教师在教育教学中应当平等对待学生,关注学生的个体差异,因材施教,促进学生的充分发展。教师应当尊重学生的人格,不得歧视学生,不得对学生实施体罚、变相体罚或者其他侮辱人格尊严的行为,不得侵犯学生合法权益。"家长和学生可以向学校申诉委员会申诉,也可以向教育局提起行政申诉,甚至可以直接向法院起诉。

随堂小练

4.(单项选择题)对违反学校管理制度的学生,义务教育学校应当( )。

  A. 予以批评教育   B. 予以劝退

  C. 勒令退学   D. 予以开除

【答案】 A。

【解析】《义务教育法》第27条规定:"对违反学校管理制度的学生,学校应当予以批评教育,不得开除。"

5.(单项选择题)某初级中学在初一的六个班级中设了一个重点班。该校的做法(　　)。

  A. 正确,有利于因材施教
  B. 正确,有利于提高升学率
  C. 不正确,学校不得分设重点班和非重点班
  D. 不正确,应该由教育主管部门设立重点班

【答案】 C。

【解析】《义务教育法》第22条规定:"县级以上人民政府及其教育行政部门应当促进学校均衡发展,缩小学校之间办学条件的差距,不得将学校分为重点学校和非重点学校。学校不得分设重点班和非重点班。"

出处:2014年下半年中学教师资格考试《综合素质》真题。

6.(单项选择题)某地区教育行政部门未经公开招标,直接将当地两所较为薄弱的公办学校移交给一家民办教育集团承办,并规定对该校所有学生按市场价格收费。该地区教育行政部门的做法(　　)。

  A. 合法,有利于促进学校本身的内涵发展
  B. 合法,有利于实现优质教育资源的均衡共享
  C. 不合法,不得以任何名义改变或变相改变公办学校的性质
  D. 不合法,不得以任何方式或理由规避公开招标的原则要求

【答案】 C。

【解析】《义务教育法》第22条第2款规定:"县级以上人民政府及其教育行政部门不得以任何名义改变或者变相改变公办学校的性质。"

出处:2017年下半年中学教师资格考试《综合素质》真题。

7.《中华人民共和国义务教育法》规定,我国中小学实行(　　)。

  A. 校长负责制   B. 党委领导下的校长责任制
  C. 党委领导下的校长责任制   D. 校长责任制

【答案】 A。

【解析】《义务教育法》第26条规定:"学校实行校长负责制。校长应当符合国家规定的任职条件。校长由县级人民政府教育行政部门依法聘任。"

出处:2016年上半年小学教师资格考试《综合素质》真题。

(四)《义务教育法》关于教师的规定

1. 教师权利义务要求

《义务教育法》第 28 条规定:"教师享有法律规定的权利,履行法律规定的义务,应当为人师表,忠诚于人民的教育事业。全社会应当尊重教师。"

2. 教师行为要求

《义务教育法》第 29 条规定:"教师在教育教学中应当平等对待学生,关注学生的个体差异,因材施教,促进学生的充分发展。教师应当尊重学生的人格,不得歧视学生,不得对学生实施体罚、变相体罚或者其他侮辱人格尊严的行为,不得侵犯学生合法权益。"

3. 教师资格及职称

《义务教育法》第 30 条规定:"教师应当取得国家规定的教师资格。国家建立统一的义务教育教师职务制度。教师职务分为初级职务、中级职务和高级职务。"

4. 教师待遇

《义务教育法》第 31 条规定:"各级人民政府保障教师工资福利和社会保险待遇,改善教师工作和生活条件;完善农村教师工资经费保障机制。教师的平均工资水平应当不低于当地公务员的平均工资水平。特殊教育教师享有特殊岗位补助津贴。在民族地区和边远贫困地区工作的教师享有艰苦贫困地区补助津贴。"

5. 支教工作

《义务教育法》第 32 条规定:"县级以上人民政府应当加强教师培养工作,采取措施发展教师教育。县级人民政府教育行政部门应当均衡配置本行政区域内学校师资力量,组织校长、教师的培训和流动,加强对薄弱学校的建设。"第 33 条规定:"国务院和地方各级人民政府鼓励和支持城市学校教师和高等学校毕业生到农村地区、民族地区从事义务教育工作。国家鼓励高等学校毕业生以志愿者的方式到农村地区、民族地区缺乏教师的学校任教。县级人民政府教育行政部门依法认定其教师资格,其任教时间计入工龄。"

案例链接

【案情简介】 学生因未完成作业,遭老师严重体罚

该案例主要描述了学生张某因未完成作业从而遭到班主任的体罚,之后,张某因一些事情又遭到了班主任的连续打骂,不让张某进教室上课。(请扫描本节二维码查阅案例详情)

【问题探讨】
1. 该班主任的做法违反了什么法的规定?
2. 该班主任会承担什么法律责任?

【案例分析】 在此案例中,班主任的做法违反了《义务教育法》。《义务教育法》第 28 条规定:"教师享有法律规定的权利,履行法律规定的义务,应当为人师表,忠诚于人民的

教育事业。全社会应当尊重教师。"第29条规定:"教师在教育教学中应当平等对待学生,关注学生的个体差异,因材施教,促进学生的充分发展。教师应当尊重学生的人格,不得歧视学生,不得对学生实施体罚、变相体罚或者其他侮辱人格尊严的行为,不得侵犯学生合法权益。"班主任行为情节轻微的给以批评教育或行政处分,情节严重导致伤害,有可能承担相应的行政、民事,甚至刑事责任。

> **随堂小练**
>
> 8.(单项选择题)在民族地区和边远贫困地区工作的老师享有(　　)的津贴。
>
>   A. 特殊岗位补助　　　　　　　　B. 生活补助
>
>   C. 艰苦贫困地区补助　　　　　　D. 特殊奉献补助
>
> 【答案】 C。
>
> 【解析】《义务教育法》第31条规定:"特殊教育教师享有特殊岗位补助津贴。在民族地区和边远贫困地区工作的教师享有艰苦贫困地区补助津贴。"

(五)《义务教育法》对教育教学的规定

1. 基本要求

《义务教育法》第34条规定:"教育教学工作应当符合教育规律和学生身心发展特点,面向全体学生,教书育人,将德育、智育、体育、美育等有机统一在教育教学活动中,注重培养学生独立思考能力、创新能力和实践能力,促进学生全面发展。"《义务教育法》第35条规定:"国务院教育行政部门根据适龄儿童、少年身心发展的状况和实际情况,确定教学制度、教育教学内容和课程设置,改革考试制度,并改进高级中等学校招生办法,推进实施素质教育。学校和教师按照确定的教育教学内容和课程设置开展教育教学活动,保证达到国家规定的基本质量要求。国家鼓励学校和教师采用启发式教育等教育教学方法,提高教育教学质量。"

2. 德育要求

《义务教育法》第36条规定:"学校应当把德育放在首位,寓德育于教育教学之中,开展与学生年龄相适应的社会实践活动,形成学校、家庭、社会相互配合的思想道德教育体系,促进学生养成良好的思想品德和行为习惯。"

3. 教科书要求

《义务教育法》第38条至第41条规定:"教科书根据国家教育方针和课程标准编写,内容力求精简,精选必备的基础知识、基本技能,经济实用,保证质量。国家机关工作人员和教科书审查人员,不得参与或者变相参与教科书的编写工作。""国家实行教科书审定制度。教科书的审定办法由国务院教育行政部门规定。未经审定的教科书,不得出版、选用。""教科书价格由省、自治区、直辖市人民政府价格行政部门会同同级出版主管部门按照微利原则确定。""国家鼓励教科书循环使用。"

案例链接

【案情简介】 老师让学生作弊

该案例主要讲述某小学期末统考前,某教师设法弄到试卷,并在做出答案之后,让学生"牢记",此举引起学生家长极大不满。(请扫描本节二维码查阅案例详情)

【问题探讨】 如何评价该教师的教育教学行为?

【案例分析】 本案是一起由教师漏题而造成的考试舞弊案,侵犯了学生的受教育权。根据我国《教师法》《义务教育法》等规定,教师享有法律规定的权利,履行法律规定的义务,应当为人师表,忠诚于人民的教育事业。在这个案例中,这位教师明显没有做到教书育人的义务。

随堂小练

9.(单项选择题)《中华人民共和国义务教育法》第三十五条规定,国家鼓励学校和教师采用( )教育等教育教学方法,提高教育教学质量。

    A. 生活化   B. 启发式   C. 小班化   D. 讲授式

【答案】 B。

【解析】《义务教育法》第35条规定:"国家鼓励学校和教师采用启发式教育等教育教学方法,提高教育教学质量。"

10.(单项选择题)国家实行教科书审订制度,教科书的审定办法由( )规定。未经审定的教科书不得出版、使用。

    A. 县级教育行政部门   B. 国务院教育行政部门

    C. 地级市教育行政部门   D. 省级教育行政部门

【答案】 B。

【解析】《义务教育法》第39条规定:"国家实行教科书审定制度。教科书的审定办法由国务院教育行政部门规定。未经审定的教科书,不得出版、选用。"

(六)实施义务教育的经费保障

1. 经费的行政保障

《义务教育法》第42条规定:"国家将义务教育全面纳入财政保障范围,义务教育经费由国务院和地方各级人民政府依照本法规定予以保障。国务院和地方各级人民政府将义务教育经费纳入财政预算,按照教职工编制标准、工资标准和学校建设标准、学生人均公用经费标准等,及时足额拨付义务教育经费,确保学校的正常运转和校舍安全,确保教职工工资按照规定发放。国务院和地方各级人民政府用于实施义务教育财政拨款的增长比例应当高于财政经常性收入的增长比例,保证按照在校学生人数平均的义务教育费用逐步增长,保证教职工工资和学生人均公用经费逐步增长。"

2. 经费的责任主体

《义务教育法》第44条规定:"义务教育经费投入实行国务院和地方各级人民政府根据职责共同负担,省、自治区、直辖市人民政府负责统筹落实的体制。农村义务教育所需经费,由各级人民政府根据国务院的规定分项目、按比例分担。各级人民政府对家庭经济困难的适龄儿童、少年免费提供教科书并补助寄宿生生活费。"《义务教育法》第45条规定:"地方各级人民政府在财政预算中将义务教育经费单列。县级人民政府编制预算,除向农村地区学校和薄弱学校倾斜外,应当均衡安排义务教育经费。"

3. 经费使用

《义务教育法》第49条与第50条规定:"义务教育经费严格按照预算规定用于义务教育;任何组织和个人不得侵占、挪用义务教育经费,不得向学校非法收取或者摊派费用。""县级以上人民政府建立健全义务教育经费的审计监督和统计公告制度。"

案例链接

【案情简介】 "明星校长"贪污被抓

该案例中,张校长利用自己的职务之便,以给领导送礼、给学校办事、自己住院等名义从学校财务处取走现金77万元,非法占为己有,引起社会争议。(请扫本节二维码查阅案例详情)

【问题探讨】 该案例中的校长应承担什么法律责任?

【案例分析】 在这则案例中,张校长明显违反了《义务教育法》。《义务教育法》第54条规定:有下列情形之一的,由上级人民政府或者上级人民政府教育行政部门、财政部门、价格行政部门和审计机关根据职责分工责令限期改正;情节严重的,对直接负责的主管人员和其他直接责任人员依法给予处分:侵占、挪用义务教育经费的;向学校非法收取或者摊派费用的。

随堂小练

11.(单项选择题)国家将义务教育全面纳入财政保障范围,义务教育经费保障由( )依法予以保障。

A. 国务院　　　　　　　　B. 县市地方政府
C. 省政府　　　　　　　　D. 国务院和地方各级人民政府

【答案】 D。

【解析】《义务教育法》第42条规定:"国家将义务教育全面纳入财政保障范围,义务教育经费由国务院和地方各级人民政府依照本法规定予以保障。"

(七) 违反《义务教育法》的法律责任

《义务教育法》第七章法律责任，第 51 条至第 60 条对违反义务教育法的违法行为及其法律责任做出了规定。

第 51 条规定："国务院有关部门和地方各级人民政府违反本法第六章的规定，未履行对义务教育经费保障职责的，由国务院或者上级地方人民政府责令限期改正；情节严重的，对直接负责的主管人员和其他直接责任人员依法给予行政处分。"

第 52 条规定：县级以上地方人民政府有下列情形之一的，由上级人民政府责令限期改正；情节严重的，对直接负责的主管人员和其他直接责任人员依法给予行政处分：① 未按照国家有关规定制定、调整学校的设置规划的；② 学校建设不符合国家规定的办学标准、选址要求和建设标准的；③ 未定期对学校校舍安全进行检查，并及时维修、改造的；④ 未依照本法规定均衡安排义务教育经费的。

第 53 条规定：县级以上人民政府或者其教育行政部门有下列情形之一的，由上级人民政府或者其教育行政部门责令限期改正、通报批评；情节严重的，对直接负责的主管人员和其他直接责任人员依法给予行政处分：① 将学校分为重点学校和非重点学校的；② 改变或者变相改变公办学校性质的。

县级人民政府教育行政部门或者乡镇人民政府未采取措施组织适龄儿童、少年入学或者防止辍学的，依照前款规定追究法律责任。

第 54 条规定：有下列情形之一的，由上级人民政府或者上级人民政府教育行政部门、财政部门、价格行政部门和审计机关根据职责分工责令限期改正；情节严重的，对直接负责的主管人员和其他直接责任人员依法给予处分：① 侵占、挪用义务教育经费的；② 向学校非法收取或者摊派费用的。

第 55 条规定："学校或者教师在义务教育工作中违反教育法、教师法规定的，依照教育法、教师法的有关规定处罚。"

第 56 条规定：学校违反国家规定收取费用的，由县级人民政府教育行政部门责令退还所收费用；对直接负责的主管人员和其他直接责任人员依法给予处分。

学校以向学生推销或者变相推销商品、服务等方式谋取利益的，由县级人民政府教育行政部门给予通报批评；有违法所得的，没收违法所得；对直接负责的主管人员和其他直接责任人员依法给予处分。

国家机关工作人员和教科书审查人员参与或者变相参与教科书编写的，由县级以上人民政府或者其教育行政部门根据职责权限责令限期改正，依法给予行政处分；有违法所得的，没收违法所得。

第 57 条规定：学校有下列情形之一的，由县级人民政府教育行政部门责令限期改正；情节严重的，对直接负责的主管人员和其他直接责任人员依法给予处分：① 拒绝接收具有接受普通教育能力的残疾适龄儿童、少年随班就读的；② 分设重点班和非重点班的；③ 违反本法规定开除学生的；④ 选用未经审定的教科书的。

第 58 条规定："适龄儿童、少年的父母或者其他法定监护人无正当理由未依照本法规定送适龄儿童、少年入学接受义务教育的,由当地乡镇人民政府或者县级人民政府教育行政部门给予批评教育,责令限期改正。"

第59条规定:有下列情形之一的,依照有关法律、行政法规的规定予以处罚:① 胁迫或者诱骗应当接受义务教育的适龄儿童、少年失学、辍学的;② 非法招用应当接受义务教育的适龄儿童、少年的;③ 出版未经依法审定的教科书的。

第60条规定:"违反本法规定,构成犯罪的,依法追究刑事责任。"

案例链接

【案情简介】 镇政府起诉村民不让其儿子上学

某人民法院依法审结了村民阿某拒不履行监护人法定义务,不送适龄儿童接受九年义务教育案件。经法院开庭审理,被告人当场表态:保证认真履行监护人责任,马上送孩子到学校读书,直至完成九年义务教育,其间保证不辍学、不退学、不逃学。

某镇政府了解掌握村民阿某以各种理由不让其儿子上学。经镇政府工作人员和老师反复做工作后,仍然拒绝送儿子返校就读。3月20日,镇政府向市人民法院依法提起诉讼。法院立案后,对被起诉的学生家长进行了走访调查,认为被告阿某作为法定监护人,没有履行法定义务,以各种理由不让其子正常入校接受义务教育,属于侵犯学龄儿童接受义务教育权利的违法行为。

法院审理认为,送适龄儿童、少年入学接受并完成义务教育,是父母或者其他法定监护人必须承担的法律义务。村民阿某拒不履行监护人法定义务,不送适龄儿童接受九年义务教育,显然是错误的,是违法的,必须限期改正,自觉履行作为父母和法定监护人的义务。

此案判决后,在当地引起了强烈反响。不少家长纷纷表示,以前由于不懂法,目光短浅,不重视子女的学习,造成子女辍学。通过法院的这次判决,不但普及了法律常识,也认识到了自身的错误,今后一定充分尊重未成年人受教育的权利,使自己的子女依法入学,接受并完成义务教育。

【问题探讨】 该案例中家长的做法违反了什么法的规定?

【案例分析】 在这则案例中,被告人明显违反了《义务教育法》。《义务教育法》第11条规定:"凡年满六周岁的儿童,其父母或者其他法定监护人应当送其入学接受并完成义务教育;条件不具备的地区的儿童,可以推迟到七周岁。适龄儿童、少年因身体状况需要延缓入学或者休学的,其父母或者其他法定监护人应当提出申请,由当地乡镇人民政府或者县级人民政府教育行政部门批准。"第13条规定:"县级人民政府教育行政部门和乡镇人民政府组织和督促适龄儿童、少年入学,帮助解决适龄儿童、少年接受义务教育的困难,采取措施防止适龄儿童、少年辍学。居民委员会和村民委员会协助政府做好工作,督促适龄儿童、少年入学。"

第三节 《中华人民共和国教师法》

百年大计,教育为本;教育大计,教师为本。① 教师负有特殊的责任和使命。据报道,因为班主任老师翻看日记和书包,某女中学生不堪精神重压而离校出走。事后,女中学生以名誉权受损为由将老师和学校告上法庭。老师是否应对女中学生的出走承担法律责任?教师对学生的不尊重甚至违法行为应该如何对策?学生打教师,教师能不能打学生?厘清此类问题,要求我们应了解教师的法律地位,了解现行法对教师权利义务的规定等。《教师法》确立了教师的法律地位,规定了教师的权利和义务。教师专业化是现代教师职业发展的必然趋势。《教师法》以法律的形式确立了教师职业的专业属性,并以教师资格制度和教师职务制度作为相应的法律保障,以确保教师专业化的实现程度。教师的聘任、考核、培训制度,同样是教师队伍建设的重要机制,有效实施这些制度,有利于依法保证教师队伍的纯洁性,调动广大教师的工作积极性。本节将共同学习《中华人民共和国教师法》。

学习指南

1. 观看本节"微课视频",查阅本节"演示文稿""教学导案"和"法规链接"等。
2. 通过本节"案例链接""视频视点"进行案例学习和研究。
3. 欢迎你踊跃参与本节"法学论坛",围绕主题畅所欲言。
4. 学完本节内容,请点击本节"随堂测试",测一测学习效果。
5. 基于本节的"核心概念",希望你丰富本节"参考文献",加入研究项目,进行研究性学习。
6. 学习的过程,应是师生共同进行课程资源开发的过程,欢迎加入"课程建设"项目,为本课程资源更优更好,贡献你的智慧。

微信扫一扫

---

① 中共中央国务院关于全面深化新时代教师队伍建设改革的意见(2018 年 1 月 20 日).

知识结构

《教师法》
- 《教师法》的立法过程
- 《教师法》的地位
- 《教师法》的颁行意义
- 《教师法》的基本内容
  - 《教师法》的立法宗旨
  - 教师的权利和义务
  - 保障教师完成教学任务中有关部门和学校的职责
  - 教师的资格和任用
  - 教师职务制度和教师聘任制度
  - 教师的培养和培训
  - 教师的考核
  - 教师的待遇
  - 教师的奖励
  - 违反《教师法》的法律责任

以案说法

【视频视点】 老师被贴"乌龟",遭开除

请扫描本节二维码观看视频,该视频讲述了:某教育局发布了一份处罚决定,决定显示,因梁老师上课打了学生而给予他开除处分。今年47岁的梁老师在晚自习辅导高一三班学生时,发现学生小敏在其背后贴了张"我是乌龟,我怕谁"的字条,还在上面配有乌龟形象,梁老师觉得受到侮辱。而小敏也不愿写事情经过,并将画有乌龟的纸条撕掉。梁老师气愤之下打了小敏一巴掌,小敏随即用桌子上的书砸向梁老师,梁老师又打了小敏一巴掌。此后因小敏情绪很激动,为控制住小敏,梁老师先后两次按住小敏的脖子,导致小敏脖子出现伤痕。事后,教育部门认为梁老师体罚学生,并于6月4日将其开除。开除决定做出后,很多教师认为学校做出的处罚有处理过重的嫌疑。而梁老师也已经向教育部门提出了行政复议的申请。

【问题探讨】
1. 被贴"乌龟"老师遭开除,如此处理是否过重?
2. 教师在这个过程中行为选择有无不当之处?教师如何维护自己的权利?

【案例分析】 该案例可以从学生和老师这两个不同主体所承担的法律责任角度进行分析。"遵守学生行为规范,尊敬师长,养成良好的思想品德和行为习惯"是《教育法》第44条规定受教育者应当履行的义务之一。学生小敏在老师背后贴纸条并且拒绝向老师道歉的行为是没有履行受教育者义务的体现。而梁老师更是违反了《义务教育法》第29条:"教师应当尊重学生的人格,不得歧视学生,不得对学生实施体罚、变相体罚或者其他侮辱人格尊严的行为,不得侵犯学生合法权益。"以及《教师法》第8条:"关心、爱护全体学生,尊重学生人格,促进学生在品德、治理、体质等方面全面发展;制止有害于学生的行为或者其他侵害学生合法权益的行为,批评和抵制有害于学生健康成长的现象"等相关规定。

《教师法》第37条规定教师有下列情形之一的,由所在学校、其他教育机构或者教育行政部门给予行政处分或者解聘。其中包括"体罚学生,经教育不改的;品行不良、侮辱学生,影响恶劣的"。这个案例之所以能在社会上引起热议,很大一方面的原因是当一个人作为公民的权利和作为教师的义务产生冲突,怎样的处理才不为过?这样的结果或许能够引起老师对如何正确与学生交往问题的深刻反思。

【案例启示】 老师作为一种特殊的群体,传授的不仅是知识,更多的是为人处世的风范。即使学生有错在先,也不是教师犯错的借口。老师是天底下最光辉的职业,应该得到社会全体的尊重。当其尊严受到践踏时,老师应该采取措施以理服人、以德服人,而不是以力服人,毕竟教育的春风化雨不能演变成暴力的拳脚相向。

知识点解读

一、《教师法》的立法过程

《中华人民共和国教师法》(以下简称《教师法》)于1993年10月31日经第八届全国人大常委会第四次会议通过,1994年1月1日起施行。目前,对《教师法》的修改已经列入议事日程。

二、《教师法》的地位

《教师法》是我国教育史上第一部关于教师的单行法律,它的制定和颁布体现了党和国家对人民教师的重视。

三、《教师法》的颁行意义

《教师法》的制定和颁布,对于提高教师的地位,保障教师的合法权益,造就一支具有良好的思想品德和业务素质的教师队伍,促进我国社会主义教育事业的发展,有着重要的意义。

案例链接

【视频视点】 10类教师"失德"行为

请扫描本节二维码观看视频,该视频主要介绍了近日教育部公布《中小学教师违反职业道德行为处理办法征求意见稿》,对教师体罚、收礼、有偿补课等10种不当或者失范行为做出了处置的界限,对教师能做什么和不能做什么都提出了具体的要求。

【问题探讨】 "失德"行为为何在当今社会层出不穷?请扫描本节二维码,欢迎进入法学论坛,谈谈对10类教师"失德"行为的认识。结合相关发言,探求解析结论。

四、《教师法》的基本内容

(一)《教师法》的立法宗旨

《教师法》以教师为立法对象,把国家尊师重教的方针上升为法律,体现了全国人民的共同愿望和意志。总则第1条对其立法宗旨做了明确规定:"为了保障教师的合法权益,建设具有良好思想品德修养和业务素质的教师队伍,促进社会主义教育事业的发展,制定本法。"

(二)教师的权利和义务

《教师法》第7条规定教师享有下列权利:

第一,进行教育教学活动,开展教育教学改革和实验。

案例链接

【案情简介】 张老师起诉教育局侵犯其荣誉权

张某系某第一高中教师,在教育战线上奋斗了二十余载。由于张某在工作中取得了巨大的成绩,被评为县模范教师,获得县教育局颁发的荣誉证书和奖金500元。年底,县教育局某位领导找到张某,想让他的侄子进入张某任教的毕业班,但该领导侄子的成绩较差,张某按照学校的规定婉转地拒绝了该领导的要求。事隔不久,某县教育局突然以"教学模式老化,学生反映意见大"为由收回张某所获的模范教师称号和奖金。张某得知此事要求县教育局承认自己的教学科研能力和荣誉称号,但县教育局不予理睬。

张某所在学校议论纷纷,张某为此精神恍惚,精神压力很大,以至住院月余,花去医疗费5 000余元。张某向县人民法院提起诉讼,称县教育局非法剥夺自己的荣誉称号,给自己造成了精神损害和经济损失,要求人民法院判令县教育局返还荣誉证书及奖金,并在原有范围内消除影响,并赔偿经济损失和精神抚慰金。

【问题探讨】 张某的哪项权利受到侵犯?他该如何维护自己的合法权益?

【案例分析】 从这个案例可以看出,张某的荣誉权和教育教学权受到侵害。张某工作兢兢业业,刻苦钻研,勇于探索,在长期的实践中摸索出一套成功的方法,有力地提高了教学水平。县教育局所说的"张某教学模式老化,学生反映意见挺大"的观点显然是站不住脚的。县教育局仅凭领导个人好恶,未依法定程序便剥夺张某的模范教师荣誉称号及奖金,构成对张某荣誉权的侵害。另外,教师依法享有教育教学活动(教育教学自主权),开展教学改革和实验的权利,这是国家赋予教师职业的特定权利,任何人都无权干涉或阻挠,县教育局应该为此承担相应的法律责任。

第二,从事科学研究、学术交流,参加专业的学术团体,在学术活动中充分发表意见。

第三,指导学生的学习和发展,评定学生的品行和学业成绩。

第四,按时获取工资报酬,享受国家规定的福利待遇以及寒暑假期的带薪休假。

案例链接

【案情简介】 学校扣留了教师工资翻修校舍

某中学,因翻修校舍,急需一部分资金,扣留了全体教师从7月份到9月份的全部工资款。全体教师对学校的行为极为不满,联名向教育行政部门提出申诉。其申诉依据是:《教育法》第34条:"国家保护教师的合法权益""教师的工资报酬、福利待遇,依法律法规的规定办理"。《教师法》第7条第4项规定:教师享有"按时获取工资报酬、享有国家规定的福利待遇以及寒暑假期的带薪休假"的权利。要求学校马上归还扣留教师的全部工资。

【问题探讨】 学校侵犯了教师的什么权利?县教育局该如何处理教师的申诉?

【案例分析】 教师获取报酬权被学校侵害。教师的请求应得到县教育局的支持。原因是拖欠教师工资,违反《教育法》《教师法》,是侵害了教师合法权益的行为。它不仅侵害了教师获取劳动报酬的基本权利,危及教师及其家庭生计,还严重影响了教师队伍的稳定和教育教学工作的正常进行,不利于教育事业的健康发展。

第五,对学校教育教学、管理工作和教育行政部门的工作提出意见和建议,通过教职工代表大会或者其他形式,参与学校的民主管理。

案例链接

【案情简介】 教师不满学校乱收费,被送精神病医院

某小学教师李某因对学校乱收费不满,向有关部门如实反映了学校存在的问题。该校领导一气之下,取消了李某的教师资格,并且说他是精神病,不安排教学任务给李某,并强行将其送往精神病医院治疗。

【问题探讨】 请依法分析教师李某和学校的行为。

【案例分析】 从这个案例可以看出,依据《教育法》和《教师法》的规定,李某不仅有教育教学活动的权利,也有监督学校管理活动的权利。案例中李某因其正当行动而遭到学校报复,被非法剥夺了教育教学权,学校的行为构成了对教师李某教育教学权及监督权的侵害。李某可依据《教师法》第39条的规定,向教育行政部门依法提出申诉,教育行政部门应当在接到申诉的30日内做出处理。

> **随堂小练**
>
> 1.（单项选择题）某教师积极参加学校工会活动，并对学校的改革献言献策。该教师行使的权利是（　　）。
>
> A. 教育教学权　　　　　　　　B. 控告检举权
> C. 民主管理权　　　　　　　　D. 培训进修权
>
> 【答案】 C。
>
> 【解析】 民主管理权是指教师对学校教育教学、管理工作和教育行政部门的工作提出意见和建议，通过教职工代表大会或者其他形式，参与学校的民主管理，这是教师法律地位的人格观。该题所述正是民主管理权。
>
> 出处：2016年上半年中学教师资格考试《综合素质》真题。

第六，参加进修或者其他方式的培训。

> **随堂小练**
>
> 2.（单项选择题）学校派张老师参加省里组织的骨干教师培训，但按学校的相关规定，应扣除张老师500元的绩效工资。学校的这项规定（　　）。
>
> A. 节约了办学成本　　　　　　B. 加强了经费管理
> C. 体现了按劳取酬　　　　　　D. 侵犯了教师权利
>
> 【答案】 D。
>
> 【解析】 学校的这项规定侵犯了教师权利，《教师法》第7条规定教师享有"参加进修或者其他方式的培训"的权利。
>
> 出处：2012年上半年中学教师资格考试《综合素质》真题。

《教师法》第8条规定教师应当履行下列义务：

一是遵守宪法、法律和职业道德，为人师表。

案例链接

【案情简介】 人手一册教育法律规章读本

为强化依法治教，促进教师廉洁从教，山西省晋城市教育局近日将精心汇编的《立德树人廉洁从教工作手册》发放到各县区教育系统和市直学校。手册包括《中华人民共和国教育法》《中华人民共和国教师法》《中华人民共和国义务教育法》《中小学教师职业道德规范》《晋城市中小学教师师德考核评价方案》等教育法律、政策及师德规范。全市近3万名教师将人手一册教育法律规章读本。

【问题探讨】 针对山西晋城3万名教师人手一册教育法律规章读本，谈谈你的认识？

【案例启示】 晋城市教育局的做法是值得提倡和学习的。人手一册教育法律规章读本使得教师在教育教学和管理工作中，能够为自己的行为找到法律的依据，在不触碰法律准绳的前提下行使自己的合法权利。另外，还可以让该市各级学校校长、教师、教育工作者进一步明确法律责任,正确履行权利义务,依法规范教育教学行为,做新时代廉洁从教、教书育人的楷模。

二是贯彻国家的教育方针,遵守规章制度,执行学校的教学计划,履行教师聘约,完成教育教学工作任务。

案例链接

【案情简介】 教师进修导致化学课没上

某校化学教师赵某参加了县教育学会组织的为期一天的学术研讨会。事先未向学校请假,也没有和教同班课程的其他教师调课,致使他所任教的两个班各有一节化学课没有上。学校按旷职论处,按照本校的有关规定,扣发其当日的工资和本月全勤奖,并在全校职工大会上提出批评。教师赵某对学校做出的处理决定不服,向这所学校的主管部门提出了申诉。其申诉理由是依据《教师法》第7条第2项规定教师享有"从事科学研究、学术交流、参加专业的学术团体、在学术活动中充分发表意见"的权利。要求返回扣发的工资和奖金,在全校职工大会上取消对其所做的批评。

【问题探讨】 主管部门该如何处理赵老师的申诉?他的行为是否处于正常行使合法权利的范畴内?

【案例分析】 从这个案例可以看出,教师既享有法律赋予的权利,也应当完成法律规定的义务。《教师法》第8条第2项规定教师应当履行"贯彻国家的教育方针,遵守规章制度,执行学校的教学计划,履行教师聘约,完成教育教学工作任务"的义务。赵老师只强调了权利的方面,而没有遵守学校的规章制度和执行教学计划,没有很好地完成教育教学工作任务。学校做出的决定符合权限和程序,适用法律法规正确,事实清楚。本案中教师赵某因参加学术研讨会,而使正常的教育教学活动受到影响,其行为不受法律的保护。

三是对学生进行宪法所确定的基本原则的教育和爱国主义、民族团结的教育,法制教育以及思想品德、文化、科学技术教育,组织、带领学生开展有益的社会活动。

四是关心、爱护全体学生,尊重学生人格,促进学生在品德、智力、体质等方面全面发展。

案例链接

【案情简介】 班主任讽刺学生

某校初二(3)班的班主任齐老师讲课很认真,但为人十分傲慢,对学生更是不客气,讽刺、挖苦学生是常事。该班一女生徐莲平时学习很刻苦,但脑子反应比较慢。一次,她被齐老师提问,未能回答上来,齐老师当场就是一顿讽刺:"哼,像你这样的还想上大学?"从而迫使徐莲提早辍学。

【问题探讨】

1. 本案中所涉及的法律关系主体有哪些?

2. 当事人违反了什么法律？应当承担什么责任？

【案例分析】

(1) 本案中所涉及的法律关系主体主要有教师、学生和学校。

(2) 齐老师的言行违反了《教师法》《义务教育法》和《未成年人保护法》的有关规定，侵犯了学生徐莲的受教育权和人身权。①《教师法》中明确规定：教师应当履行"遵守宪法、法律和职业道德""关心、爱护学生，尊重学生人格"的义务。而齐老师则缺乏教师应有的职业道德和遵纪守法的观念，未能履行教师"关心、爱护学生，尊重学生人格"的职责和义务，给徐莲的心灵造成了极大伤害。②《义务教育法》中明确规定："国家、社会、学校和家庭依法保障适龄儿童、少年接受义务教育的权利。"为此，齐老师不应妨害徐莲作为公民行使这一正当权利，不得因其学习有困难而进行讽刺挖苦，迫使其提早辍学，从而剥夺了她的受教育权。③《未成年人保护法》中明确规定："学校应当关心、爱护学生，对品行有缺点、学习有困难的学生，应当耐心教育、帮助，不得歧视。""教职员应当尊重学生的受教育权。"不得对未成年人实施"侮辱人格尊严的行为"。而齐老师的言行显然是对徐莲的歧视和人格侮辱，侵犯了她的人身权。本案中，齐老师应承担主要的行政法律责任，向徐莲赔礼道歉，并劝其返校复学。而学校对教师管理不善，未能及时发现与制止齐老师的不良行为，因而对本案的发生也负有一定的行政责任。为此，学校应及时对齐老师进行批评教育，责令其纠正错误，向徐莲赔礼道歉，并从此杜绝讽刺、挖苦学生等违法行为。同时，学校也负有动员徐莲返校复学的义务，以保证其继续完成义务教育阶段的学习。

【案例启示】 作为教师，应切实履行《教师法》中所规定的义务，加强自身的道德修养；尊重学生的人格以及各项合法权利；作为学校，应加强对教师的管理，及时发现和制止个别老师的不良行为，确保学生的合法权利不受侵犯；作为学生，当自己的合法权利受到侵害时，应勇于正确运用法律武器，维护自身的合法权利。

随堂小练

3. (单项选择题)孙老师把没有按时完成作业的学生赶到操场上，让他们在冷风中把作业写完，说要让学生明白学习的艰辛。这说明，孙老师没有做到（ ）。

  A. 关爱学生　　　　　　　　B. 因材施教
  C. 廉洁从教　　　　　　　　D. 严谨治学

【答案】 A。

【解析】 关爱学生要求不讽刺、挖苦、歧视学生，不体罚或变相体罚学生。孙老师的行为属于体罚学生，没有做到关爱学生。

出处：2016年上半年中学教师资格考试《综合素质》真题。

五是制止有害于学生的行为或者其他侵犯学生合法权益的行为，批评和抵制有害于学生健康成长的现象。

> **随堂小练**
>
> 4.(单项选择题)下列关于教师与学生之间法律关系的说法,不正确的是( )。
> A. 教育与被教育的关系 B. 管理与被管理的关系
> C. 保护与被保护的关系 D. 控制与被控制的关系
> 【答案】D。
> 【解析】《教师法》第7条规定了教师的权利。教师有教育、管理学生的权利,保护学生的义务。
> 出处:2016年下半年中学教师资格考试《综合素质》真题。

六是不断提高思想政治觉悟和教育教学业务水平。

案例链接

【案情简介】 师德承诺书

据报道,某市中小学、幼儿园的3万余名在职教师在年春开学之际签订了"师德承诺书",承诺内容包括"抵制有偿家教,不在校外私自兼课""不体罚或变相体罚学生"等,意欲通过签订"师德承诺书",促进师德建设,规范从教。

【问题探讨】 仅仅依靠一纸承诺书就可以把师德建设好吗?师德建设还需要从哪些方面入手?

【案例分析】 师德是教师和一切教育工作者在从事教育活动中必须遵守的道德规范和行为准则,以及与之相适应的道德观念、情操和品质。师德建设本身就是一项艰巨复杂的系统性工作,教育政策法规和部门规章提出的要求是师德建设的外因,单靠教师签订师德承诺书而不去深入触及老师们的思想和观念,这种师德建设是脆弱的,效果也是短暂的。

【案例启示】 师德建设不仅需要教师的承诺,还需要制度和制度的公正。新时期的师德建设,必须着力加强师德规范建设,同时建立切实可行的师德评价与监督体系。让教师在机制中加强自我教育、自我反省、自我规范,要让师德规范经过教师的内心体验变成教师的根本德性。

(三)保障教师完成教学任务中有关部门和学校的职责

为保障教师完成教育教学任务,《教师法》第9条规定各级人民政府、教育行政部门、有关部门、学校和其他教育机构应当履行下列职责:

(1)提供符合国家安全标准的教育教学设施和设备;

(2)提供必需的图书、资料及其他教育教学用品;

(3)对教师在教育教学、科学研究中的创造性工作给以鼓励和帮助;

(4)支持教师制止有害于学生的行为或者其他侵犯学生合法权益的行为。

> **随堂小练**
>
> 5.（单项选择题）依据《教师法》，为保障教师完成教学任务，下列有关各级人民政府、教育行政部门、有关部门、学校和其他教育机构应当履行职责的说法，不正确的一项是（　　）。
>
> A. 提供教育教学设施和设备
> B. 提供必需的图书、资料及其他教育教学用品
> C. 对教师在教育教学、科学研究中的创造性工作给以鼓励和帮助
> D. 支持教师制止有害于学生的行为或者其他侵犯学生合法权益的行为
>
> 【答案】　A。
> 【解析】《教师法》第9条规定，应提供符合国家安全标准的教育教学设施和设备。
> 出处：2012年下半年中学教师资格考试《综合素质》真题。

（四）教师的资格和任用

1. 获取教师资格的条件

《教师法》第10条规定获取教师资格的基本条件包括："中国公民凡遵守宪法和法律，热爱教育事业，具有良好的思想品德，具备本法规定的学历或者经国家教师资格考试合格，有教育教学能力，经认定合格的，可以取得教师资格。"

《教师法》第11条规定了取得教师资格应当具备的相应学历，并规定"不具备本法规定的教师资格学历的公民，申请获取教师资格，必须通过国家教师资格考试。国家教师资格考试制度由国务院规定"。

2. 教师资格的认定与任用

《教师法》第13条规定："中小学教师资格由县级以上地方人民政府教育行政部门认定。中等专业学校、技工学校的教师资格由县级以上地方人民政府教育行政部门组织有关主管部门认定。普通高等学校的教师资格由国务院或者省、自治区、直辖市教育行政部门或者由其委托的学校认定。具备本法规定的学历或者经国家教师资格考试合格的公民，要求有关部门认定其教师资格的，有关部门应当依照本法规定的条件予以认定。取得教师资格的人员首次任教时，应当有试用期。"

《教师法》第14条规定："受到剥夺政治权利或者故意犯罪受到有期徒刑以上刑事处罚的，不能取得教师资格；已经取得教师资格的，丧失教师资格。"

随堂小练

6.（单项选择题）曾受到有期徒刑两年刑事处罚的孙某申请获得教师资格证。下列选项中正确的是（　　）。

A. 刑满之后孙某可以取得教师资格　　B. 经培训后孙某可以取得教师资格

C. 五年之后孙某方能取得教师资格　　D. 依照法律孙某不能获得教师资格

【答案】D。

【解析】《教师法》第14条规定："受到剥夺政治权利或者故意犯罪受到有期徒刑以上刑事处罚的,不能取得教师资格;已经取得教师资格的,丧失教师资格。"

出处:2014年下半年中学教师资格考试《综合素质》真题。

（五）教师职务制度和教师聘任制度

《教师法》第16条与第17条规定："国家实行教师职务制度""学校和其他教育机构应当逐步实行教师聘任制。教师的聘任应当遵循双方地位平等的原则,由学校和教师签订聘任合同,明确规定双方的权利、义务和责任。实施教师聘任制的步骤、办法由国务院教育行政部门规定"。

[法规链接]

扫描本节二维码阅读《江苏省中小学教师专业技术资格条件》苏职称〔2013〕4号。

（六）教师的培养和培训

《教师法》第18条至第21条对教师的培养和培训做出了规定。

随堂小练

7.（单项选择题）某幼儿园安排行政人员代替教师参加教师专业培训,该做法（　　）。

A. 合法,幼儿园有选派培训学员的权利

B. 合法,幼儿园有管理教学事务的权利

C. 不合法,侵犯了教师进修培训的权利

D. 不合法,侵犯了教师的教育教学权利

【答案】C。

【解析】《教师法》第7条第6项规定,教师有参加进修或者其他方式的培训的权利。

出处:2015年下半年幼儿园教师资格考试《综合素质》真题。

(七) 教师的考核

《教师法》第 22 条至第 24 条规定：

(1) 教师考核内容："学校或者其他教育机构应当对教师的政治思想、业务水平、工作态度和工作成绩进行考核。教育行政部门对教师的考核工作进行指导、监督。"

> **随堂小练**
>
> 8.（单项选择题）根据《教师法》，学校或者其他教育机构对教师进行考核的内容不包括（   ）。
>
> A. 业务水平　　　　　　　　　　B. 工作态度
> C. 工作成绩　　　　　　　　　　D. 工作年限
>
> 【答案】 D。
>
> 【解析】 关于教师考核，《教师法》明确规定，学校或者其他教育机构应当对教师的政治思想、业务水平、工作态度和工作成绩进行考核，不包括对工作年限的考核。
>
> 出处：2012 年上半年中学教师资格考试《综合素质》真题。

(2) 教师考核原则："考核应当客观、公正、准确，充分听取教师本人、其他教师以及学生的意见。"

(3) 教师考核结果："教师考核结果是受聘任教、晋升工资、实施奖惩的依据。"

(八) 教师的待遇

《教师法》第 25 条至第 32 条对教师的待遇做出了规定。

《教师法》第 25 条规定："教师的平均工资水平应当不低于或者高于国家公务员的平均工资水平，并逐步提高。建立正常晋级增薪制度，具体办法由国务院规定。"

> **随堂小练**
>
> 9.（单项选择题）《教师法》规定，教师的平均工资应当不低于或者高于（   ）的平均工资水平。
>
> A. 企业管理人员　　　　　　　　B. 国家公务员
> C. 国家工作人员　　　　　　　　D. 其他事业单位职工
>
> 【答案】 B。
>
> 【解析】《教师法》第 25 条规定："教师的平均工资水平应当不低于或者高于国家公务员的平均工资水平，并逐步提高。"

(九)教师的奖励

《教师法》第33条与第34条对教师的奖励做出了规定。

(十)违反《教师法》的法律责任

《教师法》第35条至第39条对违反教师法的法律责任做出了规定。

《教师法》第37条规定教师有下列情形之一的,由所在学校、其他教育机构或者教育行政部门给予行政处分或者解聘:

(1) 故意不完成教育教学任务给教育教学工作造成损失的;

(2) 体罚学生,经教育不改的;

(3) 品行不良、侮辱学生,影响恶劣的。

教师有前款第(1)项、第(3)项所列情形之一,情节严重,构成犯罪的,依法追究刑事责任。

《教师法》第39条对教师申诉进行了规定:"教师对学校或者其他教育机构侵犯其合法权益的,或者对学校或者其他教育机构做出的处理不服的,可以向教育行政部门提出申诉,教育行政部门应当在接到申诉的三十日内,做出处理。教师认为当地人民政府有关行政部门侵犯其根据本法规定享有的权利的,可以向同级人民政府或者上一级人民政府有关部门提出申诉,同级人民政府或者上一级人民政府有关部门应当做出处理。"

随堂小练

10.(单项选择题)被学校行政处分后,张老师认为学校对自己很不公平,依据《中华人民共和国教师法》张老师可以( )。

A. 向当地党委提出申诉

B. 向当地纪检部门提出申诉

C. 向当地法院提出申诉

D. 向当地教育部门提出申诉

【答案】D。

【解析】《教师法》第39条规定:"教师对学校或者其他教育机构侵犯其合法权益的,或者对学校或者其他教育机构做出的处理不服的,可以向教育行政部门提出申诉,教育行政部门应当在接到申诉的三十日内,做出处理。"

出处:2015年上半年中学教师资格考试《综合素质》真题。

单元测试

单元测试:请扫描目录页二维码,参与本章单元测试,巩固知识点学习。

MOOC 链接:欢迎到"中国大学 MOOC 中心"《教师职业道德与教育政策法规》参阅本章不断更新的内容。中国大学 MOOC 中心网址:http://www.icourses.cn/home/

第五章
关于学生的法规解读

  学生是在依法成立或国家法律认可的学校及其他教育机构按规定条件具有或取得学籍,并在其中接受教育的公民。基于未成年学生的特殊身份,学校和社会都对未成年学生有着更重的责任。为了充分保护未成年人的合法权益,国家先后颁布了几部专门的法律。《未成年人保护法》通过对家庭、学校、社会、网络、政府和司法保护职责的规定,保护未成年人的身心健康;保障未成年人的合法权益;促进未成年人的全面发展。《预防未成年人犯罪法》结合未成年人不同年龄的生理、心理特点,加强青春期教育、心理矫治和预防犯罪对策的研究。《学生伤害事故处理办法》为解决困扰中小学教育和管理的一些问题,提供了法律依据。几部法律从不同的角度实现对未成年学生的权利的全方位保护。

第一节 《中华人民共和国未成年人保护法》

未成年人的身心发育正处于一个由不成熟向成熟的过渡时期，他们的人生观、价值观、世界观等思想体系也正处在形成之中，这个时期非常需要家庭、学校、社会等方面给予特别的关心、爱护、引导与帮助。《中华人民共和国未成年人保护法》（以下简称《未成年人保护法》）共9章132条，保护未成年人的各项权利。作为中小学教师务必学习与了解《未成年人保护法》。

学习指南

1. 观看本节"微课视频"，查阅本节"演示文稿""教学导案"和"法规链接"等。
2. 通过本节"案例链接""视频视点"进行案例学习和研究。
3. 欢迎你踊跃参与本节"法学论坛"，围绕主题畅所欲言。
4. 学完本节内容，请点击本节"随堂测试"，测一测学习效果。
5. 基于本节的"核心概念"，希望你丰富本节"参考文献"，加入研究项目，进行研究性学习。
6. 学习的过程，应是师生共同进行课程资源开发的过程，欢迎加入"课程建设"项目，为本课程资源更优更好，贡献你的智慧。

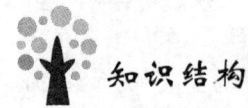

知识结构

《未成年人保护法》
- 《未成年人保护法》的立法过程
- 《未成年人保护法》的地位
- 《未成年人保护法》的基本内容
  - 《未成年人保护法》的立法宗旨
  - 未成年人享有的权利
  - 对未成年人教育内容的基本要求
  - 保护未成年人的基本原则
  - 社会中各主体对未成年人保护的责任、义务和要求
    - 家庭保护
    - 学校保护
    - 社会保护
    - 网络保护
    - 政府保护
    - 司法保护
- 违反《未成年人保护法》的法律责任

以案说法

【视频视点】 杀师事件的反思

请扫描本节二维码观看视频,该视频主要介绍了在某市小镇上坐落着某中学,是高考升学率高的"超级中学"。班上的学生说,他们每天从早上七点上课到晚上十点,一周有六次考试,只有周六晚上和周日下午可以休息,学习压力非常大。"没有升学率,学校怎么生存?"然而,没有"跟上趟"的雷某,越来越不适应这样的竞争环境和老师的严格管理,并开始自暴自弃,以自己的方式反抗老师和父母。最后,在班主任备课时,将其割颈杀害。据相关部门通报,学生雷某是因不满老师的严格管理,没收其手机并通知家长而手持水果刀割断老师颈动脉,导致老师当场死亡。

【问题探讨】
1. 案例中的学生雷某是未成年人,是否要承担法律责任?
2. 为什么会产生如此悲剧?如何避免这一悲剧的发生?

【案例分析】 有专家认为,造成悲剧的一个原因就是"超级中学"过于重视升学率和名声,进而将竞争的压力转移给老师,造成部分老师存在急功近利的心态,对学生的严苛管理常常只看结果不论方法。有的老师采取按成绩排座位等"竞争"机制让师生关系受损,师生矛盾暗生。"超级中学"片面追求高升学率办学模式的背后,是扭曲的政绩观和利益链,而其中的恶果,最终只会转嫁给学校的师生。

请扫描本节二维码,进入法学论坛,谈谈杀师悲剧以及你的立法建议。

知识点解读

一、《未成年人保护法》的立法过程

《未成年人保护法》于1991年9月4日第七届全国人民代表大会常务委员会第二十一次会议通过。2006年12月29日第十届全国人民代表大会常务委员会第25次会议第1次修订通过。2012年10月26日第十一届全国人民代表大会常务委员会第29次会议通过《全国人民代表大会常务委员会关于修改〈中华人民共和国未成年人保护法〉的决定》第2次修正案,自2013年1月1日起施行。

2020年10月17日,第十三届全国人民代表大会常务委员会第二十二次会议修订《中华人民共和国未成年人保护法》,自2021年6月1日起施行。

二、《未成年人保护法》的地位

《未成年人保护法》是一部单行的法律,它的制定必须以《宪法》为准绳。1992年我国实施的《未成年人保护法》以法律形式对未成年人权利予以确定,使我国保护未成年人合法权益的事业提到了一个新的高度。

三、《未成年人保护法》的基本内容

(一)《未成年人保护法》的立法宗旨

《未成年人保护法》第1条对立法宗旨做出了明确的规定,主要包括3个方面的内容:

1. 保护未成年人的身心健康

身心,包括身体(心理)和精神(心理)两个方面。身心健康,是指生理和心理的健康。未成年人是一个特殊的社会群体,他们的身心发育正处在由不成熟向成熟过渡、从未成年向成年过渡的时期。在这一时期,他们的世界观、人生观、是非观、价值观等思想体系正处在形成过程中,很不完善,并且对物质生活和精神生活的需求也较为强烈,极易受到各种不良的物质因素和精神因素的侵袭。因此,非常需要家庭、学校、社会、国家和成年公民在各个方面给予特别的关心、爱护、引导和帮助。对未成年人身心健康的保护,不仅关系到未成年人的个人幸福,也与国家的前途和未来息息相关。

2. 保障未成年人的合法权益

合法权益是指公民实际享有的、符合法律规定的权利和利益。保障未成年人合法权益,就是国家、社会、学校、家庭、成年公民等依法保护未成年人的权利和权益,防止和制止侵害未成年人合法权益的行为发生,并对已被侵害的未成年人的合法权益予以帮助和恢复。未成年人由于身心发育程度所限,多数不具备其自身成长发展所必需的自我生存和自我保护能力。未成年人合法权益的实现和保护,大多是依靠其父母或其他监护人完成的。近年来侵犯未成年人合法权益的事件并不少见,如家庭中迫使未成年子女辍学、学校中教师体罚学生、社会上非法雇用童工、犯罪分子拐卖儿童等。因此,保护未成年人的合法权益尤为重要,是《未成年人保护法》的另一个重要的立法宗旨。

3. 促进未成年人德智体美劳全面发展,培养有理想、有道德、有文化、有纪律的社会主义建设者和接班人,培养担当民族复兴大任的时代新人

培养德智体美劳全面发展的社会主义建设者和接班人,是我国教育培养的总目标。把未成年人培养成什么样的人,是直接关系到国家的兴衰、关系到我国社会主义事业能否后继有人、关系到中华民族能否屹立于世界民族之林的根本性问题。为此,对未成年人进行培养和教育,不仅要使他们掌握现代科学技术、文化知识和具备强健的体魄,而且还要让他们具有坚定正确的政治方向,坚持走社会主义道路,把他们培养成社会主义事业的建设者和接班人。因此,《未成年人保护法》的根本宗旨还在于对未成年人的培养、教育,促使他们成为"四有"新人和社会主义事业的接班人,培养担当民族复兴大任的时代新人。

[法规链接]

请扫描本节二维码,阅读《中华人民共和国未成年人保护法》。

(二) 未成年人享有的权利

《未成年人保护法》第3条规定：未成年人享有生存权、发展权、受保护权、参与权等权利。未成年人依法平等地享有各项权利，不因本人及其父母或者其他监护人的民族、种族、性别、户籍、职业、宗教信仰、教育程度、家庭状况、身心健康状况等受到歧视。

(三) 保护未成年人基本原则

《未成年人保护法》第4条规定：保护未成年人，应当坚持最有利于未成年人的原则。处理涉及未成年人事项，应当符合下列要求：① 给予未成年人特殊、优先保护；② 尊重未成年人人格尊严；③ 保护未成年人隐私权和个人信息；④ 适应未成年人身心健康发展的规律和特点；⑤ 听取未成年人的意见；⑥ 保护与教育相结合。

(四) 对未成年人教育内容的基本要求

《未成年人保护法》第5条规定：国家、社会、学校和家庭应当对未成年人进行理想教育、道德教育、科学教育、文化教育、法治教育、国家安全教育、健康教育、劳动教育，加强爱国主义、集体主义和中国特色社会主义的教育，培养爱祖国、爱人民、爱劳动、爱科学、爱社会主义的公德，抵制资本主义、封建主义和其他腐朽思想的侵蚀，引导未成年人树立和践行社会主义核心价值观。

随堂小练

1.（单项选择题）对《未成年人保护法》规定保护未成年人的工作，应当遵循的原则说法错误的是（　　）。

A. 保护未成年人的人身安全　　　　B. 尊重未成年人的人格尊严
C. 适应未成年人身心发展的规律和特点　　D. 教育与保护相结合

【答案】 A。
【解析】《未成年人保护法》规定了保护未成年人的工作，应当遵循的原则。
出处：2012上半年小学教师资格考试《综合素质》真题。

(五) 社会中各主体对未成年人保护的责任、义务和要求

《未成年人保护法》第6条至14条规定了社会中各主体对未成年人保护的基本要求。《未成年人保护法》第二章到第七章，第15条至116条分别基于家庭保护、学校保护、社会保护、网络保护、政府保护和司法保护提出了具体要求。

1. 学校保护

学校保护是指有关的学校、幼儿园及其他机构依照法律规定，对未成年学生和幼儿园儿童进行教育，并对他们的身心健康和合法权益实施保护。学校保护是未成年人保护的重要

方面。《未成年人保护法》第三章第 25 条至第 41 条专门对学校保护做出了明确的规定：

(1) 学校应当全面贯彻教育方针健全保护机制

《未成年人保护法》第 25 条规定：学校应当全面贯彻国家教育方针，坚持立德树人，实施素质教育，提高教育质量，注重培养未成年学生认知能力、合作能力、创新能力和实践能力，促进未成年学生全面发展。学校应当建立未成年学生保护工作制度，健全学生行为规范，培养未成年学生遵纪守法的良好行为习惯。

(2) 幼儿园应当做好保育、教育工作

《未成年人保护法》第 26 条规定：幼儿园应当做好保育、教育工作，遵循幼儿身心发展规律，实施启蒙教育，促进幼儿在体质、智力、品德等方面和谐发展。

(3) 学校对未成年学生受教育权的保护

接受教育是我国未成年人的一项基本权利。我国《宪法》第 46 条、《义务教育法》第 3 条、《未成年人保护法》第 28 条都明确规定接受教育是个体应该得到的权利，这也是学校保护的基本内容。未成年学生受教育权的学校保护主要体现在以下几个方面：

第一，对依法应当接受规定年限义务教育的适龄儿童、青少年以及符合入学条件应当招收、接受义务教育阶段的学校教育的未成年人，必须按有关规定接纳他们入学，不得无理非法将他们拒之于校门之外。

第二，对在校学习的未成年人，不得违反有关规定随意开除其学籍或者勒令其退学，不得随意禁止学生到校上课，不得非法剥夺或者侵害学生受教育的权利。

第三，对中途辍学、逃学、旷课的未成年学生，应当及时采取措施与其监护人、当地人民政府及其他有关组织取得联系，共同配合使之返校上学；若因未成年人的监护人或其他人员的责任侵害未成年学生接受义务教育的，学校和教师应报告有关人民政府及部门对责任人予以处罚。

第四，学校不得违反国家和当地人民政府的有关规定，对未成年学生滥收费用，损害他们受教育的权利。

第五，学校应在其职责范围内改善办学条件，不得随意将校舍、场地、设施出租、出售或挪作他用，不得妨碍学校教学活动的正常进行。

(4) 学校应当关心、爱护学生，尊重学生的人格尊严

《未成年人保护法》第 27 条规定："学校、幼儿园的教职员工应当尊重未成年人的人格尊严，不得对未成年人实施体罚、变相体罚或者其他侮辱人格尊严的行为。"

其一，对未成年人人格尊严的尊重。对未成年人的人格尊严，全社会都负有尊重、不侵犯的义务。作为一种职业道德，教职员工应当主动地保护未成年人的人身权。学校、幼儿园的教职员工对未成年人的人格尊严的尊重主要体现在以下几个方面：关心爱护、平等对待未成年学生；尊重未成年学生的名誉权、肖像权、荣誉权；尊重未成年学生的隐私权；尊重品行有缺点的未成年学生的人格。

其二，禁止体罚、变相体罚未成年人或者其他侮辱人格尊严的行为。未成年儿童、学生正处于成长阶段，对他们进行体罚会使他们的身心健康受到损害，有时甚至是严重伤害。对于违反本条规定的教职员工在"法律责任"部分有明确的处罚要求。

(5) 学校不得歧视学生

《未成年人保护法》第29条规定：学校应当关心、爱护未成年学生，不得因家庭、身体、心理、学习能力等情况歧视学生。对家庭困难、身心有障碍的学生，应当提供关爱；对行为异常、学习有困难的学生，应当耐心帮助。

学校应当配合政府有关部门建立留守未成年学生、困境未成年学生的信息档案，开展关爱帮扶工作。

(6) 学校应当根据未成年学生身心发展特点实施教育指导

《未成年人保护法》第30条规定：学校应当根据未成年学生身心发展特点，进行社会生活指导、心理健康辅导、青春期教育和生命教育。

(7) 学校应当重视未成年学生的劳动教育

《未成年人保护法》第31条规定：学校应当组织未成年学生参加与其年龄相适应的日常生活劳动、生产劳动和服务性劳动，帮助未成年学生掌握必要的劳动知识和技能，养成良好的劳动习惯。

(8) 学校、幼儿园应当开展勤俭节约等教育活动

《未成年人保护法》第32条规定：学校、幼儿园应当开展勤俭节约、反对浪费、珍惜粮食、文明饮食等宣传教育活动，帮助未成年人树立浪费可耻、节约为荣的意识，养成文明健康、绿色环保的生活习惯。

(9) 学校应当合理安排未成年学生的学习时间

《未成年人保护法》第33条规定：学校应当与未成年学生的父母或者其他监护人互相配合，合理安排未成年学生的学习时间，保障其休息、娱乐和体育锻炼的时间。学校不得占用国家法定节假日、休息日及寒暑假期，组织义务教育阶段的未成年学生集体补课，加重其学习负担。

(10) 幼儿园、校外培训机构不得对学龄前未成年人进行小学课程教育

《未成年人保护法》第33条第3款规定：幼儿园、校外培训机构不得对学龄前未成年人进行小学课程教育。

(11) 学校、幼儿园应当做好卫生保健工作

《未成年人保护法》第34条规定：学校、幼儿园应当提供必要的卫生保健条件，协助卫生健康部门做好在校、在园未成年人的卫生保健工作。

(12) 学校、幼儿园应当建立安全管理制度进行安全教育

《未成年人保护法》第35条规定：学校、幼儿园应当建立安全管理制度，对未成年人进行安全教育，完善安保设施、配备安保人员，保障未成年人在校、在园期间的人身和财产安全。

学校、幼儿园不得在危及未成年人人身安全、身心健康的校舍和其他设施、场所中进行教育教学活动。

学校、幼儿园安排未成年人参加文化娱乐、社会实践等集体活动，应当保护未成年人的身心健康，防止发生人身伤害事故。

(13) 学校、幼儿园应当建立健全校车安全管理制度

《未成年人保护法》第36条规定：使用校车的学校、幼儿园应当建立健全校车安全管

理制度,配备安全管理人员,定期对校车进行安全检查,对校车驾驶人进行安全教育,并向未成年人讲解校车安全乘坐知识,培养未成年人校车安全事故应急处理技能。

(14) 学校、幼儿园应当制定应急预案定期演练

《未成年人保护法》第37条规定:学校、幼儿园应当根据需要,制定应对自然灾害、事故灾难、公共卫生事件等突发事件和意外伤害的预案,配备相应设施并定期进行必要的演练。

未成年人在校内、园内或者本校、本园组织的校外、园外活动中发生人身伤害事故的,学校、幼儿园应当立即救护,妥善处理,及时通知未成年人的父母或者其他监护人,并向有关部门报告。

(15) 学校、幼儿园不得安排未成年人参加商业性活动

《未成年人保护法》第38条规定:学校、幼儿园不得安排未成年人参加商业性活动,不得向未成年人及其父母或者其他监护人推销或者要求其购买指定的商品和服务。

学校、幼儿园不得与校外培训机构合作为未成年人提供有偿课程辅导。

(16) 学校应当建立学生欺凌防控工作机制

《未成年人保护法》第39条规定:学校应当建立学生欺凌防控工作制度,对教职员工、学生等开展防治学生欺凌的教育和培训。

学校对学生欺凌行为应当立即制止,通知实施欺凌和被欺凌未成年学生的父母或者其他监护人参与欺凌行为的认定和处理;对相关未成年学生及时给予心理辅导、教育和引导;对相关未成年学生的父母或者其他监护人给予必要的家庭教育指导。

对实施欺凌的未成年学生,学校应当根据欺凌行为的性质和程度,依法加强管教。对严重的欺凌行为,学校不得隐瞒,应当及时向公安机关、教育行政部门报告,并配合相关部门依法处理。

(17) 学校、幼儿园应当建立预防性侵害、性骚扰未成年人工作机制

《未成年人保护法》第40条规定:学校、幼儿园应当建立预防性侵害、性骚扰未成年人工作制度。对性侵害、性骚扰未成年人等违法犯罪行为,学校、幼儿园不得隐瞒,应当及时向公安机关、教育行政部门报告,并配合相关部门依法处理。

学校、幼儿园应当对未成年人开展适合其年龄的性教育,提高未成年人防范性侵害、性骚扰的自我保护意识和能力。对遭受性侵害、性骚扰的未成年人,学校、幼儿园应当及时采取相关的保护措施。

(18) 其他教育机构的未成年人保护工作

《未成年人保护法》第41条规定:婴幼儿照护服务机构、早期教育服务机构、校外培训机构、校外托管机构等应当参照本章有关规定,根据不同年龄阶段未成年人的成长特点和规律,做好未成年人保护工作。

案例链接

【视频视点】 在学校组织劳动中被同学砸伤了眼睛

请扫描本节二维码观看视频,该视频主要介绍了初中上学的小宇在学校组织的一次义务劳动中被其他同学给砸伤了眼睛。

【问题探讨】
1. 这一起发生在校园里的意外伤害事故究竟应该由谁来负责？
2. 这起校园事故案例给我们带来的启示是什么？

【案例分析】　从这个案例中可以看出，该校违反了《未成年人保护法》：关于学校、幼儿园、托儿所应当建立安全制度，加强对未成年人的安全教育，采取措施保障未成年人的人身安全。学校、幼儿园、托儿所不得在危及未成年人人身安全、健康的校舍和其他设施、场所中进行教育教学活动。学校、幼儿园安排未成年人参加集会、文化娱乐、社会实践等集体活动，应当有利于未成年人的健康成长，防止发生人身安全事故，否则，组织者要承担相应法律责任。

随堂小练

2.（单项选择题）下列说法与《未成年人保护法》中"学校侵权的法律责任"规定不符的是（　　）。

A. 学校教职员工对未成年人实施体罚，变相体罚或者其他侮辱人格行为的，由上级机关责令改正

B. 学校教职员工对未成年人实施体罚，变相体罚或者其他侮辱人格行为的，由其所在单位责令改正

C. 学校教职员工对未成年人实施体罚，变相体罚或者其他侮辱人格行为的，无论情节轻重，都应依法处分

D. 学校教职员工对未成年人实施体罚，变相体罚或者其他侮辱人格行为的，情节严重的，依法给予处分

【答案】　C。

【解析】《未成年人保护法》规定，学校、幼儿园、托儿所教职员工对未成年人实施体罚、变相体罚或者其他侮辱人格行为的，由其所在单位或者上级机关责令改正；情节严重的，依法给予处分。

研究项目

请扫描本节二维码，欢迎选择"学生权利的学校保护"的子项目研究

2. 家庭保护

家庭保护是指父母或其他监护人要依法履行对未成年人的抚养、监护和教育的义务及其职责，是未成年人保护的基础。家庭保护在未成年人保护中占有不可替代的地位。家庭具有教育和保护学生的职责，应为未成年人的健康成长提供良好的家庭环境，这是家庭保护的法定义务。学生权利的家庭保护是通过父母或其他监护人对未成年的学生履行监护职责来完成的。父母作为启蒙教师，能及时给以未成年人正确引导，使其很容易养成

良好的品格及行为习惯,有效地预防、减少未成年人犯罪。现实中确有一些家长素质差,家长漠视子女利益的现象普遍存在,如家长随意打骂、体罚子女,遗弃、溺死婴儿,让孩子辍学经商、打工,强迫未成年子女定亲等现象,这些都会严重危害子女的身心健康。《未成年人保护法》第10条至第16条专门对家庭保护做出了明确的规定。

(1) 监护人的监护职责

《未成年人保护法》第16条规定:未成年人的父母或者其他监护人应当履行下列监护职责:① 为未成年人提供生活、健康、安全等方面的保障;② 关注未成年人的生理、心理状况和情感需求;③ 教育和引导未成年人遵纪守法、勤俭节约,养成良好的思想品德和行为习惯;④ 对未成年人进行安全教育,提高未成年人的自我保护意识和能力;⑤ 尊重未成年人受教育的权利,保障适龄未成年人依法接受并完成义务教育;⑥ 保障未成年人休息、娱乐和体育锻炼的时间,引导未成年人进行有益身心健康的活动;⑦ 妥善管理和保护未成年人的财产;⑧ 依法代理未成年人实施民事法律行为;⑨ 预防和制止未成年人的不良行为和违法犯罪行为,并进行合理管教;⑩其他应当履行的监护职责。

(2) 监护人监护行为的负面清单

《未成年人保护法》第17条规定:未成年人的父母或者其他监护人不得实施下列行为:① 虐待、遗弃、非法送养未成年人或者对未成年人实施家庭暴力;② 放任、教唆或者利用未成年人实施违法犯罪行为;③ 放任、唆使未成年人参与邪教、迷信活动或者接受恐怖主义、分裂主义、极端主义等侵害;④ 放任、唆使未成年人吸烟(含电子烟,下同)、饮酒、赌博、流浪乞讨或者欺凌他人;⑤ 放任或者迫使应当接受义务教育的未成年人失学、辍学;⑥ 放任未成年人沉迷网络,接触危害或者可能影响其身心健康的图书、报刊、电影、广播电视节目、音像制品、电子出版物和网络信息等;⑦ 放任未成年人进入营业性娱乐场所、酒吧、互联网上网服务营业场所等不适宜未成年人活动的场所;⑧ 允许或者迫使未成年人从事国家规定以外的劳动;⑨ 允许、迫使未成年人结婚或者为未成年人订立婚约;⑩ 违法处分、侵吞未成年人的财产或者利用未成年人牟取不正当利益;其他侵犯未成年人身心健康、财产权益或者不依法履行未成年人保护义务的行为。

(3) 监护人学习家庭教育的义务

《未成年人保护法》第15条规定:未成年人的父母或者其他监护人应当学习家庭教育知识,接受家庭教育指导,创造良好、和睦、文明的家庭环境。共同生活的其他成年家庭成员应当协助未成年人的父母或者其他监护人抚养、教育和保护未成年人。

(4) 监护人对未成年人的安全保护义务

《未成年人保护法》第18条规定:未成年人的父母或者其他监护人应当为未成年人提供安全的家庭生活环境,及时排除引发触电、烫伤、跌落等伤害的安全隐患;采取配备儿童安全座椅、教育未成年人遵守交通规则等措施,防止未成年人受到交通事故的伤害;提高户外安全保护意识,避免未成年人发生溺水、动物伤害等事故。

(5) 监护人听取未成年人意见的义务

《未成年人保护法》第19条规定:未成年人的父母或者其他监护人应当根据未成年人的年龄和智力发展状况,在作出与未成年人权益有关的决定前,听取未成年人的意见,充分考虑其真实意愿。

(6) 监护人制止对未成年人不法侵害的义务

《未成年人保护法》第 20 条规定:未成年人的父母或者其他监护人发现未成年人身心健康受到侵害、疑似受到侵害或者其他合法权益受到侵犯的,应当及时了解情况并采取保护措施;情况严重的,应当立即向公安、民政、教育等部门报告。

(7) 监护人不得使未成年人处于无人看护状态的义务

《未成年人保护法》第 21 条规定:未成年人的父母或者其他监护人不得使未满八周岁或者由于身体、心理原因需要特别照顾的未成年人处于无人看护状态,或者将其交由无民事行为能力、限制民事行为能力、患有严重传染性疾病或者其他不适宜的人员临时照护。未成年人的父母或者其他监护人不得使未满十六周岁的未成年人脱离监护单独生活。

(8) 外出务工的监护人对未成年人的义务

《未成年人保护法》第 22 条规定:未成年人的父母或者其他监护人因外出务工等原因在一定期限内不能完全履行监护职责的,应当委托具有照护能力的完全民事行为能力人代为照护;无正当理由的,不得委托他人代为照护。未成年人的父母或者其他监护人在确定被委托人时,应当综合考虑其道德品质、家庭状况、身心健康状况、与未成年人生活情感上的联系等情况,并听取有表达意愿能力未成年人的意见。具有下列情形之一的,不得作为被委托人:① 曾实施性侵害、虐待、遗弃、拐卖、暴力伤害等违法犯罪行为;② 有吸毒、酗酒、赌博等恶习;③ 曾拒不履行或者长期怠于履行监护、照护职责;④ 其他不适宜担任被委托人的情形。

《未成年人保护法》第 23 条规定:未成年人的父母或者其他监护人应当及时将委托照护情况书面告知未成年人所在学校、幼儿园和实际居住地的居民委员会、村民委员会,加强和未成年人所在学校、幼儿园的沟通;与未成年人、被委托人至少每周联系和交流一次,了解未成年人的生活、学习、心理等情况,并给予未成年人亲情关爱。未成年人的父母或者其他监护人接到被委托人、居民委员会、村民委员会、学校、幼儿园等关于未成年人心理、行为异常的通知后,应当及时采取干预措施。

(9) 离婚的监护人对未成年人的义务

《未成年人保护法》第 24 条规定:未成年人的父母离婚时,应当妥善处理未成年子女的抚养、教育、探望、财产等事宜,听取有表达意愿能力未成年人的意见。不得以抢夺、藏匿未成年子女等方式争夺抚养权。未成年人的父母离婚后,不直接抚养未成年子女的一方应当依照协议、人民法院判决或者调解确定的时间和方式,在不影响未成年人学习、生活的情况下探望未成年子女,直接抚养的一方应当配合,但被人民法院依法中止探望权的除外。

法学论坛

欢迎扫描本节二维码,进入法学论坛:谈谈你对《中华人民共和国家庭教育促进法》立法的重要性和必要性的认识。

3. 社会保护

社会对学生的保护就是要给学生提供良好的学习、成长条件，禁止他们参加不利于其成长的活动，保障他们的合法权益不受侵犯。国家鼓励社会团体、企事业组织及其他组织和公民开展各种形式的有利于学生成长的社会活动。各级人民政府应当创造条件，建立和改善适合学生文化生活需要的活动场所和设施。博物馆、纪念馆、科技馆、文化馆、影剧院、体育场（馆）、动物园、公园等场所，应当对中小学生优惠。国家保护学生的智力成果和荣誉权不受侵犯。国家鼓励新闻、出版等单位给未成年学生多出版好作品。任何组织和个人不得招用未满16周岁的未成年学生。营业性舞厅等是不适宜未成年学生活动的场所，有关部门和经营者应当采取措施，不得允许未成年学生进入。严禁向未成年学生出售、出租或以其他任何方式传播淫秽、暴力、凶杀、恐怖等毒害未成年学生的图书、报刊、音像制品。不得披露学生的隐私，不得私自开拆学生的信件等。司法机关对违法犯罪的未成年学生要实行司法保护，对其实行教育、感化、挽救的方针，坚持教育为主、惩罚为辅的原则。

社会保护是指在社会环境中对未成年人实施的保护。未成年人保护工作是一种系统工程，它不仅涉及家庭、学校，更涉及社会这一大环境。《未成年人保护法》第四章第42条至第63条专门对社会保护做出了明确的规定。

（1）全社会应当树立关心未成年人的良好风尚

《未成年人保护法》第6条规定：保护未成年人，是国家机关、武装力量、政党、人民团体、企业事业单位、社会组织、城乡基层群众性自治组织、未成年人监护人以及其他成年人的共同责任。

《未成年人保护法》第42条规定：全社会应当树立关心、爱护未成年人的良好风尚。国家鼓励、支持和引导人民团体、企业事业单位、社会组织以及其他组织和个人，开展有利于未成年人健康成长的社会活动和服务。

（2）居民委员会、村民委员会的未成年人保护职责

《未成年人保护法》第43条规定：居民委员会、村民委员会应当设置专人专岗负责未成年人保护工作，协助政府有关部门宣传未成年人保护方面的法律法规，指导、帮助和监督未成年人的父母或者其他监护人依法履行监护职责，建立留守未成年人、困境未成年人的信息档案并给予关爱帮扶。

居民委员会、村民委员会应当协助政府有关部门监督未成年人委托照护情况，发现被委托人缺乏照护能力、怠于履行照护职责等情况，应当及时向政府有关部门报告，并告知未成年人的父母或者其他监护人，帮助、督促被委托人履行照护职责。

（3）对未成年人免费或者优惠场所

《未成年人保护法》第44条规定：爱国主义教育基地、图书馆、青少年宫、儿童活动中心、儿童之家应当对未成年人免费开放；博物馆、纪念馆、科技馆、展览馆、美术馆、文化馆、社区公益性互联网上网服务场所以及影剧院、体育场馆、动物园、植物园、公园等场所，应当按照有关规定对未成年人免费或者优惠开放。

国家鼓励爱国主义教育基地、博物馆、科技馆、美术馆等公共场馆开设未成年人专场，

为未成年人提供有针对性的服务。

国家鼓励国家机关、企业事业单位、部队等开发自身教育资源，设立未成年人开放日，为未成年人主题教育、社会实践、职业体验等提供支持。

国家鼓励科研机构和科技类社会组织对未成年人开展科学普及活动。

《未成年人保护法》第45条规定：城市公共交通以及公路、铁路、水路、航空客运等应当按照有关规定对未成年人实施免费或者优惠票价。

《未成年人保护法》第46条规定：国家鼓励大型公共场所、公共交通工具、旅游景区景点等设置母婴室、婴儿护理台以及方便幼儿使用的坐便器、洗手台等卫生设施，为未成年人提供便利。

《未成年人保护法》第47条规定：任何组织或者个人不得违反有关规定，限制未成年人应当享有的照顾或者优惠。

（4）社会媒体的未成年人保护职责

《未成年人保护法》第48条规定：国家鼓励创作、出版、制作和传播有利于未成年人健康成长的图书、报刊、电影、广播电视节目、舞台艺术作品、音像制品、电子出版物和网络信息等。

《未成年人保护法》第49条规定：新闻媒体应当加强未成年人保护方面的宣传，对侵犯未成年人合法权益的行为进行舆论监督。新闻媒体采访报道涉及未成年人事件应当客观、审慎和适度，不得侵犯未成年人的名誉、隐私和其他合法权益。

《未成年人保护法》第50条规定：禁止制作、复制、出版、发布、传播含有宣扬淫秽、色情、暴力、邪教、迷信、赌博、引诱自杀、恐怖主义、分裂主义、极端主义等危害未成年人身心健康内容的图书、报刊、电影、广播电视节目、舞台艺术作品、音像制品、电子出版物和网络信息等。

《未成年人保护法》第51条规定：任何组织或者个人出版、发布、传播的图书、报刊、电影、广播电视节目、舞台艺术作品、音像制品、电子出版物或者网络信息，包含可能影响未成年人身心健康内容的，应当以显著方式作出提示。

《未成年人保护法》第52条规定：禁止制作、复制、发布、传播或者持有有关未成年人的淫秽色情物品和网络信息。

《未成年人保护法》第53条规定：任何组织或者个人不得刊登、播放、张贴或者散发含有危害未成年人身心健康内容的广告；不得在学校、幼儿园播放、张贴或者散发商业广告；不得利用校服、教材等发布或者变相发布商业广告。

（5）禁止侵害未成年人

《未成年人保护法》第54条规定：禁止拐卖、绑架、虐待、非法收养未成年人，禁止对未成年人实施性侵害、性骚扰。禁止胁迫、引诱、教唆未成年人参加黑社会性质组织或者从事违法犯罪活动。禁止胁迫、诱骗、利用未成年人乞讨。

（6）社会对未成年人的安全保护

《未成年人保护法》第55条规定：生产、销售用于未成年人的食品、药品、玩具、用具和游戏游艺设备、游乐设施等，应当符合国家或者行业标准，不得危害未成年人的人身安全和身心健康。上述产品的生产者应当在显著位置标明注意事项，未标明注意事项的不得销售。

《未成年人保护法》第56条规定：未成年人集中活动的公共场所应当符合国家或者行业安全标准，并采取相应安全保护措施。对可能存在安全风险的设施，应当定期进行维护，在显著位置设置安全警示标志并标明适龄范围和注意事项；必要时应当安排专门人员看管。

大型的商场、超市、医院、图书馆、博物馆、科技馆、游乐场、车站、码头、机场、旅游景区景点等场所运营单位应当设置搜寻走失未成年人的安全警报系统。场所运营单位接到求助后，应当立即启动安全警报系统，组织人员进行搜寻并向公安机关报告。

公共场所发生突发事件时，应当优先救护未成年人。

《未成年人保护法》第57条规定：旅馆、宾馆、酒店等住宿经营者接待未成年人入住，或者接待未成年人和成年人共同入住时，应当询问父母或者其他监护人的联系方式、入住人员的身份关系等有关情况；发现有违法犯罪嫌疑的，应当立即向公安机关报告，并及时联系未成年人的父母或者其他监护人。

（7）学校、幼儿园周边安全保护

《未成年人保护法》第58条规定：学校、幼儿园周边不得设置营业性娱乐场所、酒吧、互联网上网服务营业场所等不适宜未成年人活动的场所。营业性歌舞娱乐场所、酒吧、互联网上网服务营业场所等不适宜未成年人活动场所的经营者，不得允许未成年人进入；游艺娱乐场所设置的电子游戏设备，除国家法定节假日外，不得向未成年人提供。经营者应当在显著位置设置未成年人禁入、限入标志；对难以判明是否是未成年人的，应当要求其出示身份证件。

《未成年人保护法》第59条规定：学校、幼儿园周边不得设置烟、酒、彩票销售网点。禁止向未成年人销售烟、酒、彩票或者兑付彩票奖金。烟、酒和彩票经营者应当在显著位置设置不向未成年人销售烟、酒或者彩票的标志；对难以判明是否是未成年人的，应当要求其出示身份证件。

任何人不得在学校、幼儿园和其他未成年人集中活动的公共场所吸烟、饮酒。

《未成年人保护法》第60条规定：禁止向未成年人提供、销售管制刀具或者其他可能致人严重伤害的器具等物品。经营者难以判明购买者是否是未成年人的，应当要求其出示身份证件。

（8）禁止违法招用未成年人

《未成年人保护法》第61条规定：任何组织或者个人不得招用未满十六周岁未成年人，国家另有规定的除外。

营业性娱乐场所、酒吧、互联网上网服务营业场所等不适宜未成年人活动的场所不得招用已满十六周岁的未成年人。

招用已满十六周岁未成年人的单位和个人应当执行国家在工种、劳动时间、劳动强度和保护措施等方面的规定，不得安排其从事过重、有毒、有害等危害未成年人身心健康的劳动或者危险作业。

任何组织或者个人不得组织未成年人进行危害其身心健康的表演等活动。经未成年人的父母或者其他监护人同意,未成年人参与演出、节目制作等活动,活动组织方应当根据国家有关规定,保障未成年人合法权益。

(9)密切接触未成年人的单位应当慎用工作人员

《未成年人保护法》第62条规定:密切接触未成年人的单位招聘工作人员时,应当向公安机关、人民检察院查询应聘者是否具有性侵害、虐待、拐卖、暴力伤害等违法犯罪记录;发现其具有前述行为记录的,不得录用。

密切接触未成年人的单位应当每年定期对工作人员是否具有上述违法犯罪记录进行查询。通过查询或者其他方式发现其工作人员具有上述行为的,应当及时解聘。

(10)未成年人的通讯保护

《未成年人保护法》第63条规定:任何组织或者个人不得隐匿、毁弃、非法删除未成年人的信件、日记、电子邮件或者其他网络通讯内容。

除下列情形外,任何组织或者个人不得开拆、查阅未成年人的信件、日记、电子邮件或者其他网络通讯内容:①无民事行为能力未成年人的父母或者其他监护人代未成年人开拆、查阅;②因国家安全或者追查刑事犯罪依法进行检查;③紧急情况下为了保护未成年人本人的人身安全。

4. 网络保护

《未成年人保护法》第五章第64条至第80条专门对网络保护做出了明确的规定。

5. 政府保护

《未成年人保护法》第六章第81条至第99条专门对政府保护做出了明确的规定。

6. 司法保护

司法保护是指公安机关、人民检察院、人民法院以及司法行政部门,应当依法履行职责,在中华人民共和国未成年人保护法司法活动中实施的一种专门保护未成年人的合法权益的措施。《未成年人保护法》第七章第100条至第116条专门对司法保护做出了明确的规定。

详细内容欢迎扫本章二维码:法规文件——《未成年人保护法》。

随堂小练

3.(单项选择题)张某利用未成年人在街头乞讨,依据《未成年人保护法》的相关规定,对于张某的行为(   )。

A. 应当由公安机关依法给予行政处罚　　B. 应当由司法机关提起诉讼
C. 应当由未成年人主张自我　　D. 应当由社区组织予以制止

【答案】 A。
【解析】 依据《未成年人保护法》的规定:"胁迫、诱骗、利用未成年人乞讨或者组织未成年人进行有害其身心健康的表演等活动的,由公安机关依法给予行政处罚。"
出处:2016年上半年小学教师资格考试《综合素质》真题。

四、违反《未成年人保护法》的法律责任

《未成年人保护法》第八章第117条至第129条专门对法律责任做出了明确的规定。

1. 未履行报告义务造成严重后果的法律责任

《未成年人保护法》第117条规定：违反本法第11条第2款规定，未履行报告义务造成严重后果的，由上级主管部门或者所在单位对直接负责的主管人员和其他直接责任人员依法给予处分。

2. 未成年人监护人违法的法律责任

《未成年人保护法》第118条规定：未成年人的父母或者其他监护人不依法履行监护职责或者侵犯未成年人合法权益的，由其居住地的居民委员会、村民委员会予以劝诫、制止；情节严重的，居民委员会、村民委员会应当及时向公安机关报告。

公安机关接到报告或者公安机关、人民检察院、人民法院在办理案件过程中发现未成年人的父母或者其他监护人存在上述情形的，应当予以训诫，并可以责令其接受家庭教育指导。

3. 学校等机构及其教职员工违法的法律责任

《未成年人保护法》第119条规定：学校、幼儿园、婴幼儿照护服务等机构及其教职员工违反本法第27条、第28条、第39条规定的，由公安、教育、卫生健康、市场监督管理等部门按照职责分工责令改正；拒不改正或者情节严重的，对直接负责的主管人员和其他直接责任人员依法给予处分。

4. 未给予未成年人免费或者优惠待遇的法律责任

《未成年人保护法》第120条规定：违反本法第44条、第45条、第47条规定，未给予未成年人免费或者优惠待遇的，由市场监督管理、文化和旅游、交通运输等部门按照职责分工责令限期改正，给予警告；拒不改正的，处一万元以上十万元以下罚款。

5. 网络传媒部门违法的法律责任

《未成年人保护法》第121条规定：违反本法第50条、第51条规定的，由新闻出版、广播电视、电影、网信等部门按照职责分工责令限期改正，给予警告，没收违法所得，可以并处十万元以下罚款；拒不改正或者情节严重的，责令暂停相关业务、停产停业或者吊销营业执照、吊销相关许可证，违法所得一百万元以上的，并处违法所得一倍以上十倍以下的罚款，没有违法所得或者违法所得不足一百万元的，并处十万元以上一百万元以下罚款。

6. 场所运营单位违法的法律责任

《未成年人保护法》第122条规定：场所运营单位违反本法第56条第2款规定、住宿经营者违反本法第57条规定的，由市场监督管理、应急管理、公安等部门按照职责分工责令限期改正，给予警告；拒不改正或者造成严重后果的，责令停业整顿或者吊销营业执照、吊销相关许可证，并处一万元以上十万元以下罚款。

7. 相关经营者违法的法律责任

《未成年人保护法》第123条规定：相关经营者违反本法第58条、第59条第1款、第

60条规定的,由文化和旅游、市场监督管理、烟草专卖、公安等部门按照职责分工责令限期改正,给予警告,没收违法所得,可以并处五万元以下罚款;拒不改正或者情节严重的,责令停业整顿或者吊销营业执照、吊销相关许可证,可以并处五万元以上五十万元以下罚款。

8. 违法吸烟饮酒的法律责任

《未成年人保护法》第124条规定:违反本法第59条第2款规定,在学校、幼儿园和其他未成年人集中活动的公共场所吸烟、饮酒的,由卫生健康、教育、市场监督管理等部门按照职责分工责令改正,给予警告,可以并处五百元以下罚款;场所管理者未及时制止的,由卫生健康、教育、市场监督管理等部门按照职责分工给予警告,并处一万元以下罚款。

9. 违法招用未成年人的法律责任

《未成年人保护法》第125条规定:违反本法第61条规定的,由文化和旅游、人力资源和社会保障、市场监督管理等部门按照职责分工责令限期改正,给予警告,没收违法所得,可以并处十万元以下罚款;拒不改正或者情节严重的,责令停产停业或者吊销营业执照、吊销相关许可证,并处十万元以上一百万元以下罚款。

10. 密切接触未成年人单位违法的法律责任

《未成年人保护法》第126条规定:密切接触未成年人的单位违反本法第62条规定,未履行查询义务,或者招用、继续聘用具有相关违法犯罪记录人员的,由教育、人力资源和社会保障、市场监督管理等部门按照职责分工责令限期改正,给予警告,并处五万元以下罚款;拒不改正或者造成严重后果的,责令停业整顿或者吊销营业执照、吊销相关许可证,并处五万元以上五十万元以下罚款,对直接负责的主管人员和其他直接责任人员依法给予处分。

11. 信息处理者违法的法律责任

《未成年人保护法》第127条规定:信息处理者违反本法第72条规定,或者网络产品和服务提供者违反本法第73条、第74条、第75条、第76条、第77条、第80条规定的,由公安、网信、电信、新闻出版、广播电视、文化和旅游等有关部门按照职责分工责令改正,给予警告,没收违法所得,违法所得一百万元以上的,并处违法所得一倍以上十倍以下罚款,没有违法所得或者违法所得不足一百万元的,并处十万元以上一百万元以下罚款,对直接负责的主管人员和其他责任人员处一万元以上十万元以下罚款;拒不改正或者情节严重的,并可以责令暂停相关业务、停业整顿、关闭网站、吊销营业执照或者吊销相关许可证。

12. 国家机关工作人员违法的法律责任

《未成年人保护法》第128规定:国家机关工作人员玩忽职守、滥用职权、徇私舞弊,损害未成年人合法权益的,依法给予处分。

13. 民事责任与刑事责任

《未成年人保护法》第129条规定:违反本法规定,侵犯未成年人合法权益,造成人身、财产或者其他损害的,依法承担民事责任。

违反本法规定,构成违反治安管理行为的,依法给予治安管理处罚;构成犯罪的,依法追究刑事责任。

第二节 《中华人民共和国预防未成年人犯罪法》

关于做好预防未成年人犯罪工作，《中华人民共和国预防未成年人犯罪法》（以下简称《预防未成年人犯罪法》）要求必须在各级人民政府组织领导下，实行综合治理。政府有关部门、司法机关、人民团体、有关社会团体、学校、家庭、城市居民委员会、农村村民委员会等各方面共同参与，各负其责，做好预防未成年人犯罪工作，为未成年人身心健康发展创造良好的社会环境。如何创造和维护有利于未成年人健康成长的社会环境？我国《预防未成年人犯罪法》有哪些主要内容？作为中小学教师必须清楚相关内容。

学习指南

1. 观看本节"微课视频"，查阅本节"演示文稿""教学导案"和"法规链接"等。
2. 通过本节"案例链接""视频视点"进行案例学习和研究。
3. 欢迎你踊跃参与本节"法学论坛"，围绕主题畅所欲言。
4. 学完本节内容，请点击本节"随堂测试"，测一测学习效果。
5. 基于本节的"核心概念"，希望你丰富本节"参考文献"，加入研究项目，进行研究性学习。
6. 学习的过程，应是师生共同进行课程资源开发的过程，欢迎加入"课程建设"项目，为本课程资源更优更好，贡献你的智慧。

知识结构

《预防未成年人犯罪法》
- 《预防未成年人犯罪法》的立法过程
- 《预防未成年人犯罪法》的地位
- 《预防未成年人犯罪法》的基本内容
  - 《预防未成年人犯罪法》的立法宗旨
  - 预防未成年人犯罪的基本原则
  - 各级人民政府在预防未成年人犯罪方面的职责
  - 预防未成年人犯罪的教育
  - 对未成年人不良行为的预防
  - 对未成年人严重不良行为的矫治
  - 未成年人对犯罪的自我防范
  - 对未成年人重新犯罪的预防
  - 违反《预防未成年人犯罪法》的法律责任

以案说法

【视频视点】 刑事制裁年龄降了,就能有效预防未成年人犯罪?

请扫描本节二维码观看视频,该视频主要介绍了一则观点:有关人士认为预防未成年人犯罪相关法规不修改,就不能有效预防未成年人犯罪。

【问题探讨】

1. 《刑法》对年龄规定的修改能否有效地预防未成年人犯罪?
2. 预防未成年人犯罪,教师应该怎么做?

【案例分析】 从该视频中可以看出,对于预防未成年人犯罪,《刑法》里面所确定的年龄要不要降,这是立法问题,值得我们深入探讨和研究,观看视频后思考:预防未成年人犯罪,刑事制裁年龄降了,就能解决问题吗?社会各方面应该承担怎么样的责任?尤其是学校和老师分别承担什么责任?我们应该做些什么?欢迎扫描本节二维码进入法学论坛参与讨论。

知识点解读

一、《预防未成年人犯罪法》的立法过程

《预防未成年人犯罪法》于1999年6月28日第九届全国人民代表大会常务委员会第十次会议通过,自1999年11月1日起施行。根据2012年10月26日第十一届全国人民代表大会常务委员会第二十九次会议通过的《全国人民代表大会常务委员会关于修改〈中华人民共和国预防未成年人犯罪法〉的决定》修正案,自2013年1月1日起施行。2020年12月26日,《预防未成年人犯罪法》由中华人民共和国第十三届全国人民代表大会常务委员会第二十四次会议于修订通过,自2021年6月1日起施行。

二、《预防未成年人犯罪法》的地位

《预防未成年人犯罪法》是我国第一部预防犯罪的专门立法,打破了刑事立法中只强调事后对犯罪的处罚而忽视事先对犯罪的预防的状况,是我国刑事立法思想的重大突破。同时,本法又是基于保护未成年人健康成长,防范未成年人违法犯罪而做出的重大立法举措,它的内容非常全面,各条的规定讲究可行性。

三、《预防未成年人犯罪法》的基本内容

(一)《预防未成年人犯罪法》的立法宗旨

《预防未成年人犯罪法》第1条规定:"为了保障未成年人身心健康,培养未成年人良好品行,有效地预防未成年人犯罪,制定本法。"

[法规链接]

扫描本节二维码,阅读《中华人民共和国预防未成年人犯罪法》。

(二) 预防未成年人犯罪的基本原则

1. 教育保护和及时防治原则

《预防未成年人犯罪法》第 2 条规定:预防未成年人犯罪,立足于教育和保护未成年人相结合,坚持预防为主、提前干预,对未成年人的不良行为和严重不良行为及时进行分级预防、干预和矫治。

2. 合法性原则

《预防未成年人犯罪法》第 3 条规定:开展预防未成年人犯罪工作,应当尊重未成年人人格尊严,保护未成年人的名誉权、隐私权和个人信息等合法权益。

3. 综合治理原则

《预防未成年人犯罪法》第 4 条规定:预防未成年人犯罪,在各级人民政府组织下,实行综合治理。国家机关、人民团体、社会组织、企业事业单位、居民委员会、村民委员会、学校、家庭等各负其责、相互配合,共同做好预防未成年人犯罪工作,及时消除滋生未成年人违法犯罪行为的各种消极因素,为未成年人身心健康发展创造良好的社会环境。

4. 科学性原则

《预防未成年人犯罪法》第 12 条规定:预防未成年人犯罪,应当结合未成年人不同年龄的生理、心理特点,加强青春期教育、心理关爱、心理矫治和预防犯罪对策的研究。

案例链接

【案情简介】 中学生弑师案

11 月 12 日下午 4 时许,高三某班学生罗某(男,16 岁)与班主任鲍某(男,47 岁)在学校发生争执,罗某用刀具刺伤鲍某致其死亡。经过公安机关缜密侦查,11 月 13 日,罗某因涉嫌故意杀人罪被市公安局依法刑事拘留。

【问题探讨】 在受教育者日益多元化的今天,教师应该以怎样的标准教育学生?

【案例分析】 16 岁的高三学生罗某,在办公室将自己的班主任刺死。事件起因于罗某因鲍老师严厉地批评而心生反感,鲍老师按照他的标准和方式去要求有不同追求的罗某,更加加剧了这种厌恶感。事后,被警方控制的罗某的情绪完全冷静下来后说:"很后悔自己的行为,也非常对不起老师和他的家人。"鲍老师曾经获得过市优秀班主任称号,罗某的成绩一直稳居前列。原本应该是双赢的一对师生,最终却是一个失去生命、一个失去未来的双输结果。尽管弑师的极端事件并不具备代表性,但个中教训仍然令人反思。

（三）各级人民政府在预防未成年人犯罪方面的职责

《预防未成年人犯罪法》第5条规定了各级人民政府在预防未成年人犯罪方面的职责：

（1）制定预防未成年人犯罪工作规划；

（2）组织公安、教育、民政、文化和旅游、市场监督管理、网信、卫生健康、新闻出版、电影、广播电视、司法行政等有关部门开展预防未成年人犯罪工作；

（3）为预防未成年人犯罪工作提供政策支持和经费保障；

（4）对本法的实施情况和工作规划的执行情况进行检查；

（5）组织开展预防未成年人犯罪宣传教育；

（6）其他预防未成年人犯罪工作职责。

（四）预防未成年人犯罪的教育

1. 对未成年人应当加强预防犯罪教育

《预防未成年人犯罪法》第15条规定：国家、社会、学校和家庭应当对未成年人加强社会主义核心价值观教育，开展预防犯罪教育，增强未成年人的法治观念，使未成年人树立遵纪守法和防范违法犯罪的意识，提高自我管控能力。

2. 监护人对未成年人的预防犯罪教育负有直接责任

《预防未成年人犯罪法》第16条规定：未成年人的父母或者其他监护人对未成年人的预防犯罪教育负有直接责任，应当依法履行监护职责，树立优良家风，培养未成年人良好品行；发现未成年人心理或者行为异常的，应当及时了解情况并进行教育、引导和劝诫，不得拒绝或者怠于履行监护职责。

3. 教育行政部门、学校对未成年人的预防犯罪教育责任

（1）学校应当将预防犯罪教育纳入学校教学计划

《预防未成年人犯罪法》第17条规定：教育行政部门、学校应当将预防犯罪教育纳入学校教学计划，指导教职员工结合未成年人的特点，采取多种方式对未成年学生进行有针对性的预防犯罪教育。

（2）学校应当聘任从事法治教育的专职或者兼职教师

《预防未成年人犯罪法》第18条规定：学校应当聘任从事法治教育的专职或者兼职教师，并可以从司法和执法机关、法学教育和法律服务机构等单位聘请法治副校长、校外法治辅导员。

（3）学校应当配备专职或者兼职的心理健康教育教师

《预防未成年人犯罪法》第19条规定：学校应当配备专职或者兼职的心理健康教育教师，开展心理健康教育。学校可以根据实际情况与专业心理健康机构合作，建立心理健康筛查和早期干预机制，预防和解决学生心理、行为异常问题。

学校应当与未成年学生的父母或者其他监护人加强沟通，共同做好未成年学生心理健康教育；发现未成年学生可能患有精神障碍的，应当立即告知其父母或者其他监护人送

相关专业机构诊治。

（4）教育行政部门应当建立学生欺凌防控制度

《预防未成年人犯罪法》第20条规定：教育行政部门应当会同有关部门建立学生欺凌防控制度。学校应当加强日常安全管理，完善学生欺凌发现和处置的工作流程，严格排查并及时消除可能导致学生欺凌行为的各种隐患。

（5）教育行政部门鼓励和支持学校聘请社会工作者长期或者定期进驻学校

《预防未成年人犯罪法》第21条规定：教育行政部门鼓励和支持学校聘请社会工作者长期或者定期进驻学校，协助开展道德教育、法治教育、生命教育和心理健康教育，参与预防和处理学生欺凌等行为。

（6）教育行政部门、学校应当加强预防未成年人犯罪指导教育

《预防未成年人犯罪法》第22条规定：教育行政部门、学校应当通过举办讲座、座谈、培训等活动，介绍科学合理的教育方法，指导教职员工、未成年学生的父母或者其他监护人有效预防未成年人犯罪。

学校应当将预防犯罪教育计划告知未成年学生的父母或者其他监护人。未成年学生的父母或者其他监护人应当配合学校对未成年学生进行有针对性的预防犯罪教育。

（7）教育行政部门应当将预防犯罪教育纳入学校年度考核内容

《预防未成年人犯罪法》第23条规定：教育行政部门应当将预防犯罪教育的工作效果纳入学校年度考核内容。

随堂小练

1.（单项选择题）对未成年学生的法制教育负有直接责任的是（　　）。
   A. 当地人民政府　　　　　　　　B. 学校
   C. 教育行政部门　　　　　　　　D. 父母或其监护人

【答案】 D。

【解析】《预防未成年人犯罪法》规定，未成年人的父母或者其他监护人对未成年人的法制教育负有直接责任。

---

4. 其他部门组织对未成年人预防犯罪教育的责任

《预防未成年人犯罪法》第24条规定：各级人民政府及其有关部门、人民检察院、人民法院、共产主义青年团、少年先锋队、妇女联合会、残疾人联合会、关心下一代工作委员会等应当结合实际，组织、举办多种形式的预防未成年人犯罪宣传教育活动。有条件的地方可以建立青少年法治教育基地，对未成年人开展法治教育。

《预防未成年人犯罪法》第25条规定：居民委员会、村民委员会应当积极开展有针对性的预防未成年人犯罪宣传活动，协助公安机关维护学校周围治安，及时掌握本辖区内未成年人的监护、就学和就业情况，组织、引导社区社会组织参与预防未成年人犯罪工作。

《预防未成年人犯罪法》第26条规定：青少年宫、儿童活动中心等校外活动场所应当

把预防犯罪教育作为一项重要的工作内容,开展多种形式的宣传教育活动。

《预防未成年人犯罪法》第 27 条规定:职业培训机构、用人单位在对已满十六周岁准备就业的未成年人进行职业培训时,应当将预防犯罪教育纳入培训内容。

(五) 对未成年人不良行为的预防

《预防未成年人犯罪法》第三章第 28 条至第 37 条专门对未成年人不良行为的干预做出了明确的规定。

1. 未成年人的不良行为情形

《预防未成年人犯罪法》第 28 条规定:本法所称不良行为,是指未成年人实施的不利于其健康成长的下列行为:① 吸烟、饮酒;② 多次旷课、逃学;③ 无故夜不归宿、离家出走;④ 沉迷网络;⑤ 与社会上具有不良习性的人交往,组织或者参加实施不良行为的团伙;⑥ 进入法律法规规定未成年人不宜进入的场所;⑦ 参与赌博、变相赌博,或者参加封建迷信、邪教等活动;⑧ 阅览、观看或者收听宣扬淫秽、色情、暴力、恐怖、极端等内容的读物、音像制品或者网络信息等;⑨ 其他不利于未成年人身心健康成长的不良行为。

2. 对未成年人不良行为的监护人干预

《预防未成年人犯罪法》第 29 条规定:未成年人的父母或者其他监护人发现未成年人有不良行为的,应当及时制止并加强管教。

《预防未成年人犯罪法》第 30 条规定:公安机关、居民委员会、村民委员会发现本辖区内未成年人有不良行为的,应当及时制止,并督促其父母或者其他监护人依法履行监护职责。

3. 学校对有不良行为未成年学生的干预措施

《预防未成年人犯罪法》第 31 条规定:学校对有不良行为的未成年学生,应当加强管理教育,不得歧视;对拒不改正或者情节严重的,学校可以根据情况予以处分或者采取以下管理教育措施:① 予以训导;② 要求遵守特定的行为规范;③ 要求参加特定的专题教育;④ 要求参加校内服务活动;⑤ 要求接受社会工作者或者其他专业人员的心理辅导和行为干预;⑥ 其他适当的管理教育措施。

学校应当建立家校合作机制。《预防未成年人犯罪法》第 32 条规定:学校和家庭应当加强沟通,建立家校合作机制。学校决定对未成年学生采取管理教育措施的,应当及时告知其父母或者其他监护人;未成年学生的父母或者其他监护人应当支持、配合学校进行管理教育。

未成年学生有情节轻微偷窃欺凌行为的学校措施。《预防未成年人犯罪法》第 33 条规定:未成年学生有偷窃少量财物,或者有殴打、辱骂、恐吓、强行索要财物等学生欺凌行为,情节轻微的,可以由学校依照本法第 31 条规定采取相应的管理教育措施。

未成年学生旷课逃学行为的学校措施。《预防未成年人犯罪法》第 34 条规定:未成年学生旷课、逃学的,学校应当及时联系其父母或者其他监护人,了解有关情况;无正当理由的,学校和未成年学生的父母或者其他监护人应当督促其返校学习。

4. 未成年人无故夜不归宿离家出走的干预措施

《预防未成年人犯罪法》第 35 条规定:未成年人无故夜不归宿、离家出走的,父母或者其他监护人、所在的寄宿制学校应当及时查找,必要时向公安机关报告。

收留夜不归宿、离家出走未成年人的,应当及时联系其父母或者其他监护人、所在学校;无法取得联系的,应当及时向公安机关报告。

《预防未成年人犯罪法》第36条规定:对夜不归宿、离家出走或者流落街头的未成年人,公安机关、公共场所管理机构等发现或者接到报告后,应当及时采取有效保护措施,并通知其父母或者其他监护人、所在的寄宿制学校,必要时应当护送其返回住所、学校;无法与其父母或者其他监护人、学校取得联系的,应当护送未成年人到救助保护机构接受救助。

5. 及时制止未成年人组织或者参加实施不良行为团伙

《预防未成年人犯罪法》第37条规定:未成年人的父母或者其他监护人、学校发现未成年人组织或者参加实施不良行为的团伙,应当及时制止;发现该团伙有违法犯罪嫌疑的,应当立即向公安机关报告。

(六) 对未成年人严重不良行为的矫治

《预防未成年人犯罪法》第四章第38条至第49条专门对未成年人不良行为的干预做出了明确的规定。

1. 未成年人严重不良行为的情形

《预防未成年人犯罪法》第38条规定:本法所称严重不良行为,是指未成年人实施的有刑法规定、因不满法定刑事责任年龄不予刑事处罚的行为,以及严重危害社会的下列行为:① 结伙斗殴,追逐、拦截他人,强拿硬要或者任意损毁、占用公私财物等寻衅滋事行为;② 非法携带枪支、弹药或者弩、匕首等国家规定的管制器具;③ 殴打、辱骂、恐吓,或者故意伤害他人身体;④ 盗窃、哄抢、抢夺或者故意损毁公私财物;⑤ 传播淫秽的读物、音像制品或者信息等;⑥ 卖淫、嫖娼,或者进行淫秽表演;⑦ 吸食、注射毒品,或者向他人提供毒品;⑧ 参与赌博赌资较大;⑨ 其他严重危害社会的行为。

2. 对有严重不良行为未成年人公安机关的矫治措施

《预防未成年人犯罪法》第39条规定:未成年人的父母或者其他监护人、学校、居民委员会、村民委员会发现有人教唆、胁迫、引诱未成年人实施严重不良行为的,应当立即向公安机关报告。公安机关接到报告或者发现有上述情形的,应当及时依法查处;对人身安全受到威胁的未成年人,应当立即采取有效保护措施。

《预防未成年人犯罪法》第40条规定:公安机关接到举报或者发现未成年人有严重不良行为的,应当及时制止,依法调查处理,并可以责令其父母或者其他监护人消除或者减轻违法后果,采取措施严加管教。

《预防未成年人犯罪法》第41条规定:对有严重不良行为的未成年人,公安机关可以根据具体情况,采取以下矫治教育措施:① 予以训诫;② 责令赔礼道歉、赔偿损失;③ 责令具结悔过;④ 责令定期报告活动情况;⑤ 责令遵守特定的行为规范,不得实施特定行为,接触特定人员或者进入特定场所;⑥ 责令接受心理辅导、行为矫治;⑦ 责令参加社会服务活动;⑧ 责令接受社会观护,由社会组织、有关机构在适当场所对未成年人进行教育、监督和管束;⑨ 其他适当的矫治教育措施。

《预防未成年人犯罪法》第 42 条规定:公安机关在对未成年人进行矫治教育时,可以根据需要邀请学校、居民委员会、村民委员会以及社会工作服务机构等社会组织参与。

未成年人的父母或者其他监护人应当积极配合矫治教育措施的实施,不得妨碍阻挠或者放任不管。

3. 送入专门学校接受专门教育的情形

《预防未成年人犯罪法》第 43 条规定:对有严重不良行为的未成年人,未成年人的父母或者其他监护人、所在学校无力管教或者管教无效的,可以向教育行政部门提出申请,经专门教育指导委员会评估同意后,由教育行政部门决定送入专门学校接受专门教育。

《预防未成年人犯罪法》第 44 条规定:未成年人有下列情形之一的,经专门教育指导委员会评估同意,教育行政部门会同公安机关可以决定将其送入专门学校接受专门教育:① 实施严重危害社会的行为,情节恶劣或者造成严重后果;② 多次实施严重危害社会的行为;③ 拒不接受或者配合本法第 41 条规定的矫治教育措施;④ 法律、行政法规规定的其他情形。

《预防未成年人犯罪法》第 45 条规定:未成年人实施刑法规定的行为、因不满法定刑事责任年龄不予刑事处罚的,经专门教育指导委员会评估同意,教育行政部门会同公安机关可以决定对其进行专门矫治教育。

省级人民政府应当结合本地的实际情况,至少确定一所专门学校按照分校区、分班级等方式设置专门场所,对前款规定的未成年人进行专门矫治教育。

前款规定的专门场所实行闭环管理,公安机关、司法行政部门负责未成年人的矫治工作,教育行政部门承担未成年人的教育工作。

《预防未成年人犯罪法》第 46 条规定:专门学校应当在每个学期适时提请专门教育指导委员会对接受专门教育的未成年学生的情况进行评估。对经评估适合转回普通学校就读的,专门教育指导委员会应当向原决定机关提出书面建议,由原决定机关决定是否将未成年学生转回普通学校就读。

原决定机关决定将未成年学生转回普通学校的,其原所在学校不得拒绝接收;因特殊情况,不适宜转回原所在学校的,由教育行政部门安排转学。

《预防未成年人犯罪法》第 47 条规定:专门学校应当对接受专门教育的未成年人分级分类进行教育和矫治,有针对性地开展道德教育、法治教育、心理健康教育,并根据实际情况进行职业教育;对没有完成义务教育的未成年人,应当保证其继续接受义务教育。

专门学校的未成年学生的学籍保留在原学校,符合毕业条件的,原学校应当颁发毕业证书。

《预防未成年人犯罪法》第 48 条规定:专门学校应当与接受专门教育的未成年人的父母或者其他监护人加强联系,定期向其反馈未成年人的矫治和教育情况,为父母或者其他监护人、亲属等看望未成年人提供便利。

《预防未成年人犯罪法》第 49 条规定:未成年人及其父母或者其他监护人对本章规定的行政决定不服的,可以依法提起行政复议或者行政诉讼。

（七）对未成年人重新犯罪的预防

《预防未成年人犯罪法》第五章第 50 条至第 60 条专门对未成年人重新犯罪的预防做出了明确的规定。

（八）法律责任

《预防未成年人犯罪法》第六章第 61 条至第 67 条就违反预防未成年人犯罪法的法律责任做出了明确的规定。

随堂小练

2.（单项选择题）小学生宋某因多次偷窃，被所在学校申请送工读学校进行矫治。对于这一申请具有审批权的机构是（　　）。

A. 公安部门　　　B. 检察机关　　　C. 教育行政部门　　　D. 民政部门

【答案】　C。

【解析】　略。

案例链接

【视频视点】　刺向同学的刀

请扫描本节二维码观看视频，该视频主要介绍了发生在某中学的一起校园凶杀案——混乱中的杀戮。因"校园保护费"，17 岁的吴某持刀捅伤了同校 6 名初二年级男生，其中一名当场死亡，另一名经送当地卫生院抢救无效死亡，另外 4 名学生 3 人重伤。

【问题探讨】

1. 对于"校园保护费"事件在校园的肆虐，学校该采取何种措施来应对？

2. 校园保护费事件的发生早有预兆，却未加防范，对此家长及学校老师尤其是班主任又该承担怎样的责任？

3. 如何改善校园风气？学校及社会应该付诸怎样的努力？

【案例分析】　这个案例发生的根源是"校园保护费"。社会青年对吴某的威胁与殴打使其担惊受怕，惶惶不可终日。案发次日，逃至自家的荔枝园的吴某一脸惊惶地对其父亲说："他们很多人围着打我，我很害怕，就闭着眼睛拿着刀乱挥，直到看到让出了一条路，我才逃了出来。""前有伏击，后有追兵"迫使自己拿起了手中绿色的铅笔刀。而据一位不愿透露姓名的老师介绍："学生之间因为小矛盾打架在我们学校可以用'司空见惯'4 个字来形容，今年学校就发生过不少于 4 次学生在校园内打架事件。"对于大的事件学校一般会管一管，小的就不了了之，不少学生之间的纠纷还有社会青年参与。

对于如何有效改善校园和社会不良风气，这是当代社会亟待解决的问题，值得我们深入探讨和研究。

第三节 《学生伤害事故处理办法》

学生伤害事故的处理是摆在学校、家长及第三方责任人之间的重要难题,如何合法解决此类事故？如何避免悲剧的再次发生？学生和家长如何维护自己的权益？学校和教师的风险何在？《学生伤害事故处理办法》为我们解决上述问题提供了依据。

学习指南

1. 观看本节"微课视频",查阅本节"演示文稿""教学导案"和"法规链接"等。
2. 通过本节"案例链接""视频视点"进行案例学习和研究。
3. 欢迎你踊跃参与本节"法学论坛",围绕主题畅所欲言。
4. 学完本节内容,请点击本节"随堂测试",测一测学习效果。
5. 基于本节的"核心概念",希望你丰富本节"参考文献",加入研究项目,进行研究性学习。
6. 学习的过程,应是师生共同进行课程资源开发的过程,欢迎加入"课程建设"项目,为本课程资源更优更好,贡献你的智慧。

微信扫一扫

知识结构

《学生伤害事故处理办法》
- 《学生伤害事故处理办法》的制定
- 《学生伤害事故处理办法》的地位
- 《学生伤害事故处理办法》的基本内容
  - 《学生伤害事故处理办法》的制定宗旨
  - 学生伤害事故的界定
  - 学生伤害事故应当遵循的处理原则
  - 学校应当依法承担相应责任的情形
  - 学生或者未成年学生监护人应当依法承担相应责任的情形
  - 学校已履行了相应职责无法律责任的情形
  - 事故责任应当按有关法律法规或者其他有关规定认定的情形
  - 第三方依法承担相应的责任
  - 发生学生伤害事故处理程序
  - 学生伤害事故损害的赔偿
  - 事故责任者的处理

以案说法

【视频视点】 小学踩踏事故

请扫描本节二维码观看视频,该视频主要介绍了某小学发生校园踩踏事件,致四人死亡,多人受伤。据悉,该小学要求 6:15 上早自习,学生宿舍无教师值班管理。事件发生后,包括教育局局长在内的 8 人被免职撤职。

【问题探讨】
1. 教育局局长在内的 8 人是否该被免职?造成事故的主要责任人是谁?
2. 学校如何做才符合已履行了相应职责无法律责任的情况?

【案例分析】 在本案例中,学校向学生提供的场所存在明显的安全隐患。学校未安排教师值班,即采取必要的措施保障学生安全。同时,学校教师在学生活动前,未对学生进行相应的安全教育。学校在负有组织、管理未成年学生的职责期间,发现学生行为具有危险性,但未进行必要的管理、告诫或者制止,直接造成了悲剧的发生。因此,学校对此案件负有主要责任。

【案例启示】 学校在学生安全保障方面应提供安全的设备、场所等,对可能威胁到学生安全的情况有预判的能力,并做出科学合理的紧急应对方案。在活动前,对学生做好安全知识教育,避免不良事件的发生。

知识点解读

一、《学生伤害事故处理办法》的制定

中华人民共和国教育部令第 12 号《学生伤害事故处理办法》于 2002 年 3 月 26 日经部务会议讨论通过,自 2002 年 9 月 1 日起施行。

二、《学生伤害事故处理办法》的地位

《学生伤害事故处理办法》是教育部制定颁发的,属于"教育规章"。它是推动教育领域的法制建设,构建有关学校安全的法律、制度框架的重要组成部分。

《学生伤害事故处理办法》为实施未成年人安全保护,提供了实际操作规则。

三、《学生伤害事故处理办法》的基本内容

(一)《学生伤害事故处理办法》的制定宗旨

《学生伤害事故处理办法》第 1 条规定:"为积极预防、妥善处理在校学生伤害事故,保护学生、学校的合法权益,根据《中华人民共和国教育法》《中华人民共和国未成年人保护法》和其他相关法律、行政法规及有关规定,制定本办法。"

(二)学生伤害事故的界定

《学生伤害事故处理办法》第 2 条规定:"在学校实施的教育教学活动或者学校组织的校外活动中,以及在学校负有管理责任的校舍、场地、其他教育教学设施、生活设施内发生的,造成在校学生人身损害后果的事故的处理,适用本办法。"第 37 条规定:"本办法所称学校,是指国家或者社会力量举办的全日制的中小学(含特殊教育学校)、各类中等职业学校、高等学校。本办法所称学生是指在上述学校中全日制就读的受教育者。"

(三)学生伤害事故应当遵循的处理原则

《学生伤害事故处理办法》第 3 条规定:"学生伤害事故应当遵循依法、客观公正、合理适当的原则,及时、妥善地处理。"

(四)学校应当依法承担相应责任的情形

《学生伤害事故处理办法》第 9 条规定因下列情形之一造成的学生伤害事故,学校应当依法承担相应的责任:

(1)学校的校舍、场地、其他公共设施,以及学校提供给学生使用的学具、教育教学和生活设施、设备不符合国家规定的标准,或者有明显不安全因素的;

(2)学校的安全保卫、消防、设施设备管理等安全管理制度有明显疏漏,或者管理混乱,存在重大安全隐患,而未及时采取措施的;

(3)学校向学生提供的药品、食品、饮用水等不符合国家或者行业的有关标准、要求的;

(4)学校组织学生参加教育教学活动或者校外活动,未对学生进行相应的安全教育,并未在可预见的范围内采取必要的安全措施的;

(5)学校知道教师或者其他工作人员患有不适宜担任教育教学工作的疾病,但未采取必要措施的;

(6)学校违反有关规定,组织或者安排未成年学生从事不宜未成年人参加的劳动、体育运动或者其他活动的;

(7)学生有特异体质或者特定疾病,不宜参加某种教育教学活动,学校知道或者应当知道,但未予以必要的注意的;

(8)学生在校期间突发疾病或者受到伤害,学校发现,但未根据实际情况及时采取相应措施,导致不良后果加重的;

(9)学校教师或者其他工作人员体罚或者变相体罚学生,或者在履行职责过程中违反工作要求、操作规程、职业道德或者其他有关规定的;

(10)学校教师或者其他工作人员在负有组织、管理未成年学生的职责期间,发现学生行为具有危险性,但未进行必要的管理、告诫或者制止的;

(11)对未成年学生擅自离校等与学生人身安全直接相关的信息,学校发现或者知道,但未及时告知未成年学生的监护人,导致未成年学生因脱离监护人的保护而发生伤害的;

(12)学校有未依法履行职责的其他情形的。

> **案例链接**

【案情简介】 拔河比赛致学生伤残八级

某职业高中组织学生进行年级拔河友谊赛,学校组织者在红布条下端系上一个直径24毫米的铁螺母以便比赛裁决。比赛时,拔河绳突然从中崩断,红布条上所系的螺母因惯性甩起,砸中了刘某的头部,老师们随即将刘某送往医院。刘某被诊断为重度开放性颅脑损伤,受伤程度被定为伤残八级,法院判决学校赔偿刘某经济损失24万元。

【问题探讨】 学校是否应该承担此次事故的主要责任?

【案例分析】 刘某受伤是因为在比赛中使用的拔河绳崩断了,而这一用具是由学校提供的,根据《学生伤害事故处理办法》第9条第1项规定,学校的校舍、场地、其他公共设施,以及学校提供给学生使用的学具、教育教学和生活设施、设备不符合国家规定的标准,或者有明显不安全因素的,学校应当依法承担相应责任。

> **随堂小练**

1. (单项选择题)某小学指派李老师带领学生到电影院看电影,由于入口处灯光暗淡,学生陈某在台阶上不慎摔倒,致使头部受到严重伤害,对于陈某所受伤害,应承担法律责任的是( )。

A. 学校和电影院　　　　　　　　B. 李老师
C. 学校　　　　　　　　　　　　D. 李老师和电影院

【答案】 A。

【解析】 首先,电影院入口处昏暗导致学生摔倒,这是电影院基础设施没做好,所以电影院要负责任;另外,老师带领小学生,没有照看好安全,属于职务行为,由学校负责。

出处:2012年下半年小学教师资格考试《综合素质》真题。

> **案例链接**

【案情简介】 校长同意学生救火被烧死,校长老师被判刑

4月的一天,某小学的校长冯某、教师马某带领部分学生在学校的操场劳动,突然,有学生发现附近山坡上的林场着火了,经冯校长同意,先后共有十几名学生赴火场扑救,校长和老师没有一同前往组织和指挥,在救火过程中,8名学生被烧死,法院认为校长和老师已经构成了犯罪,校长被判有期徒刑两年,缓刑两年。老师被拘役六个月,缓刑一年。

【问题探讨】 法院对校长和老师的判决是否合理合法?

【案例分析】 8名死亡的学生皆是在被老师派去救火中被烧死的,这一行为又是经过冯校长同意的,根据《学生伤害事故处理办法》第9条第6项、第9项和第10项规定,学校违反有关规定,组织或者安排未成年学生从事不宜未成年人参加的劳动、体育运

动或者其他活动的;学校教师或者其他工作人员在履行职责过程中违反工作要求、操作规程、职业道德或者其他有关规定的;学校教师或者其他工作人员在负有组织、管理未成年学生的职责期间,发现学生行为具有危险性,但未进行必要的管理、告诫或者制止的,应依法承担相应责任。

> **随堂小练**
>
> 2.(单项选择题)李某系初二的学生,在学校组织的考试中提前交卷离开考场,擅自离校,与其他同学相约到离学校一公里处的池塘游泳,因体力不支溺水身亡,根据《学生伤害事故处理办法》,认定学校( )。
> A. 承担全部责任　　　　　　　　　B. 承担大部分责任
> C. 承担过错责任　　　　　　　　　D. 不承担法律责任
> 【答案】 C。
> 【解析】 李某擅自离校,学校在知道的情况下没有及时通知李某的监护人,导致李某因脱离监护人的保护而发生伤害,因此应承担相应责任。

(五)学生或者未成年学生监护人应当依法承担相应责任的情形

《学生伤害事故处理办法》第10条规定学生或者未成年学生监护人由于过错,有下列情形之一,造成学生伤害事故,应当依法承担相应的责任:

(1)学生违反法律法规的规定,违反社会公共行为准则、学校的规章制度或者纪律,实施按其年龄和认知能力应当知道具有危险或者可能危及他人的行为的;

(2)学生行为具有危险性,学校、教师已经告诫、纠正,但学生不听劝阻、拒不改正的;

(3)学生或者其监护人知道学生有特异体质,或者患有特定疾病,但未告知学校的;

(4)未成年学生的身体状况、行为、情绪等有异常情况,监护人知道或者已被学校告知,但未履行相应监护职责的;

(5)学生或者未成年学生监护人有其他过错的。

> **案例链接**
>
> 【案情简介】 潘某放学后捅了同学,致使该同学左肾切除,学校不承担责任
> 潘某和霍某系某中学高二年级同学,6月18日潘某放学后从家中偷带一把自制刀返回学校,向霍某腹部捅了两刀,造成霍某左肾切除、七级伤残的严重后果。学校立即将霍某送医抢救,使霍某脱离了危险。事后霍某向法院提起刑事附带民事诉讼,将学校列为共同被告人,要求学校赔偿人民币50万元。法院最后判决学校不承担责任。
> 【问题探讨】 在此次事件中,学校应当承担责任吗?
> 【案例分析】 霍某左肾切除、七级伤残的严重后果,是由于学生潘某私自带刀回学校,学校并不知情,根据《学生伤害事故处理办法》第10条规定,学生违反法律法规的规

定,违反社会公共行为准则、学校的规章制度或者纪律,实施按其年龄和认知能力应当知道具有危险或者可能危及他人的行为的,应当由学生或者未成年学生监护人依法承担相应的责任。

案例链接

【案情简介】 学生未告知疾病跑步死亡,学校不承担责任

甲某是某校初一学生,从外表看,甲某身体状况良好。一节体育课上,体育老师要求全班同学环操场跑四圈(每圈四百米)。甲某突然跌倒在地,口吐白沫,老师及同学急忙将甲某送往医院抢救,最终抢救无效。甲某患有先天性心脏病,跑步时,造成心脏大出血。因家长及本人未告知有特殊身体疾病,学校及体育老师均无过错,故学校不承担责任。

【问题探讨】 在此次事件中,学校为何不应承担责任?

【案例分析】 某甲患有先天性心脏病,不能进行激烈运动,但甲某家长及本人未告知学校其有特殊身体疾病,根据《学生伤害事故处理办法》第10条规定,学生或者其监护人知道学生有特异体质,或者患有特定疾病,但未告知学校的,应当由学生或者未成年学生监护人依法承担相应的责任。

(六) 学校已履行了相应职责无法律责任的情形

《学生伤害事故处理办法》第12条规定因下列情形之一造成的学生伤害事故,学校已履行了相应职责,行为并无不当的,无法律责任:

(1) 地震、雷击、台风、洪水等不可抗的自然因素造成的;
(2) 来自学校外部的突发性、偶发性侵害造成的;
(3) 学生有特异体质、特定疾病或者异常心理状态,学校不知道或者难于知道的;
(4) 学生自杀、自伤的;
(5) 在对抗性或者具有风险性的体育竞赛活动中发生意外伤害的;
(6) 其他意外因素造成的。

随堂小练

3. (单项选择题)五年级学生小强因被父母责骂,心情低落。老师发现后对其进行了安慰,但小强在课间还是自伤了。下列说法正确的是(   )。

A. 学生是在学校受伤的,学校应当承担责任
B. 学校对学生负有监护义务,应当承担责任
C. 学生行为属于自伤行为,学校不应承担责任
D. 学生受伤发生在课间,学校不承担责任

【答案】 C。

【解析】《学生伤害事故处理办法》第12条规定,因学生自杀、自伤造成的学生伤害事故,学校已履行了相应职责,行为并无不当的,无法律责任。学生在校园里受伤,学校是否承担责任,关键看学校是否对此存在过错,而判断是否存在过错的依据是学校是否履行了教育、管理和保护的义务。该题干中老师对其进行安慰后,但该学生还是自伤了,因此学校不应承担责任。

出处:2016年上半年小学教师资格考试《综合素质》真题。

案例链接

【案情简介】 足球友谊赛致学生脾脏破裂而死亡

某中学甲邀请同市的另一间中学乙举行学生足球友谊赛,在比赛中,甲中学的一名足球队员与乙中学的一名队员在交锋时相撞,导致甲中学的队员被踢中腹部,因脾脏破裂而死亡。

【问题探讨】 该案谁应该负主要的责任?

【案例分析】《学生伤害事故处理办法》第12条规定,在对抗性或者具有风险性的体育竞赛活动中发生意外伤害的,学校已履行了相应职责,行为并无不当的,无法律责任,所以本案属于意外事件,但是这样双方当事人都没有过错,所以根据公平原则,责令甲中学和乙中学分别向受害人的监护人补偿损失四万元。

(七)事故责任应当按有关法律法规或者其他有关规定认定的情形

《学生伤害事故处理办法》第13条规定下列情形下发生的造成学生人身损害后果的事故,学校行为并无不当的,不承担事故责任;事故责任应当按有关法律法规或者其他有关规定认定:

(1)在学生自行上学、放学、返校、离校途中发生的;

(2)在学生自行外出或者擅自离校期间发生的;

(3)在放学后、节假日或者假期等学校工作时间以外,学生自行滞留学校或者自行到校发生的;

(4)其他在学校管理职责范围外发生的。

随堂小练

4.(单项选择题)学生小张在暑假期间擅自翻越学校围墙,导致右腿摔伤。对于小张所受伤害,下列选项中正确的是( )。

A. 学校存在过错,应当承担赔偿责任

B. 学校没有过错,但要承担赔偿责任

C. 学校没有过错，无须承担赔偿责任
D. 学校存在过错，但可免除赔偿责任

【答案】 C。

【解析】《学生伤害事故处理办法》规定，学校承担的是过错责任，即有过错便承担责任，无过错便不承担责任。并且第13条规定在放学后、节假日或者假期等学校工作时间以外，学生自行滞留学校或者自行到校发生伤害事故，这种情形不在学校管理工作范围，学校无管理的义务。因此，学校无过错、无责任。

出处：2014年上半年小学教师资格考试《综合素质》真题。

案例链接

【案情简介】 放学后学生被打伤学校免责

下午放学后，某中学初三一男学生在校外受到其他三名同学围攻，他为了取得学校保护，跑回到学校，在男厕所里又被打。值日教师发现后，立即给予制止，并通知其家长来校解决。当时，该生没发生不良反应，过了半个月后，出现不良症状，经医院检查确定为脑积水，医药费3万多元，经派出所协调，由另外三位学生的监护人承担。受害家长提出向学校索赔，并向法院起诉，经法庭调解，学校免于责任。

【问题探讨】 学校为什么免于责任？

【案例分析】 首先，事件发生在放学后，《学生伤害事故处理办法》第13条规定，在放学后、节假日或者假期等学校工作时间以外，学生自行滞留学校或者自行到校发生伤害事故，这种情形不在学校管理工作范围，学校无管理的义务。并且，值班教师发现后也进行了及时的阻止，因而学校免于责任。

（八）第三方依法承担相应的责任

《学生伤害事故处理办法》第11条规定："学校安排学生参加活动，因提供场地、设备、交通工具、食品及其他消费与服务的经营者，或者学校以外的活动组织者的过错造成的学生伤害事故，有过错的当事人应当依法承担相应的责任。"第14条规定："因学校教师或者其他工作人员与其职务无关的个人行为，或者因学生、教师及其他个人故意实施的违法犯罪行为，造成学生人身损害的，由致害人依法承担相应的责任。"

随堂小练

5.（单项选择题）李老师开了一个超市，学生张某喝了该超市所售卖的过期的矿泉水，腹泻不止，在此事件中应当承担责任的是（　　）。

A. 张某和其监护人　B. 学校和李老师　C. 学校　　　　D. 李老师

【答案】 D。

【解析】《学生伤害事故处理办法》第14条规定:"因学校教师或者其他工作人员与其职务无关的个人行为,或者因学生、教师及其他个人故意实施的违法犯罪行为,造成学生人身损害的,由致害人依法承担相应的责任。"

(九)发生学生伤害事故处理程序

1. 学校的及时救助义务

《学生伤害事故处理办法》第15条规定:"发生学生伤害事故,学校应当及时救助受伤害学生,并应当及时告知未成年学生的监护人;有条件的,应当采取紧急救援等方式救助。"

案例链接

【案情简介】 学生头着地,救治不当致全身瘫痪

某学校学生去屋顶捡球不慎摔下,头着地,学校与其家长联系,将该学生放在传达室,一个半小时后将孩子送去医院。医生说再早半个小时将孩子送来就不会全身瘫痪。家长起诉追究学校的主要责任,最终胜诉。

【问题探讨】 学校为什么要承担主要责任?

【案例分析】 根据《学生伤害事故处理办法》第9条第8项规定,学生在校期间突发疾病或者受到伤害,学校发现,但未根据实际情况及时采取相应措施,导致不良后果加重的,学校应当依法承担相应责任。第15条规定,学校有及时救助受伤害学生的义务。案例中,学校将学生放在传达室,没有及时将学生送至医院进行救助。因此,学校应负主要责任。

2. 学校的报告义务

《学生伤害事故处理办法》第16条规定:"发生学生伤害事故,情形严重的,学校应当及时向主管教育行政部门及有关部门报告;属于重大伤亡事故的,教育行政部门应当按照有关规定及时向同级人民政府和上一级教育行政部门报告。"

随堂小练

6.(单项选择题)发生学生伤害事故,情形严重的,学校应当及时向主管教育行政部门及有关部门报告。属于重大伤亡事故,教育行政部门应当按照有关规定及时向( )报告。

A. 同级人民政府 B. 教育部
C. 同级人民政府和上一级教育行政部门 D. 上一级人民政府

【答案】 C。

【解析】 详见《学生伤害事故处理办法》第16条。

3. 教育行政部门的义务

《学生伤害事故处理办法》第17条规定:"学校的主管教育行政部门应学校要求或者认为必要,可以指导、协助学校进行事故的处理工作,尽快恢复学校正常的教育教学秩序。"

4. 受害人的救济途径

《学生伤害事故处理办法》第18条规定:"发生学生伤害事故,学校与受伤害学生或者学生家长可以通过协商方式解决;双方自愿,可以书面请求主管教育行政部门进行调解。成年学生或者未成年学生的监护人也可以依法直接提起诉讼。"

5. 调解时限

《学生伤害事故处理办法》第19条规定:"教育行政部门收到调解申请,认为必要的,可以指定专门人员进行调解,并应当在受理申请之日起60日内完成调解。"

> **随堂小练**
>
> 7.(单项选择题)《学生伤害事故处理办法》规定,发生学生伤害事故,学校和家长双方无法通过协商方法解决,家长有权提出诉讼,教育行政部门收到调解申请后,应当在受理申请之日起(　　)完成调解。
> A. 90日内　　B. 60日内　　C. 30日内　　D. 15日内
> 【答案】 B。
> 【解析】 详见《学生伤害事故处理办法》第19条。

6. 调解处理方式

《学生伤害事故处理办法》第20条规定:"经教育行政部门调解,双方就事故处理达成一致意见的,应当在调解人员的见证下签订调解协议,结束调解;在调解期限内,双方不能达成一致意见,或者调解过程中一方提起诉讼,人民法院已经受理的,应当终止调解。调解结束或者终止,教育行政部门应当书面通知当事人。"

7. 诉讼

《学生伤害事故处理办法》第21条规定:"对经调解达成的协议,一方当事人不履行或者反悔的,双方可以依法提起诉讼。"

8. 事故处理报告

《学生伤害事故处理办法》第22条规定:"事故处理结束,学校应当将事故处理结果书面报告主管的教育行政部门;重大伤亡事故的处理结果,学校主管的教育行政部门应当向同级人民政府和上一级教育行政部门报告。"

(十) 学生伤害事故损害的赔偿

1. 学校的赔偿责任

《学生伤害事故处理办法》第 26 条规定:"学校对学生伤害事故负有责任的,根据责任大小,适当予以经济赔偿,但不承担解决户口、住房、就业等与救助受伤害学生、赔偿相应经济损失无直接关系的其他事项。学校无责任的,如果有条件,可以根据实际情况,本着自愿和可能的原则,对受伤害学生给予适当的帮助。"

2. 追偿权

《学生伤害事故处理办法》第 27 条规定:"因学校教师或者其他工作人员在履行职务中的故意或者重大过失造成的学生伤害事故,学校予以赔偿后,可以向有关责任人员追偿。"

> **案例链接**
>
> 【案情简介】 学校发生 83 人饭堂食品中毒事件
>
> 12 月 7 日下午四点三十分许,某学校发生 83 人中毒事件。经市卫生监督所对呕吐物进行化验,证明是有机磷农药中毒。经对该校饭堂检查,卫生状况差,没有必备的洗、冲、消三级用池及洗菜、洗肉的专用池,不具备学校饭堂及集体饭堂的条件。
>
> 【问题探讨】 学校应承担怎样的责任?
>
> 【案例分析】 案例中,学校向学生提供的食品不符合安全、卫生标准。学校食堂必须具备开办的条件,达到区里规定的考核量化标准。根据《学生伤害事故处理办法》第 27 条规定,因学校教师或者其他工作人员在履行职务中的故意或者重大过失造成的学生伤害事故,学校予以赔偿后,可以向有关责任人员追偿。

3. 监护人赔偿

《学生伤害事故处理办法》第 28 条规定:"未成年学生对学生伤害事故负有责任的,由其监护人依法承担相应的赔偿责任。学生的行为侵害学校教师及其他工作人员以及其他组织、个人的合法权益,造成损失的,成年学生或者未成年学生的监护人应当依法予以赔偿。"

> **随堂小练**
>
> 8.(单项选择题)暑假期间,小学生王某和李某相约在学校打篮球。在争抢过程中,王某不慎将李某撞倒在地上,导致李某小腿骨折。对于李某所受伤害,应当承担主要赔偿责任的是( )。
>
> A. 王某　　　　B. 李某监护人　　C. 王某监护人　　D. 学校
>
> 【答案】 C。

> 【解析】 根据《学生伤害事故处理办法》第28条规定,未成年学生对学生伤害事故负有责任的,由其监护人依法承担相应的赔偿责任。
> 出处:2013年上半年小学教师资格考试《综合素质》真题。

4. 学校赔偿金的筹措

《学生伤害事故处理办法》第29条规定:"根据双方达成的协议、经调解形成的协议或者人民法院的生效判决,应当由学校负担的赔偿金,学校应当负责筹措;学校无力完全筹措的,由学校的主管部门或者举办者协助筹措。"第30条规定:"县级以上人民政府教育行政部门或者学校举办者有条件的,可以通过设立学生伤害赔偿准备金等多种形式,依法筹措伤害赔偿金。"

5. 保险机制

《学生伤害事故处理办法》第31条规定:"学校有条件的,应当依据保险法的有关规定,参加学校责任保险。教育行政部门可以根据实际情况,鼓励中小学参加学校责任保险。提倡学生自愿参加意外伤害保险。在尊重学生意愿的前提下,学校可以为学生参加意外伤害保险创造便利条件,但不得从中收取任何费用。"

(十一)事故责任者的处理

《学生伤害事故处理办法》第32条至第36条对事故责任者的处理做出了规定。

单元测试

> **单元测试**:请扫描目录页二维码,参与本章单元测试,巩固知识点学习。
> **MOOC链接**:欢迎到"中国大学MOOC中心"《教师职业道德与教育政策法规》参阅本章不断更新的内容。中国大学MOOC中心网址:http://www.icourses.cn/home/

附录：相关法规

一、有关教育的法律

《中华人民共和国宪法》　《中华人民共和国教育法》
《中华人民共和国义务教育法》　《中华人民共和国教师法》
《中华人民共和国民办教育促进法》　《中华人民共和国职业教育法》
《中华人民共和国高等教育法》　《中华人民共和国学位条例》

二、其他法律

《中华人民共和国预防未成年人犯罪法》　《中华人民共和国未成年人保护法》
《中华人民共和国刑法》　《中华人民共和国治安管理处罚法》
《中华人民共和国民法典》　《世界人权宣言》
《中华人民共和国行政复议法》　《中华人民共和国国家赔偿法》
《中华人民共和国民事诉讼法》　《中华人民共和国人民调解法》
《中华人民共和国社会救助法》　《中华人民共和国刑事诉讼法》
《中华人民共和国行政诉讼法》　《中华人民共和国仲裁法》
《中华人民共和国行政许可法》　《中华人民共和国立法法》

三、有关教师的政策与法规

《中共中央国务院关于全面深化新时代教师队伍建设改革的意见》
《中小学班主任工作规定》　《中小学教师职业道德规范（2008年修订）》
《国务院关于加强教师队伍建设的意见》　《中学教师专业标准》《小学教师专业标准》
《中等职业学校教师专业标准（试行）》　《中小学教师违反职业道德行为处理办法》
《教师资格条例》　《教学成果奖励条例》

四、有关学生的政策与法规

《儿童权利公约》　《中小学生守则》
《学生伤害事故处理办法》　《禁止使用童工规定》

五、有关学校的政策与法规

《中共中央关于全面推进依法治国若干重大问题的决定》
《中小学校园环境管理的暂行规定》　《义务教育学校管理标准（试行）》
《义务教育学校校长专业标准》　《对省级人民政府履行教育职责的评价办法》
《国家义务教育质量监测方案》　《教育部关于2013年深化教育领域综合改革的意见》
《教育部关于深入推进教育管办评分离促进政府职能转变的若干意见》
《全国中小学校长任职条件和岗位要求（试行）》《中小学德育工作指南》
《县域义务教育优质均衡发展督导评估办法》　《教育督导条例》
《学校卫生工作条例》　《学校体育工作条例》

六、有关幼儿园的政策与法规

《幼儿园工作规程》　《幼儿园教师专业标准》
《幼儿园办园行为督导评估办法》　《幼儿园管理条例》

附件：教材编写实录

《教育政策与法律教程》（慕课版）	《教育政策与法律教程》（慕课版）书稿修订实录		
章节	原稿	修改稿1	修改稿2
第一章第一节 教育法的基本原理	许映建	许映建	
第一章第二节 教育法律关系	许映建	政教师范151 唐红霞	许映建
第一章第三节 法律责任	许映建	小教师范151 田甜	许映建
第一章第四节 法律救济	许映建	中文151 孙宁婧、董雯倩	许映建
第二章第一节 教师的法律地位	许映建	16级教育研究生周玉婷	许映建
第二章第二节 教师的权利与保护	许映建	16级教育研究生陈赟	许映建
第二章第三节 教师的义务与法律风险	许映建	16级教育研究生周熙	许映建
第二章第四节 教师的违法与犯罪	许映建	16级教育研究生施周玲	许映建
第三章第一节 学生的权利	许映建	16级教育研究生孙博雅	许映建
第三章第二节 学生的义务	许映建	16级教育研究生孙琪	许映建
第三章第三节 学生的权利保护	许映建	16级教育研究生丁燕	许映建
第四章第一节《中华人民共和国教育法》	许映建	小教151 张艺萌	许映建
第四章第二节《中华人民共和国义务教育法》	许映建	小教172Z 王香	许映建
第四章第三节《中华人民共和国教师法》	许映建	学前152 许诺	许映建
第五章第一节《中华人民共和国未成年人保护法》	许映建	小教172Z 李思齐	许映建
第五章第二节《中华人民共和国预防未成年人犯罪法》	许映建	政教151 贾发位	许映建
第五章第三节《学生伤害事故处理办法》	许映建	小教151 沈思鉴	许映建
第六章第一节《儿童权利公约》	许映建	小教151 陈露	2019年第二版
第六章第二节《幼儿园工作规程》	许映建	16级教育研究生吴妍妍	
第六章第三节《中小学班主任工作规程》	许映建	小教172Z 吴桐、朱敏、朱青青	
第六章第四节《国家中长期教育改革和发展规划纲要（2010—2020年）》	许映建	中文师范151 丁维佳	
第六章第五节《中共中央国务院关于全面深化新时代教师队伍/建设改革的意见》	许映建		
第七章第一节 学校的权利与义务	许映建	16级教育研究生冯永军	
第七章第二节 学校的章程建设	许映建		
第七章第三节 国家教师制度与现代学校制度建设	许映建	生物师范151 张霁月	
第七章第四节 依法治校	许映建		
第七章第五节 学校治理中的法律风险与防控	许映建		
每章单元测试、期终总测试题目整理	许映建	数学师范151 朱怡雯	许映建